U0814185

CICBFC

2017卷（第1辑） 总第3辑

中国滨海金融协同创新中心 编

Regional Finance Innovation

区域金融创新

中国金融出版社

责任编辑：王效端　王　君
责任校对：潘　洁
责任印制：陈晓川

图书在版编目（CIP）数据

区域金融创新（Quyu Jinrong Chuangxin）. 2017 卷. 第 1 辑/中国滨海金融协同创新中心编. —北京：中国金融出版社，2018. 7
ISBN 978 - 7 - 5049 - 9551 - 3

Ⅰ. ①区…　Ⅱ. ①中…　Ⅲ. ①区域金融—金融创新—研究—天津　Ⅳ. ①F832. 721

中国版本图书馆 CIP 数据核字（2018）第 078825 号

出版
发行　中国金融出版社
社址　北京市丰台区益泽路 2 号
市场开发部　(010)63266347，63805472，63439533（传真）
网 上 书 店　http：//www. chinafph. com
(010)63286832，63365686（传真）
读者服务部　(010)66070833，62568380
邮编　100071
经销　新华书店
印刷　保利达印务有限公司
尺寸　185 毫米×260 毫米
印张　11
字数　233 千
版次　2018 年 7 月第 1 版
印次　2018 年 7 月第 1 次印刷
定价　38. 00 元
ISBN 978 - 7 - 5049 - 9551 - 3

《区域金融创新》是中国滨海金融协同创新中心主办的学术读物，以“金融智慧，交流创新”为宗旨，突出区域视角，探索金融改革、金融发展和金融创新。

“中国滨海金融协同创新中心”以天津财经大学、南开大学、中央财经大学的经济学、管理学两个学科门类的国家级重点学科和教育部人文社会科学重点研究基地为依托，充分发挥中国人民银行金融研究所、中国社会科学院金融研究所和中国银行国际金融研究所的信息支持、思想库和智囊团作用，联合天津市金融办、滨海新区政府、环渤海区域合作市长联席会，以及二十余家金融机构共同组成，围绕中国滨海金融这一国家重大发展战略需求，以机制体制改革创新为突破口，着力打造具有国际水准的中国滨海金融理论与技术方法研究、人才培养、科研成果应用转化的协同创新平台。

“中国滨海金融协同创新中心”坚持“需求导向”、“全面开放”、“深度融合”与“创新引领”的基本原则，建设创新平台和创新团队，主动对接中国特别是天津市、滨海新区金融发展需求，对中国金融改革，尤其是对滨海新区金融改革先行先试进行开拓性研究。

联系电话：022－88186856

联系地址：天津市河西区珠江道25号天津财经大学第2教学楼

《区域金融创新》编辑部

投稿邮箱：binhaijinrong@163.com

新时期区域金融改革创新的重点工作

区域金融改革创新是新时期我国进一步深化金融改革、促进区域经济平衡发展的重要内容。区域金融改革创新要基于区域实际，推动金融改革创新的多元化和具体化，优化宏观金融发展的空间布局，构建与经济社会发展相匹配的多形态、多层次金融体系，提升服务实体经济的能力，促进经济与金融的协调发展。

2016年，我国区域金融改革创新持续推进，4个自贸试验区（上海自由贸易试验区、广东自由贸易试验区、天津自由贸易试验区、福建自由贸易试验区）、5个国家级金融综合改革试验区（浙江省温州市金融综合改革试验区、珠三角金融改革创新综合试验区、福建省泉州市金融服务实体经济综合改革试验区、云南广西沿边金融综合改革试验区、青岛市财富管理金融综合改革试验区）在跨境人民币业务、农村金融服务和对外经贸往来便利化等方面开展了有益探索，形成了一批可复制、可推广的经验。民营银行布局加快，全年新批设12家民营银行，实现各区域板块全覆盖。宏观审慎评估有效落地，金融机构自我约束、稳健发展理念进一步增强。地方法人银行机构快速发展，多元化扩张趋势明显，但资产业务趋于复杂，对批发性融资依赖度上升，负债稳定性有所降低。金融科技创新步伐加快，互联网金融新业态快速发展，业务发展不断规范。绿色金融发展取得长足进步，中国绿色债券发行量跃居全球第一。社会信用体系建设深入推进，支付结算环境持续优化，农村金融基础设施日趋完善。

区域金融改革创新要坚持“自上而下”改革与“自下而上”改革的协调推进，既要尊重市场选择，也要遵循全国统筹，理顺政府与市场之间的关系，处理好金融改革与其他改革、金融改革内部子项改革之间的关系，探索符合经济体制改革需求、有利于制度良性演进的改革路径和经验。

2017 年 7 月召开的第五次全国金融工作会议提出未来一段时期我国金融工作的三项任务，即服务实体经济、防控金融风险、深化金融改革，落实稳健中性的货币政策，保持货币信贷适度增长和流动性基本稳定，为区域经济发展和供给侧结构性改革营造中性适度的货币金融环境。同时也明确了金融发展的目标，要进一步优化增量、盘活存量，把更多的金融资源配置到经济社会发展的重点领域和薄弱环节；进一步深化金融改革，把主动防范和化解系统性金融风险放在更加重要的位置，着力防范化解重点领域风险，坚决守住不发生系统性金融风险的底线。

站在新的起点，我国区域金融改革创新要紧密围绕金融工作会议确立的金融业发展的核心任务和目标，进一步探索与区域经济发展相适应的金融新体制、新形式和新模式，更好地满足新时期我国经济可持续发展的需求，为现代化经济体系建设提供支持和保障：

一是继续深化自贸区金融开放创新试点。根据我国金融市场的现实情况，继续推进上海自贸区金融开放创新，并与上海国际金融中心建设联动，推进广东、天津、福建自贸区的金融开放创新措施落地，并着力第三批自贸区的金融改革创新。

二是以增加绿色金融供给、推动我国经济绿色转型升级、实现经济社会可持续发展为目标，推进绿色金融改革试点工作。

三是将农村金融改革推向纵深。继续按照放宽准入、深化改革、健全风险防控机制的原则，促进农村金融适度竞争；推进金融机构产品和服务创新，加大对重点领域支持力度；完善扶持政策体系，推动政策实施方式由选择性向功能性逐渐转型；加强统计考核，完善农村金融生态环境。

四是进一步推进普惠金融改革试点。深入探索普惠金融的实施路径，增加对中小企业、“三农”等金融薄弱领域的有效供给；创新普惠金融经营管理模式，促进金融机构开展普惠金融的商业可持续性发展，提升金融机构开展普惠金融的主动性和参与度。

王爱俭

中国滨海金融协同创新中心主任

天津市政府参事

2017 年 11 月 10 日

2017 年第 1 辑　　总第 3 辑

目　录

京津冀区域金融协同发展的理论探讨与实证检验

◎ 康书生　杨镈宇①

〔**内容摘要**〕通过建立灰色—多层次分析模型研究发现京津冀区域与河北省金融发展的协同程度最高，与北京的协同程度最低；京津冀区域金融的人均总量发展水平与河北省最相似，受人口数量较大的影响，人均增长速度较慢；京津冀区域总体已形成多元化的金融结构，但是分布不均，主要集中在北京市，河北省金融结构的多元化程度相对较低；京津冀区域金融对经济的推动作用总体水平相对较低，资金存在较大程度的错配；京津冀区域金融的资金效率有待进一步提高。

〔**关键词**〕京津冀　区域金融　协同发展

2015 年，随着《京津冀发展规划纲要》的出台，京津冀协同发展正式成为重大国家战略，其核心是疏解北京的非首都功能，促进京津冀区域的内涵式发展和协调发展，最终培育出新的增长极。金融是现代经济的核心，是资源配置的有效手段，是撬动经济协同发展的重要力量。北京、天津及河北三地协同发展要形成实质性的突破，需要解决不少问题，这些问题的解决，都离不开金融的有力支撑，必须以金融的协同发展推动京津冀区域产业布局和空间结构的优化及经济的转型升级。2015 年 9 月，北京、天津、河北三个地区共同签署了《京津冀协同发展金融服务战略合作框架协议》，为今后的协同发展尤其是金融协同发展奠定了基础。

京津冀金融协同发展已经形成了以地方政府为主导、以政银企合作为突破口、以金融创新运营示范区为载体的新格局。但京津冀三地间由于政府治理、社会经济发展水平和劳动力素质的不同，金融领域受制于行政区划壁垒、发展不平衡和缺少协调机制，面临着金融资源分布和配置失衡、金融发展梯度差距大、金融竞争大于合作、金融多中心化倾向等问题，难

① 作者简介：康书生（1958 年—　），男，河北省青县人，河北大学副校长，教授，博士生导师，研究方向：金融市场与金融制度；杨镈宇（1988 年—　），男，河北保定人，河北大学经济学院博士生，研究方向为：区域金融。

本文为河北省人文社会科学研究重大课题攻关项目“京津冀区域金融一体化发展研究”（ZD201511）、国家中西部高校提升综合实力项目“河北大学——首都经济圈金融资源利用与河北发展研究”阶段性研究成果。

以实现对京津冀协同发展的支撑作用。从金融产业发展来看，京津冀三地发展不平衡尤为明显。其中，北京的第三产业占比为70%~80%，高度聚集了金融产业，是三地中金融业最为发达的地区，汇聚了众多的金融业态和金融机构，是全国的金融决策、管理、研发和信息中心，北京金融业总体规模是同期天津和河北地区的2~3倍，在国民经济中所占的比重达到15%，2015年金融业增加值为3 926.3亿元，金融业占生产总值比重为17.09%。天津的第二产业和服务业均接近50%，是三地中的金融创新中心，在滨海新区和自贸区的建设过程中，更是发挥了金融改革试验区的作用，成立了金城银行、渤海产业基金、渤海保险等新型金融机构，金融创新优势明显。一系列金融创新成果有力地支撑了生产、制造和物流等实体经济的发展，形成了以产业金融和贸易金融为特色的金融服务创新中心，2015年金融业增加值为1 588.12亿元，金融业占生产总值比重为9.6%。河北省第一产业占比为12%，第二产业占比近50%，第三产业相比北京和天津差距较大，虽然近年来金融行业获得了快速发展，银行业资产规模扩大、实力增强、金融服务体系日臻完善，但与京津两地相比，金融机构的数量和质量都远远落后，2015年金融业增加值为1 554.0亿元，金融业占生产总值比重为5.2%。京津冀区域内部的金融差距大，北京的家庭平均财富为2 403 008元、天津为1 218 507元、河北为454 722元，可以看到北京的家庭平均财富是天津的2倍，是河北的近5倍。

从京津冀区域金融发展的当前状况来看，随着京津冀协同发展战略的不断推进，京津冀三地金融之间的协同程度不断提高。但由于金融资源分布及配置不均衡、金融竞争大于合作、良好的金融生态环境缺乏、金融多中心化等问题，京津冀三地金融发展的差异仍然较大。基于此，本文利用灰色—多层次关联分析法对京津冀金融发展的协同程度进行了实证检验，以发现协同发展中存在的问题，并针对性地提出推动京津冀金融协同发展的建议。

一、文献综述

京津冀区域的发展问题一直被国家所重视，学者们也围绕该区域的金融协同发展问题进行了不少研究，研究的主题和内容主要有以下三类。

（一）京津冀区域金融协同发展的必要性

实现区域间的有效合作离不开金融的巨大作用，区域间的金融合作不仅是区域经济统一发展的核心内容，也是区域经济共同发展的必然要求。因此，在京津冀区域协同发展的大概念之下，金融是重要的组成部分，也理所当然地成了学者们讨论的重点。1992年，国家有关部门确立了“环渤海经济区”的概念，并于2004年达成了环渤海经济一体化的共识。才泽（2014）认为实现金融一体化发展可以更好地推动京津冀地区经济的健康发展。祝尔娟（2014）等人认为北京的功能疏散和产业升级给京津冀协同发展带来了重要契机。陆军、徐杰（2014）通过实证分析，认为金融业的集聚对京津冀区域的发展起拉动作用。李素梅、李雪、余安然（2014）认为营造良好的金融生态环境有助于解决京津冀区域产业结构不合理、经济金融政策不协调的问题。2015 年 4 月，《京津冀协同发展规划纲要》也提及金融合作，可见以金融发展带动经济发展已经成为京津冀三地的共识。

（二）京津冀区域金融协同发展中的问题

众多研究探讨了京津冀金融协同发展中的问题。从定性研究来看，刘欣（2010）认为京津冀地区资金使用效率低，资金配置不合理，经济与金融发展不协调。梁怀民（2013）认为京津冀金融协同发展过程中存在的主要问题是区域金融基础设施比较缺乏且多为独立运作，区域金融创新不足。李文增（2014）认为制约京津冀区域经济协同发展的主要因素就是京津冀三地的经济落差较大，而且缺乏统一的金融合作机构，所以说要想实现北京、天津及河北三地的共同发展，首先要处理好三地金融合作的协调机制问题。王琰、张鑫（2014）认为现行监管政策和地方行政界限直接制约了资金跨区域流动，而且三地金融总量及金融对经济的渗透、支持能力都存在明显差异。

也有部分学者以定量方法分析了三地的金融协同发展水平及存在的问题。高英杰、游蕊（2014）通过 SVAR 模型和方差分解分析分别对长三角和京津冀地区金融一体化的程度进行测量，指出京津冀地区的金融体系尚未形成良好的互动循环，缺乏积极的政策引导。李文增（2014）认为京津冀三地的经济落差较大，难以形成合力效应。王建廷、黄莉（2015）认为京津冀的要素禀赋虽然有较大优势，但区域分工不明确，导致区域整体发展动力不足。何宜庆、吕弦（2015）运用区位熵和断裂点理论比较了我国主要区域金融协同发展水平，认为我国京津冀地区的金融集聚程度较低。

（三）推动京津冀区域金融协同发展的建议

董经纬、冯文丽（2008）认为应该以金融创新推动京津冀区域金融的协同发展。戴宏伟、张艳慧（2013）重点强调要充分发挥北京、天津、河北的比较优势，协调京津冀金融业的发展。张永乐（2008）、周宇佳（2014）等人则认为应该首先建立统一的区域性资本市场，推动京津冀金融合作向更深层次发展。高岚华（2015）等人提出设立京津冀区域银行或京津冀开发银行，树立真正意义上区域金融联合的理念。王建廷、黄莉（2015）提出明确三地定位与分工，制定区域经济增长、空间结构演化、辐射能力提升等实施路径是实现京津冀协同发展的关键。王景武（2006），李文哲、齐艳霞（2012），赖诚成（2014）认为促进京津冀金融协同发展，关键在于要形成市场化的运行机制，避免各自为政，实现市场化、效益型的流动。

当前国内外对金融协同发展以及京津冀金融协同发展问题的研究取得了一定成果，为京津冀金融协同发展提供了理论支持和实际建议，但是也存在研究缺乏系统性、研究深度和广度不足、研究方法存在局限性、大都停留在定性分析层面，缺乏数据的支撑等问题。一方面，真正适用于京津冀金融协同发展的评价体系还没有，尤其是现有研究的分析角度都比较单一，缺乏一个系统性的评价体系。本文结合一般区域金融评价指标的共性，并深入探讨京津冀金融协同发展的特性，筛选指标，构建京津冀金融协同发展的评价指标体系与评价模型，为科学客观地进行评价提供工具；另一方面，目前的研究多是思辨性的对策研究，实证研究并不多见，本文采用灰色—多层次分析法构建多元评价模型，并以三地数据进行检验，通过量化分析结果，科学地反映京津冀金融协同发展的现状和存在的问题，为金融协同发展的进一步实践提供决策的实证支持。

二、模型与数据来源

（一）灰色—多层次分析模型

1. 层次分析法

层次分析法是由美国运筹学家萨蒂提出的一种层次权重决策分析方法，是将一个复杂的目标决策问题进行层层分解，然后根据下一层次相对于上一层次的重要性进行主观判定，经过计算确定各指标的权重，最后通过加权计算各具体指标对总指标的最终权重。层次分析法是一种主观性较强的决策方法，定量数据相对较少。

2. 灰色系统理论

灰色系统理论是由华中理工大学的邓聚龙教授提出的一种系统科学理论，主要以不完全信息问题作为研究对象，将不确定量视为灰色量。灰色关联度分析法是一种通过计算灰色关联度系数并利用其取值大小及排序判断系统发展变化态势的量化度量方法。该分析方法是一种序关系模型，更注重数值大小表示的序关系。

3. 灰色—多层次分析法

灰色关联分析法中的关联系数矩阵和指标权重都是完全基于客观数据得出的，原始数据的可靠性、全面性会影响到其结论的准确性。而层次分析法很大程度上依赖人的主观思维，主观性相对较强。因此，为了充分发挥两种方法的优势，提升分析结论的可靠性，考虑综合运用两种分析方法，即灰色—多层次分析法。

利用灰色—多层次分析法进行分析的主要步骤如下：

第一步，对收集的原始数据进行无量纲化处理，得到矩阵 $S = (s_{ij})_{m\times n}$。

第二步，邀请不同的专家对各层次指标进行两两比较，并根据其重要程度对各指标打分，由此得到判断矩阵 $A = (a_{ij})_{m\times n}$。

第三步，计算判断矩阵 A 的最大特征值及对应的特征向量，并进行归一化处理。

第四步，对判断矩阵 A 进行一致性检验，若满足给定的一致性标准，则由上一步计算的归一化处理后的特征向量作为指标权重，记为 ϖ_j（$j = 1,2,\cdots,n$）；反之，若 A 不满足给定的一致性标准，则需要对 A 进行重新修改，并重复前两步，直到 A 满足给定的一致性标准为止。

第五步，计算 $x'_i = \sum_{j=1}^{n} s_{ij} \times \varpi_j$ ($i = 1,2,\cdots,n$) 则 $\rho = \frac{1}{n}\sum_{i=1}^{n} x'_i$。

第六步，确定理想对象 R_0，记 $R_0 = (r_{01}, r_{02}, \cdots, r_{0n})$，其中 r_{0j} ($j = 1,2,\cdots,n$) 是第 j 个指标在所有待评对象中的最优值。

第七步，记 $S_i = (s_{i1}, s_{i2}, \cdots, s_{in})$，$i = 1,2,\cdots,m$。将 $S_0 = (1,1,\cdots,1)$ 作为参考数列，计算 S_i 的第 j 个指标与 S_0 的第 j 个指标的关联度系数 $\beta_i(j)$，$i = 1,2,\cdots,m$，$j = 1,2,\cdots,n$。

$$\beta_i(j) = \frac{\min_i \min_j |s_{oj} - s_{ij}| + \rho \max_i \max_j |s_{0j} - s_{ij}|}{|s_{0j} - s_{ij}| + \rho \max_i \max_j |s_{0j} - s_{ij}|}$$

通过计算，可以得到关联度系数矩阵 β：

$$\beta = \begin{pmatrix} \beta_1(1) & \beta_1(2) & \cdots & \beta_1(n) \\ \beta_2(1) & \beta_2(2) & \cdots & \beta_2(n) \\ \cdots & \cdots & \cdots & \cdots \\ \beta_m(1) & \beta_m(2) & \cdots & \beta_m(n) \end{pmatrix}$$

第八步，计算合成的评价值。

$$X = \beta \times \varpi$$

其中：$\varpi = (\varpi_j)_{n\times 1}$ 是前三步计算得到的权重矩阵，满足 $\sum_{j=1}^{n} \varpi_j = 1$；$\beta$ 是关联系数矩阵。

$X = (x_i)_{m\times 1}$ 为 m 个被评价对象的集成评价结果矩阵，则第 i 个被评价对象的评价结果为

$$x_i = (\beta_i(1), \beta_i(2), \cdots, \beta_i(n)) \times \begin{pmatrix} \varpi_1 \\ \varpi_2 \\ \vdots \\ \varpi_n \end{pmatrix}$$

根据 x_i 值的大小评价待评对象的优劣。x_i 值越大，表明第 i 个被评价对象与理想对象的关联度越高，说明其在被评价对象中越优。由此可排出各评价对象的优劣，从而得出分析评价结果。

（二）指标选取与数据来源

1. 指标选取

京津冀金融的协同发展是通过金融总量的持续增长和金融结构的不断优化增强金融功能，提升金融效率，实现京津冀区域金融资源的信息共享和合理配置，并以此促进经济、社会的可持续发展，推动人民生活水平的提高。因此，在选取评价指标时，从金融总量发展、金融结构优化、金融效率提升三方面选择指标，以系统反映京津冀金融协同发展的目标和内涵。在金融发展总量协同指标选取的时候，考虑到不同地区人口数量差异较大的因素，对总量指标进行了平均化处理，选取了人均银行业金融机构存款余额、人均保险业务收入、人均股票市值和每万人所拥有的金融机构从业人数四个指标，从银行、证券、保险和总体情况四

个方面来反映金融的总量发展的协同程度；金融发展结构协同指标主要选取固定资产投资的外源融资占比、新型金融机构资产占比、存贷比和保险深度四个指标，以反映金融发展的多元化；金融发展效率协同指标主要选取了地区生产总值/金融业增加值、城乡储蓄存款增加额/可支配收入和地区生产总值/FDI 指标，以反映金融对经济、社会的推动作用。

表 1　　京津冀金融发展协同程度的评价指标体系

目标层	指标层	准则层	单位
金融发展协同	金融发展总量协同	人均银行业金融机构存款余额	元/人
		人均保险业务收入	元/人
		人均股票市值	元/人
		每万人所拥有的金融机构从业人数	人
	金融发展结构协同	固定资产投资的外源融资占比	%
		新型金融机构资产占比	%
		存贷比	%
		保险深度	%
	金融发展效率协同	GDP/金融业增加值	%
		城乡储蓄存款增加额/可支配收入	%
		GDP/FDI	%

2. 数据来源

由于金融发展是一个持续、动态的发展过程，而要考察的对象是经过多年的发展之后北京市、天津市和河北省三地金融的协同发展程度，因此我们选取了 2005—2014 年北京市、河北省和天津市的省级相关数据指标。原始数据主要来源于《河北省统计年鉴》（2005—2015 年）、《北京市统计年鉴》（2005—2015 年）、《天津市统计年鉴》（2005—2015 年）和《中国金融年鉴》（2005—2015 年）及河北省、北京市和天津市的统计公报。根据要评价的河北省、北京市、天津市的实际情况，收集了大量客观、翔实的数据，来反映金融发展的实际情况。

三、实证检验

（一）京津冀两两之间金融发展协同程度的实证检验

1. 实证检验过程

由于选择的 11 个指标的单位不完全相同，因此不能直接进行比较。为了使结果相对可靠，本文采用“均值化”处理方法，对河北省、北京市、天津市所有的原始指标值进行规范化处理。然后，邀请金融机构及学术研究领域的 10 位专家对指标体系各层指标相对于上一层次目标的相对重要性进行判断并给予评分，同时为了尽量保证结果的准确性，本文采用方根法计算最大特征值和相应的权重向量。

在确定出某层元素相对于上层中相对应元素的重要性后，为了避免出现不一致的情况，保证判断矩阵的有效性，利用 $CI = \frac{\lambda_{\max} - n}{n-1}$ 和 $CR = \frac{CI}{RI}$ 进行了一致性检验。

表 2　　平均随机一致性指标 *RI* 的参考值

n	1	2	3	4	5	6	7	8	9	10
RI	0.00	0.00	0.58	0.90	1.12	1.24	1.32	1.41	1.45	1.49

表 3　　各层指标的一致性检验值

各层指标	*CI*	*CR*
A（金融发展协同）	0.0046	0.0089
B_1（金融发展总量协同）	0.0183	0.0205
B_2（金融发展结构协同）	0.0080	0.0090
B_3（金融发展效率协同）	0	0

根据判断，*CI* 越小，说明判断矩阵偏离一致性的程度越小；$CR < 0.1$ 时，认为有满意的一致性。由计算结果可知，金融发展协同总指标 *A* 的 $CI = 0.0046$，$CR = 0.0089$，因此 *A* 有满意的一致性。二级指标金融总量协同指标 B_1、金融结构协同指标 B_2 和金融效率协同指标 B_3 的 *CI* 值分别为 0.0183、0.0080 和 0，都接近于 0；而 *CR* 值分别为 0.0205、0.0090 和 0，都远小于 0.1，说明二级指标也具有满意的一致性。

最后，综合 10 位专家的评判结果，并将计算的各指标的权重进行加权平均，得到各指标的最终权重。

表 4　　各指标的权重分布

	一级指标	权重	二级指标	权重
金融发展协同指标 *A*	金融发展总量协同 B_1	0.1634	人均银行业金融机构存款余额 C_1	0.0473
			人均保险业务收入 C_2	0.0207
			人均股票市值 C_3	0.0816
			每万人金融机构从业人数 C_4	0.0139
	金融发展结构协同 B_2	0.2970	固定资产投资的外源融资占比 C_5	0.0241
			新型金融机构资产占比 C_6	0.1068
			存贷比 C_7	0.0591
			保险深度 C_8	0.1068
	金融发展效率协同 B_3	0.5396	GDP/金融业增加值 C_9	0.1962
			GDP/城乡居民储蓄存款余额 C_{10}	0.2453
			GDP/FDI C_{11}	0.0981

在计算得到各指标的权重之后，分别计算河北省、北京市、天津市两两之间的灰色关联度系数，计算的结果如下：

表 5　　京津冀两两之间金融发展的灰色关联度系数

	金融发展总量关联度系数	金融发展结构关联度系数	金融发展效率关联度系数	金融发展关联度系数
京冀	0.7302	0.6319	0.6462	0.6557
津冀	0.7452	0.7513	0.6472	0.6941
京津	0.7670	0.7053	0.8049	0.7691

2. 实证结果分析

（1）从指标的取值大小来看，灰色关联度系数越大，说明关联程度越高。从金融发展总体情况来看，京津的灰色关联度系数最大，津冀次之，京冀最小，说明京津金融发展的协同程度最高，京冀金融发展的协同程度最低，反映出河北省金融发展的总体程度较低，北京与河北省的金融发展存在较大差距。

（2）从金融发展总量指标来看，京冀、津冀、京津的灰色关联度系数分别是 0.7302、0.7452 和 0.7670，说明京冀在金融发展总量的协同程度最高，津冀的协同程度最低，说明河北省和北京市在金融总量上发展较快，天津稍慢。进一步分析可以发现，北京市和天津市的银行业发展明显快于河北省，北京市的保险业、证券业和金融总体发展要明显快于河北省和天津市。

（3）从金融发展结构指标来看，京冀、津冀、京津的灰色关联度系数分别是 0.6319、0.7513 和 0.7053，说明津冀金融发展结构的协同程度最高，京冀金融发展结构的协同程度最低，反映了河北省金融结构的多元化程度不足。河北省和天津市的新型金融机构的总规模相对较大，资金的运用相对较多，但保险业的发展相对较慢。河北省的多元化资金来源不够，新型金融机构的多元化发展相对滞后。

（4）从金融发展效率指标来看，京冀、津冀、京津的灰色关联度系数分别是 0.6462、0.6472 和 0.8049，可见京津金融效率的协同程度最高，京冀金融效率的协同程度最低，反映了北京金融对经济的带动作用较大，河北省金融对经济的带动作用较小。

（5）从金融发展的各部分构成情况来看，对京津来说，三方面的协同程度都相对较高，其中金融发展效率的协同程度最高，金融结构的协同程度最低，反映出京津金融在优化资源配置、推动经济发展方面协同性较好，但是金融多元化发展的协同性较差，存在较大差异。对京冀来说，金融发展总量的协同程度最高，金融结构的协同程度最低，说明京冀的金融发展总量比较相近，但是金融的多元化发展和金融对经济的带动作用却存在明显差异。对津冀来说，金融发展总量和金融发展结构的协同程度比较相似，相对较高，而金融发展效率的协同程度相对较低，说明津冀在金融总量和金融结构的多元化方面有较大相似性，但是金融对京冀的带动作用方面却存在很大差异。

（二）河北、北京、天津与京津冀区域之间金融发展协同性的实证检验

为了进一步证明京津冀区域金融发展的协同程度，我们将京津冀区域也作为一个研究对象，利用灰色—多层次分析法对北京、天津、河北省与京津冀区域金融发展的关联性进行实证检验。京津冀区域金融的指标数据中，人均银行业金融机构存款余额、人均保险业务收入、人均股票市值、每万人拥有的金融机构从业人数都是利用京津冀区域的总体数值与总体人数计算的比值，固定资产投资外源融资占比、新型金融机构资产占比、存贷比、保险深度、地区生产总值/金融业增加值、地区生产总值/城乡居民储蓄存款余额、地区生产总值/FDI 都是利用指标公式中分子的京津冀区域数值的总额与分母的总额计算得到的，以此保证数据之间的可比性。

灰色—多层次分析方法实证检验过程中的多层次指标体系的构建、专家打分、权重的确定、灰色关联度系数的计算方法都与京津冀两两之间金融协同程度的测定是一样的，这里不再重复。我们利用相关计算公式，可以计算得到相关的结果：

表 6　北京、天津、河北与区域之间金融发展的灰色关联度系数

	金融发展总量关联度系数	金融发展结构关联度系数	金融发展效率关联度系数	金融发展关联度系数
河北省与区域	0.8004	0.6434	0.8459	0.7783
北京市与区域	0.7750	0.6565	0.5663	0.6272
天津市与区域	0.7688	0.6527	0.6130	0.6502

（1）从河北省、北京市、天津市与区域总体金融的灰色关联度系数来看，河北省与京津冀区域金融发展的协同度系数最大，为 0.7783；北京与京津冀区域金融的协同度系数最小，为 0.6272。这反映出京津冀区域与河北省金融发展的协同程度最高，与北京的协同程度最低。

如前所述，作为国家首都的北京市，金融业已成为其支柱产业，形成了以银、证、保、基金、信托等为主导，以担保、资产交易、互联网金融等新型业态为支撑，相对完善的金融服务体系。天津市近几年借助滨海新区、自贸区的发展大力推进金融改革创新，在民营银行、离岸金融、融资租赁、股权融资、债券融资等领域都有突破性进展，金融先行优势明显，对经济的支撑作用较大。相比京津，河北省金融体系不够完善，优质化金融资源缺乏，金融基础设施建设滞后，优秀金融人才流失，对经济的支撑力度不够。河北省与京津冀区域金融的协同程度高，说明京津冀区域金融从整体状况分析与河北省类似，也说明河北省在京津冀区域金融协同发展的过程中发展相对较慢，拉低了京津冀区域金融发展的总体水平。

（2）从金融发展总量指标来看，河北省、北京市、天津市与京津冀区域的灰色关联度系数分别是 0.8004、0.7750 和 0.7688，说明京津冀区域与河北省金融发展总量的协同程度最高，与天津的协同程度最低。这反映出京津冀区域金融的人均总量发展水平与河北省最相

似，受人口数量较大的影响，人均增长速度较慢。

（3）从金融发展结构指标来看，河北省、北京市、天津市与京津冀区域的灰色关联度系数分别是0.6434、0.6565和0.6527，说明京津冀区域与北京金融结构的协同程度最高，与河北省的协同程度最低。这也反映出京津冀区域总体已形成多元化的金融结构，但是分布不均，主要集中在北京市，河北省金融结构的多元化程度相对较低。

（4）从金融发展效率指标来看，河北省、北京市、天津市与京津冀区域的灰色关联度系数分别是0.8459、0.5663和0.6130，可见京津冀区域与河北省的协同程度最高，与北京的协同程度最低，反映了京津冀区域金融对经济的推动作用总体水平相对较低，资金存在较大程度的错配。

（5）从河北省与京津冀区域金融发展的协同性来说，三方面的协同程度都相对较高，说明京津冀区域与河北省的金融发展总体比较相似。其中，金融效率的协同系数最大，说明京津冀区域金融整体的资源配置效率较低，资源配置不甚合理，对经济的推动作用较小；金融结构的协同系数较小，说明从京津冀区域整体来看，已经形成了多元化的金融结构，但是金融机构分布不均。从京津冀区域与北京、天津金融发展的协同程度来看，金融总量发展的协同度最高，金融效率的协同度最低，说明京津冀区域整体金融总量的发展较快，但是金融对经济的带动作用与北京差异明显，反映出京津冀区域金融的资金效率有待进一步提高。

四、推进京津冀金融协同发展的若干建议

通过对京津冀两两之间以及京、津、冀与区域之间金融发展的总体协同程度和金融总量协同程度、金融结构协同程度以及金融效率协同程度的测算分析，可以看出京津冀三地金融发展存在较大的非均衡性，影响了京津冀区域金融的整体发展水平，制约了金融功能的发挥。因此，要提升京津冀金融发展的协同程度，就需要一方面由国家出台相关的顶层设计方案，从整体出发推动京津冀金融协同发展；另一方面由京津冀三地从各自的实际情况出发采取措施，推动金融协同发展。

（一）坚持整体发展原则，完善顶层制度设计

第一，完善顶层制度设计，整体规划分步实施。首先，针对当前京津冀存在金融资源分布不均衡、金融梯度差异较大等现实问题，由国家发展改革委制定出台长久的整体规划。短期规划侧重于完善顶层制度设计、明确三地金融发展定位、促进三地产业转移及对接等，目的在于明确思路、引导预期、形成共识。长期规划则侧重在金融要素自由流动、金融市场自由开放、金融产业分工明确规范发展、三地金融发展相互促进等具体目标的确定和实施。其次，成立三省市之上的协调机构，包括设立区域性的监管机构及协调机构，以带动与鼓励京津冀金融合作和金融协同发展。同时坚持市场自由流动原则，由各类金融机构针对京津冀发

展业务成立专门的管理部门，综合协调京津冀金融业务的开展。

第二，明确金融发展定位，优势互补一体发展。根据京津冀协同发展的顶层设计以及三地金融发展的各自特点，明确京津冀三地金融发展定位，即北京金融管理功能、天津金融创新功能、河北金融后台服务功能，三地突出发展特色及发展优势，相互补充、相互配合，达到区域的金融协同发展。

第三，建立区域协调机制，市场主导，政府引导。国家从宏观层面建立京津冀金融合作的协调机制，坚持以市场为主导，政府引导，推动金融要素在区域内的有序流动和优化配置。一方面，根据市场主导原则，京津冀金融机构可尝试组织京津冀区域管理部门，由熟悉京津冀业务的专业人员负责，协调区域内的业务往来和项目合作；通过相互持股及控股等形式构建更为有效的合作机制，增强金融辐射能力。另一方面，根据政府引导原则，由国家部门牵头，由三地政府、金融监管部门等联合成立金融工作小组，统一制定京津冀金融协同发展战略，并负责引导和监督发展战略的具体实施；推进三地金融协调联席会议制度、金融监管联席会议制度的建立与实施；推动设立京津冀协同发展基金及区域性开发银行。

（二）坚持协同发展原则，促进资源优势互补

京津冀金融协同发展在遵循整体发展原则的前提下，更加尊重京津冀三地发展的差异性和协调性，更加侧重京津冀三地的相互协作和相互分工、相互补充和相互促进。因此，京津冀金融协同发展需要三省市在提高自身金融实力和金融竞争力的基础上，通过金融机构合作、金融人才共享、金融产业转移等各种途径，促进资源的优势互补。

第一，北京市强化金融管理功能，促进金融资源合理转移。首先，北京市持续优化金融发展环境，发挥模范带头作用。一方面，要完善金融组织体系，提升在京金融总部的服务水平，提高创新意识，发挥模范带头作用。另一方面，要加快农村金融发展，深入推进科技金融中心建设。其次，创新金融合作模式，实现区域间良性互动。一是由北京市金融监管部门带头，加强三地金融监管合作；二是各类金融机构开展以服务区域经济发展为重点的金融产品创新和金融服务创新；三是加快建设京津冀统一开放的投融资市场体系。

第二，天津市优化产业布局，建设金融创新运营示范区。首先，优化产业布局，增强金融创新实力。天津市要在创新银行服务理念，做大做强传统金融的同时，大力发展新型金融，包括重点发展融资租赁业，规范发展商业保理业务，积极发展互联网金融业务，规范发展资本市场。其次，搭建金融平台，开展跨区域金融协同创新。天津市要进一步疏解首都城市功能，依托滨海新区在港口资源、基础设施建设等方面的优势，在滨海新区探索建设京津离岸金融试验区，推动两地金融机构先行先试、加大创新；加快产业对接，包括建设天津滨海—中关村科技园、武清京津产业新城，以及天津—河北（涉县天铁）循环经济产业示范区等重点合作平台，支持盐业化工业、冶金、汽车指导等产业向河北转移，重点支持部分高新技术产业向北京转移，实现产业联动发展；深化金融合作与开放，鼓励企业“走出去”。

第三，河北省要提高金融整体实力，建设金融后台服务基地。首先，提高金融发展水

平，逐步缩小与京津的差距。河北省要积极发展银行业金融机构，突出政策性银行的开发性和政策性作用，发挥国有控股商业银行的引领作用，明确城市商业银行的特色化发展道路，深化农村信用社改革，做大做强金融业支撑；积极引进北京、天津两地的证券、基金、信托公司等金融机构，加强业务往来，广泛参与京津冀协同项目，提高河北省证券业的发展水平，提升直接融资比重；加快保险业金融机构发展，培养和引进保险综合经营人才，创新保险机构组织形式和业务范围。其次，承接京津金融业务转移，促进金融资源合理流动。一是要加强金融基础设施建设，完善信用信息平台，引进国内各大金融机构在河北设立信息中心、后台呼叫中心、数据中心等后台服务基地，以承接京津金融后台业务转移；二是要加强金融机构合作交流，包括金融机构之间建立信息共享机制、区域内金融机构创新合作形式、建立统一的金融资源配置平台、推动河北省本地金融机构在京津拓展业务、优化河北省金融人才发展环境，促进金融资源合理流动；三要提升金融服务水平，为京津冀协同项目提供投融资、结算、理财、咨询、风险担保等综合性金融服务，助力京津冀协同发展。

参考文献

[1] 王琰．京津冀区域金融协同发展的构想与建议［J］．华北金融，2014（7）．

[2] 王琰，张鑫．深化京津冀金融协同发展［J］．中国金融，2014（20）．

[3] 李晶玲．京津冀区域金融发展现状及存在问题研究［J］．华北金融，2015（9）．

[4] 陈建华．京津冀一体化与金融合作［J］．中国金融，2014（3）．

[5] 闫冰竹．以金融服务提升京津冀协同发展的战略层次［J］．中国银行，2015（3）．

[6] 余安然．金融生态支撑京津冀协同发展相关问题探讨［J］．合作经济与科技，2014（21）．

[7] 祝尔娟．推进京津冀区域协同发展的思路与重点［J］．经济与管理，2014（3）．

[8] 陆军，徐杰．金融集聚与区域经济增长的实证分析——以京津冀地区为例［J］．学术交流，2014（2）．

[9] 李素梅，李雪．金融生态支撑京津冀区域经济协同发展的理论探讨［J］．华北金融，2015（2）．

[10] 何宜庆，吕弦．我国东中部地区城市群金融集聚辐射分析［J］．生态经济，2015，31（5）．

[11] 周晓娟，汤倩，辛文玉．促进河北省环首都绿色经济圈发展的理性思考［J］．经济研究参考，2013（29）．

[12] 崔冬初，宋之杰．京津冀区域经济一体化中存在的问题及对策［J］．经济纵横，2012（5）．

[13] 高杰英，游蕊．长三角和京津冀区域金融一体化分析：信贷的扩散与极化［J］．经济与管理研究，2015（7）．

[14] 梁怀民．区域金融协调推动环渤海区域经济一体化［J］．中国科技投资，2013（26）．

[15] 李文增．京津冀区域经济金融协同发展协调机制研究［J］．求知，2014（6）．

[16] 刘欣．京津冀区域金融发展研究［J］．合作经济与科技，2010（11）：66－68.

[17] 王景武．加强京津冀金融合作构建环渤海区域金融体系［J］．港口经济，2006（1）：31－32.

[18] 李文哲，齐艳霞．京津冀区域金融合作的机制创新及切入点［J］．改革与战略，2012，28（6）．

[19] 赖诚成. 京津冀一体化下金融合作与对策 [J]. 中国商贸, 2014 (20).

[20] 李文增. 建立京津冀金融发展协调机制 [J]. 金融世界, 2014 (4).

[21] 王建廷, 黄莉. 京津冀协同发展的动力与动力机制 [J]. 城市发展研究, 2015, 22 (5): 18 - 23.

[22] 何宜庆, 吕弦. 我国东中部地区城市群金融集聚辐射分析 [J]. 生态经济, 2015, 31 (5).

[23] 董经纬, 冯文丽. 论京津冀区域金融创新模式与发展战略 [J]. 全国商情·经济理论研究, 2008 (17): 73 - 74.

[24] 戴宏伟, 张艳慧. 京津冀金融业发展与协作路径分析 [J]. 河北经贸大学学报, 2013, 34 (5): 63 - 68.

[25] 张永乐. 京津冀都市圈金融合作协调发展研究 [J]. 河北金融, 2008 (3).

[26] 田希永, 董丹丁, 周宇佳. 对金融支持京津冀一体化发展的思考 [J]. 河北金融, 2014 (11).

[27] 高岚华. 关于组建京津冀金融联合体的对策建议 [J]. 环渤海经济瞭望, 2015 (7): 3 - 5.

粤港澳大湾区与“一带一路”倡议推动

◎ 戴金平[①]

〔**内容摘要**〕粤港澳大湾区规划是“一带一路”建设的重心之一。优越的地理位置、悠久的侨乡文化使粤港澳大湾区成为“一带一路”的战略枢纽。粤港澳大湾区的建设，将整合该区域的港口、金融、贸易、制造业等优势，构建“一带一路”沿线经济增长活力最强、辐射能力最强、创新动力最强的先进城市群，成为推进“一带一路”对外开放战略向纵深发展的新引擎。粤港澳大湾区将通过充分发挥区域内国际物流中心、国际金融中心、高端专业服务中心、国际旅游休闲中心、先进制造业中心、科技创新中心的优势，优化资源配置，合理分工，打造国际高端制造与高端服务中心，提升中国企业全球价值链地位，并构建中国企业主导的区域价值链体系，推动实现“一带一路”建设的中国企业全球价值链重构。经济制度冲突、不同法律体系的冲突、不同开放程度的冲突都将是粤港澳大湾区建设的制度难点，而这些难点的突破和先行先试，都将为“一带一路”建设中的制度改革创新提供借鉴和参考。

〔**关键词**〕粤港澳大湾区　“一带一路”　价值链

粤港澳大湾区建设是中国“一带一路”倡议的重心之一，是推动中国全面深化改革开放的新引擎，是推动中国企业在全球配置资源、构建中国企业主导的新全球价值链体系、推动中国参与全球治理体系的重要基础，更是推进“一带一路”倡议实施的体制机制创新变革试验田。

一、粤港澳大湾区是“一带一路”建设的重心之一

中国21世纪新的对外开放倡议——“一带一路”继承中国古代丝绸之路的辉煌，重新

① 作者简介：戴金平，女，1965年1月生，经济学博士，英国格林威治大学博士后，教授、博士生导师。主要研究领域为国际经济学、国际金融学、货币金融学。现任南开大学国家经济战略研究院副院长，南开大学跨国公司研究中心副主任，南开大学世界经济学科和金融学科主要学术带头人，教育部新世纪优秀人才，南开大学英才教授。

打造以中国为核心向亚洲、欧洲、非洲、美洲等世界各地辐射的陆海内外联动、东西双向共济的新开放格局，致力于建设人类命运共同体的中国对外开放战略将中国带入一个新的全面开放的时代，始终站在中国改革开放前沿的珠江三角洲迎来了新的曙光。

中国珠三角地区是中国改革开放的前沿，也是中国三大区域经济带（长三角、珠三角、京津冀）的重要组成部分，承载着中国改革开放和经济高速发展的历史使命。改革开放40年以来，珠三角地区与中国香港和澳门的经济合作不断深化，经济一体化程度不断提高；与此同时，这个区域的核心城市之间的竞争关系也开始突出。如何深化这个区域的经济合作，优化该区域的产业结构组合，建设“一带一路”链条上的区域支点，关乎珠三角地区的长期可持续发展，更关乎香港和澳门的繁荣和长期稳定。

粤港澳大湾区设想是含着“一带一路”倡议的金钥匙出生的。2015年3月，国家发展改革委、外交部、商务部在国务院的授权下发布《推动共建丝绸之路经济带和21世纪海上丝绸之路的愿景与行动》（简称愿景与行动），其中首次提到“粤港澳大湾区”一词：“充分发挥深圳前海、广州南沙、珠海横琴、福建平潭等开放合作区的作用，深化与港澳合作，打造粤港澳大湾区。”随后“粤港澳大湾区”一词频频出现在国家战略规划中。2016年国家“十三五”规划明确提出推动粤港澳大湾区和跨省区重大合作平台建设。2017年3月国务院政府工作报告中再次强调粤港澳大湾区的作用：“要推动内地与港澳深化合作，研究制定粤港澳大湾区城市群发展规划，发挥港澳独特优势，提升在国家经济发展和对外开放中的地位和功能”，进一步将粤港澳大湾区建设上升为国家战略。2017年4月11日，李克强总理在颁布国务院令仪式上明确指出，2017年中央政府要研究制定粤港澳大湾区发展规划。2017年7月1日，在中国国家主席习近平同志的见证下，粤港澳三方领导人签署《深化粤港澳合作推进大湾区建设框架协议》，粤港澳大湾区建设方案正式推出。

粤港澳大湾区建设是“一带一路”建设的重要组成部分。粤港澳大湾区一词就是在国家“一带一路”建设方案中首次提出的，明确了粤港澳大湾区是“一带一路”区域合作平台建设的重心之一。

（一）“一带一路”建设的战略枢纽

粤港澳大湾区以其优越的地理位置、多元的文化特征（侨乡文化、英语、葡语）成为“一带一路”建设的战略枢纽。

粤港澳大湾区由“9+2”11个城市构成，即广东省的广州、深圳、珠海、佛山、中山、东莞、惠州、江门、肇庆，以及香港和澳门，包括一个国家、两种制度、三个关税区、四个核心城市、八个著名港口。该湾区南接东南亚、南亚，东接海峡西岸经济区、台湾；北接长江经济带，西接北部湾经济区，既是21世纪海上丝绸之路的起点城市群，是连接海上丝绸之路沿线国家与中国的重要桥梁，也是内地众多区域对接“一带一路”建设的枢纽。从以深圳港为代表的广东港口群出发，途径昆明，经缅甸、孟加拉国、印度、巴基斯坦、伊朗，从土耳其进入欧洲，最终抵达荷兰鹿特丹港，这是“一带一路”的重要路线之一；通过江门、佛山沿西江可进入广西、贵州和云南，向北可延伸至湖南和江西中部城市群，粤港澳大湾区成为这些内地省份连接“一带一路”国家的枢纽。粤港澳大湾区的建设，将推动广西、云南、贵州、湖南、江西等省份的产业梯度转移加快，促使大湾区产业要素流动顺利通达北部湾和南宁等地，形成面向东盟各国的海、陆国际大通道。由此，粤港澳大湾区“一带一路”链条上内外部连接的枢纽功能可略见一斑。

粤港澳大湾区的江门是“中国内地第一大侨乡”，拥有多元化的侨乡文化。旅居海外的江门籍华侨、华人超过400万人，遍布世界五大洲100多个国家和地区，以北美洲为主。江门下辖的台山，旅居海外的人口比台山现有的人口还要多。故民间有内外“两个台山”之说。香港有四分之一的市民原籍江门，澳门有一半居民的祖籍是江门。世世代代的江门人，无论是旅居海外，还是固守故土，都传承和传播着中华民族的传统文化，使中华传统文化在世界各地发扬光大，也使“一带一路”建设的民心互通更加便捷。“中国第一侨乡”的地位使江门在中国“一带一路”建设中具备重要的人文战略地位。

（二）“一带一路”建设的新引擎

“一带一路”是我国新时期的开放战略，2008年以来的中国新开放战略具有三个特点。其一，内外联动的运行机制，表现为推动双向开放、全球生产要素有效流动、全球资产合理配置、宏观调控参考全球经济周期波动等；其二，互利共赢的利益机制；其三，从全球治理体系的接受者向全球治理体系的参与者、制定者和主导者转变（戴金平，2017）。

粤港澳大湾区正是为了实现中国新时期新开放战略目标而实施的大举措。粤港澳大湾区通过建设一个全球最大的湾区，建设高水平参与国际经济合作的新平台，探索建立高标准的贸易和投资自由化规则，推动“一带一路”建设，引领中国对外开放进程；引领世界经济发展和全球经济一体化进程，为中国参与和引领全球新治理体系构建坚实基础。

将粤港澳大湾区建设成为“一带一路”的新引擎具有可行性。粤港澳大湾区具有五大开放和发展优势：高度开放和国际化的经济体系、良好的国际产业交流能力与经验、高度发达的服务业、正在快速形成的创新创业基地、改革开放先行先试的重点基地（赵令彬，2017）。

粤港澳大湾区是我国率先开放的地区，应该为我国21世纪参与全球新治理体系、引领全球化方向贡献中国道路和中国智慧。粤港澳囊括了两个经济特区、两个国际自由港、三个自贸区片区，毫无疑问是中国改革开放的最前沿。香港和澳门是全球最开放的地区之一，粤港澳大湾区必将成为全球最开放的湾区之一。以该区域为基础，我们可以向世界，尤其是“一带一路”国家讲述“中国故事”、“中国道路”，传播中国文化、中国思想，争取更多志同道合的国家和地区，共同推动21世纪全球化发展，构建新全球治理体系。

粤港澳大湾区的未来经济体量足以支撑该区域在“一带一路”建设中发挥引擎作用。粤港澳大湾区发展潜力巨大，土地资源丰富（面积5.62平方公里，占中国大陆国土面积的5.85%），人口规模大（常住人口6 800万），是中国最具活力的城市群，具有挑战世界现有三大湾区（东京湾区、纽约湾区、旧金山湾区）的潜力。该区域的大多数城市人均地区生产总值等经济指标早已比肩欧美发达经济体。2016 年，粤港澳大湾区经济总量近 1.4 万亿美元，占中国经济总量（不包括港澳台）的 12.5%。2015 年、2016 年两年，广东的经济总量直逼西班牙，在全球约居第 15 位，在中国各省区市经济总量中持续位居第一。根据 2015 年的经济总量数据，广州追赶新加坡，深圳赶超中国香港，佛山直追阿姆斯特丹，东莞超越拉斯维加斯，中山与日内瓦、江门与爱丁堡并驾齐驱，肇庆与利物浦相当。

表 1　粤港澳大湾区与世界三大湾区指标比较

指标	粤港澳湾区	纽约湾区	旧金山湾区	东京湾区
土地面积（平方公里）	5.6	2.1	1.8	3.7
常住人口（万人）	6 800	2 340	760	4 383
地区生产总值（万亿美元）	1.4	1.4	0.8	1.8
人均地区生产总值	20 419	59 829	105 263	41 068

资料来源：人民网，方正证券。

粤港澳大湾区已经形成了分工明确、优势互补的产业体系。广东是全国改革开放先行区、高科技产业创新中心、先进制造业与现代服务业基地；香港是国际金融、航运、贸易中心，世界最大人民币离岸金融中心，正在建设全球资产管理中心和国际法律事务解决争议中心；澳门是世界旅游休闲中心，正在打造与葡语国家的商贸合作服务平台。大湾区东岸为知识密集型产业带，西岸是技术密集型产业带，珠三角沿海为生态环保型重化产业带，加上香港的世界金融中心、国际贸易和国际物流中心以及澳门的国际旅游休闲中心、文化创意中心，已经形成了先进制造业和现代服务业双轮驱动的产业体系。粤港澳大湾区是我国首次在经济发达地区进行区域协调合作、共赢发展的重要尝试。通过粤港澳大湾区建设，在土地规划、交通互联、产业布局、资本与人力等生产要素配置等多个方面可以进行区域统一规划，能够在城市群配套需求、人才培养、产业梯度转移等方面挖掘存量资源、催生新增长动能，促进该湾区迅速发展成为世界第一大湾区。

粤港澳大湾区发达的交通基础设施使其在“一带一路”沿线城市中率先实现了互联互通，也使其成为“一带一路”内外联通的枢纽。其位于珠江通往南海的出海口，拥有世界著名的珠三角加工制造基地和产品出口基地，具有四通八达的高速公路网和城际轻轨，虎门大桥和珠港澳大桥、深中大桥将各个城市紧密连接，大大缩短了通勤距离。截至 2016 年底，广东省公路通车总里程达到 21.8 万公里，高速通车里程 7 673 公里，位居全国第一；广东港口码头泊位 2 811 个，全省港口货物年通过能力达到 16.7 亿吨，居于全国第二。其中集装箱年通过能力达到 5 948.1 万标箱，居于全国第一。2016 年湾区的深圳港、香港港、广州港集装箱吞吐量位居世界前列，分别为第三、第五、第七。

粤港澳大湾区的建设将整合该区域的港口、金融、贸易、制造业等优势，构建“一带一路”沿线经济增长活力最强、辐射能力最强、创新动力最强的先进城市群，成为推进“一带一路”对外开放倡议向纵深发展的新引擎。

（三）“一带一路”建设的开放创新试验田

粤港澳大湾区是中国最开放的地区，是中国对外开放的起点，始终承担着中国改革开放试验田的功能。深圳是中国对外开放的第一个特区，深圳的改革开放试验为中国坚持改革开放国策奠定了基础。目前深圳已经成长为中国最具创新力和活力的城市。香港是世界著名的国际金融中心、世界自由港、国际物流中心和世界商务中心，2008 年之后香港成为内地人民币国际化和资本项目对外开放的试验田和缓冲带（戴金平，2017）。湾区包含了广东自贸区的广州南沙自贸区、深圳前海蛇口自贸区、珠海横琴自贸区，作为第二批中国自由贸易试验区，在中国对外开放的新阶段，很多制度创新举措正在自由贸易试验区先行先试。粤港澳大湾区的建设本身就是一个改革开放的试验区，因为在这里，位于中国海关之外的、实行“一国两制”的香港和澳门如何与海关以内的广东深圳实现基础设施互联互通、统一大市场、统一生态保护、统一居民待遇等，都是要进行一系列先行先试的改革和开放创新。正是这样一个改革开放的创新实验，先行先试，能够为“一带一路”的基础设施互联互通、贸易畅通、资金融通、民心相通积累经验，探寻正确路径，控制风险，渐进式推进，为中国在“一带一路”建设中全面对外开放创造条件。

跨境治理体系创新是中国“一带一路”倡议推进的一个难点。如何在两种制度、三个关税区、三个法律体系的异质城市群内，按照湾区经济和城市群的发展规律，实现要素便捷流通、资源高效配置和产业协同效应，这涉及到如何突破跨境行政壁垒和体制束缚，也面临着如何建立统筹协调机制推动协同有序发展，如何完善营商环境对标国际一流吸引国际高端资源集聚湾区，如何消弭经济融合对多元主体的不同影响，这些都对三地政府跨境治理带来很大挑战，需要新的突破，需要创新管理模式。粤港澳大湾区建设规划的制定及跨境治理的实施，既是对“一国两制”实践的丰富，从某种意义上来说，也是中国探索参与全球治理的一个“试验田”。如果形成可以复制和推广的协调机制和政策创新，将有助于国家推进新一轮开放，其模式甚至可应用到“一带一路”沿线不同经济体的合作，为全球跨境合作与经济治理贡献新方案与新示范。

二、粤港澳大湾区与“一带一路”建设中的中国全球价值链重构

习近平同志在十九大报告中指出，我国经济已经从高速增长阶段向高质量发展阶段转变。现阶段的中心任务是，加快建设制造强国，大力发展先进制造业；支持传统产业优化升级，加快发展现代服务业，促进我国产业迈向全球价值链中高端，培育若干世界级制造业集群。新时期中国的对外开放，“一带一路”建设的目标就是要通过海陆内外联动、东西双向

互济的开放格局，在世界产业分工中实现中国产业升级，将中国从一个制造业大国转变为一个制造业强国，从中国制造向中国智造升级。这个过程就是中国产业的全球价值链重构过程。粤港澳大湾区建设将在中国产业打造世界级制造业集群、全球价值链重构过程中发挥重大作用。

（一）“一带一路”建设与中国全球价值链升级重构

一个商品或服务从开发设计到终端使用过程中，产品和服务提供商在每个环节上都实现了价值创造，全过程所有环节的链接伴随着价值创造的链接，从而形成一个全产业的价值链条，即价值链。一个完全的价值链包括产品和服务设计开发、生产、营销、分销、售后服务等。在全球化背景下，当代国际生产和服务体系是由跨国公司在全球优化资源配置从而追求利润最大化的行为推动形成的，一个产品或服务的提供分解为多个环节，根据各国和地区的比较优势，进行专业化分工，分布在不同的国家和地区，形成全球价值链。在产品和服务提供的每个环节上，创造的附加价值是不同的。一般来说，在价值链的前端和后端，附加价值都比较高，而在价值链的中端附加价值比较低，表现为产品和服务价值创造链条从前端向后端，附加价值的变化呈现为U形，形似一个微笑曲线。中国改革开放40年的历程，是中国不断融入世界经济、加入全球价值链创造的过程。在当代全球价值链中，中国贡献部分集中在低端和低附加价值环节，也就是微笑曲线的中部和底部。中国很多学者的实证研究都证明了这一点（卢仁祥，2017；雷达，2017；刘琳，2015；王子先，2014）。处于全球价值链低端的中国制造业以劳动密集型、资源密集型产业为主，高耗能，高污染，高资源占用，使中国虽为制造业大国，却并非制造业强国。在中国人口老龄化来临、资源约束越来越严重的今天，中国制造必须告别低成本时代，向中国智造转换，这就需要重塑中国在全球价值链中的地位。

2008年以来的中国新开放战略鼓励中国企业“走出去”，提升中国在全球价值链中的地位，重塑中国全球价值链作为新开放战略的核心之一。党的十八大提出建设开放型经济新体制的目标，企业“走出去”战略构成中国开放型经济新体制建设的重要组成部分。国务院颁布的《关于构建开放型经济新体制的若干意见》将实施“走出去”战略确定为国家战略。“十三五”规划建议中明确提出支持企业扩大对外投资，深度融入全球产业链、价值链、物流链，培育一批世界水平的跨国公司。作为新开放战略的实现载体，2013年推出的“一带一路”倡议更是为推动中国全球价值链重塑、提升中国企业全球竞争力、构建中国跨国公司为主导的全球价值链创造了有利条件。通过“一带一路”建设，中国企业加快在技术研发、产品设计、市场销售、网络品牌和物流金融领域的发展，从全球价值链的低端迅速向两端转换；通过“一带一路”建设向世界其他国家输出中国具有竞争力的资本和产能，提升中国企业在全球价值链中的控制能力，构建中国企业主导的全球价值链条；通过“一带一路”建设，提升中国企业在全球配置资源和分配生产的能力，同时通过完善促进国内创新和高端服务业发展的体制机制，引导企业将价值链的高端集中于中国国内，打造中国全球科技创新中心、全球物流中心、全球金融中心、全球贸易中心。

（二）粤港澳大湾区建设与中国全球价值链升级

粤港澳大湾区建设规划将打造一个由中国跨国公司主导的全球生产体系和全球价值链体系，为中国经济结构转型升级、构筑中国长期稳定发展的基础、提高中国在全球治理中的地位奠定坚实的基础。在《粤港澳大湾区建设框架协议》中明确指出，构建协同发展的现代产业体系，充分发挥大湾区不同城市产业优势，推进产业协同发展，完善产业发展格局，加快向全球价值链高端迈进。

研发与设计处于价值链的左上方，而物流、金融、商贸、品牌、售后服务等都处于右上方，属于价值链的上端。通过打造科技创新中心，提升产业在左上方的配置，打造金融、商贸、物流中心则是在右上方提升价值创造能力。

1. 打造全球创新高地

根据粤港澳大湾区的建设规划，大湾区"9+2"个城市合作打造全球科技创新平台，构建开放型创新体系，完善创新合作的体制机制，建设粤港澳大湾区创新共同体，逐步建设成为全球重要科技产业创新中心。

打造科技湾区，是粤港澳大湾区建设的内涵特征与目标，也是区内核心城市转型升级、集聚优势、走向高端的重要路径。区内拥有全球知名的高等院校包括中山大学、香港大学、香港理工大学、香港城市大学、华南理工大学等；区内研发机构比较密集，深圳的大型企业内部拥有大量世界一流水平的应用型研究机构，包括华为、中兴、腾讯、比亚迪等设立的研究所和研究中心。更为重要的是，湾区作为中国改革开放的前沿，具有充分利用全球科技资源的条件。香港大湾区必然要发展成为创新活跃之地，在数字经济、互联网经济、分享经济、人工智能、新能源等领域抢占制高点。香港可借助其营商环境、知识产权保护、国际网络、资金融通便利、科研人员出入境便利等优势，将香港研发优势与深圳的高科技制造能力结合起来，与深圳合作打造科技平台，吸引全球高端优质资源落户。深港创新科技合作是粤港澳合作的一大亮点，也是大湾区创新科技带的重要组成部分，将成为未来港深及大湾区持续增长的支撑动力。位于深港落马洲河套区的"港深创新及科技园"及"深圳科创园区"，可以作为探索深港科技创新要素资源无障碍配置和便利流通的试点区。例如加强通关便利化设施建设、优化调整粤港澳人员的签注政策、放宽科研资金的跨境使用限制、便利科研试验设备及材料的跨境通关等。深港可合作向国家科技部申请国家高端创科平台政策，也可吸引"一带一路"沿线国家和地区与大湾区互设科研中心。香港可借助港深两大创科平台，从传统的金融中心向"金融中心+科技创新"的方向转型。只有这样，方可在现有全球价值链分工体系的重塑中，抢占核心枢纽环节，提升国际分工中的地位。吸引国际优质资源落户大湾区，对于大湾区内生动力的培育及国际一流湾区目标的实现至关重要。

通过打造科技创新基地，加快向全球价值链前端迈进，打造具有国际竞争力的现代产业先导区。加快推动制造业转型升级，重点培育发展新一代信息技术、生物技术、高端装备、新材料、节能环保、新能源汽车等新兴产业群。

2. 巩固世界金融中心地位，共建金融核心圈

在粤港澳大湾区的11个城市中，香港是国际金融中心，深圳的金融产业也具有一定的优势；广东自贸区的深圳前海、广州南沙、珠海横琴也都具有金融创新先行先试的制度优势。充分利用大湾区各城市的金融发展基础，构建世界一流的金融核心圈，向世界最大国际金融中心的目标迈进。深圳交易所是我国第二大交易所，截至2016年底深交所上市公司总市值为32 407.68亿美元；港交所上市公司市值为31 857.17亿美元。大湾区的三个金融核心城市香港、深圳、广州在全球金融中心排名中分别为第4名、第22名和第37名。与世界前三大湾区的金融产业实力相比，粤港澳大湾区还存在一定差距。但是可以预见，通过湾区核心城市之间的金融资源整合，依靠湾区以及湾区辐射区域的经济基础，深化金融领域对外开放，湾区金融核心圈的潜能将充分爆发，成长为世界金融中心群。

推动粤港澳金融竞合有序、协同发展，培育金融各合作新平台，扩大内地与港澳金融市场要素双向开放与联通，打造引领泛珠三角、辐射东南亚、服务于“一带一路”建设的金融枢纽，形成以香港为龙头，广州、深圳、澳门、珠海为依托，南沙、前海和横琴为节点的大湾区金融核心圈。

在大湾区金融核心圈建设中，巩固和扩大香港国际金融中心的地位是一大重点。香港金融业可以利用前海、南沙和横琴自由贸易试验区建设提供的政策便利进入内地，扩大发展空间，促进内地金融改革和开放；利用“深港通”和“债券通”，推动深港两地资本市场融合，提升香港资本市场的辐射和服务能力，为内地企业提供多元化的融资服务；通过与珠三角合作，支持人民币离岸中心枢纽建设，推动人民币国际化进程。

3. 提升大湾区的国际物流、商贸中心功能，打造全球供应链管理中心

香港正处于从国际贸易中心和国际物流中心在向全球供应链管理中心转型升级的过程中。香港一直是亚太地区最著名的自由港和贸易转口港，贸易及物流一直是香港的优势产业。随着香港制造业大量外移、产业趋向空心，香港贸易方式逐步从转口转为转运，目前已进一步离岸化。香港劳动力和土地成本持续上扬，贸易物流成本持续上升，经济下行压力有增无减，加上内地诸多港口城市的快速发展与货源分流，进一步导致香港国际贸易和物流中心地位的相对弱化。

广州也在积极建设国际航运中心，推动港航发展方式转型升级，大力发展现代物流业。广州目前已经形成了以南沙港区为中心，辐射整个华南并联通全球的集装箱运输格局。广州港已经与世界20多个港口建立友好合作关系，与100多个国家的400多个港口有海运贸易往来。广州港腹地辽阔，已经形成了辐射东南亚，联通世界的海、陆、空立体交通网络。与国际航运中心相配套的航运金融、航运信息技术、海事法律服务、滨海休闲度假旅游等也在政府激励政策下快速发展。与香港相比，广州的人力成本、土地成本、物流成本相对较低，对香港航运的分流和替代作用较强。

大湾区的港口运输能力很强，但是港口之间同质化竞争激烈。珠海港、东莞港、湛江港以煤炭、液体散货、金属矿石为主，广州港、深圳港、香港主要以集装箱为主。

大湾区一体化建设就是要在物流、商贸、航运专业服务等领域进行合理分工，发挥各城市的比较优势，聚合协同效应，实现资源共享，避免恶性竞争。提高生产效率，打造分工明确、高效协同的世界一流的国际物流、商贸中心。

香港要推动向全球供应链管理中心的转型升级。通过大湾区建设和“一带一路”建设，积极拓展中国内地和全球新市场，全面链接“一带一路”的节点，建设中国内地全面对外开放的传送带。同时，积极利用香港国际金融中心、国际物流中心和国际自由港的优势，挖掘离岸贸易进一步扩张的潜能。提高国际贸易增值服务水平，打造全球供应链管理服务中心。香港传统的国际贸易商已经在向全球供应链管理服务商升级，承接了全球生产链条的大部分环节，涵盖生产商和供货商选择与管理、供应链融资、产品生产与设计、市场营销、售后服务等。国际贸易商利用其长期积累的与生产商、供货商、品牌商、销售网络、金融机构的密切合作关系，从设计、生产、销售、融资服务的中介提升为整个供应链条的管理者。

在广东各个港口之间，以集装箱、能源化工、钢铁、军事等类别进行功能差异化分工，打造广州国际物流中心和国际商贸中心的地位。

粤港澳大湾区国际物流中心、商贸中心、全球供应链管理中心的建设，完善中国产业的全价值链链条，为中国产业向高端价值链迈进贡献力量。

（三）大湾区新区域价值链构建

在新的开放格局下，珠三角地区正在调整产业结构，改变增长方式，形成珠三角与港澳合作的区域价值链体系。粤港澳大湾区的建设必将加速该区域价值链的形成。

香港是珠三角企业海外布局的重要节点，是企业海外销售、融资以及零部件物流配送所在地。过去由跨国公司主导、港澳企业经营的从外向内“前店后厂”产业格局，开始逐步变化为由内地企业主导、港澳企业参与的从内向外的新产业格局。在新产业链格局中，珠三角地区是制造业总部，香港是资本运营和物流枢纽，澳门是休闲旅游度假基地。珠三角的先进制造业也需要进一步明确分工，突出各个城市的功能定位，以新型产业链参与国际竞争。打造东部知识密集型产业带、西部技术密集型产业带、沿海生态环保带；以深圳为核心发展核心零部件研发，以广州为中心发展高端装备制造，以惠州为中心发展汽车装备与清洁能源。随着珠三角地区企业加快“走出去”步伐，这种新产业链格局在未来将更加成熟，由此不断强化香港与珠三角地区之间的资本、商品、技术与信息的流动，并强化香港在珠三角外向型经济发展中的新中介功能（封小云，2016）。

三、粤港澳大湾区与“一带一路”建设的制度创新

“一带一路”作为中国新时期改革开放战略的核心组成部分，代表着中国开放战略在区域开放战略、贸易战略、投资战略、服务业开放战略、人民币国际化战略等方面的新理念和新方向。“一带一路”倡议已经渗入中国新时期发展战略，承载着实现中华民族繁荣富强之梦的使命。要推进“一带一路”倡议实施，需要全面深化改革，需要制度创新。粤港澳大湾区建设是“一带一路”制度创新的试验田，是中国渐进式改革开放战略在“一带一路”建设中的具体体现。

（一）大湾区现行制度试验

1. 自由贸易试验区（Free Trade Zone，FTZ）

自由贸易试验区是党的十八大之后全面深化改革开放的重要举措。自由贸易试验区是在主权国或地区的境内关外划定一片区域，实施比世界贸易组织有关规定更为优惠和开放的贸易与投资政策，包括货物自由进出、生产要素自由流动。我国自由贸易试验区的基本内容是以贸易便利化为重点的贸易监管制度改革、以负面清单为核心的外商直接投资管理体系改革、以资本项目可兑换和金融服务业对外开放为目标的金融制度变革、以政府职能转变为核心的事中事后监管制度变革。目前我国在上海、广东、天津、福建、广东、辽宁、浙江、河南、湖北、四川、重庆、陕西等地批准建立了三批共12个自由贸易试验区。自由贸易试验区是深化中国改革开放的试验区，改革开放新举措经过试验区实验，一旦成熟便在全国复制推广。目前有很多政策经过试验已经在全国推广实施。广东自由贸易试验区是国务院批准建立的面向港澳台深度融合的自由贸易试验区，包括广州南沙试验区、深圳前海蛇口试验区、珠海横琴试验区，2015年4月正式挂牌。位于粤港澳大湾区的广东省已经在自由贸易试验区的框架下进行改革开放先行先试，尤其是打通广东自由贸易试验区与香港澳门资本人员自由流动、贸易更加便利化以及深度商务合作等通道的先行先试举措。

2. 自由贸易区（Free Trade Area，FTA）

自由贸易区是不同关税区之间签署的推动自由贸易、投资便利化的制度安排，例如北美自由贸易区、东盟自由贸易区等。自由贸易区根据成员国或者地区的数量分为双边自由贸易区和多边自由贸易区。内地与香港和澳门之间的商品及资金往来自由化和便利化始终是中国对外开放和区域发展战略的重要组成部分。内地与香港澳门的双边自由贸易协定——《关于建立更紧密经贸关系的安排》（简称CEPA）包括中央政府与香港签署的《内地与香港关于建立更紧密经贸关系的安排》和中央政府与澳门签署的《内地与澳门关于建立更紧密的经贸关系的安排》，是目前正在推动的内地与港澳经济贸易一体化的基本框架。该安排逐渐减少和取消内地与香港（澳门）之间所有进出口贸易关税和非关税壁垒，逐渐实现服务贸

易自由化，促进贸易投资便利化，推进内地与香港澳门经贸联系更趋紧密，最终形成香港、澳门与内地自由贸易伙伴关系。本质上来说，香港、澳门与内地的CEPA事实上是不同关税区之间的自由贸易协定，是一个典型的双边自由贸易协议（FTA）。目前内地与港澳的CEPA正在不断扩容和完善。

3. “一国两制”特别行政区

粤港澳大湾区的境外部分——香港和澳门是实施“一国两制”政策的特别行政区。香港和澳门回归之前原属英国和葡萄牙殖民地，实行资本主义制度；对于回归之后如何保持两地原有制度的稳定性和开放性，邓小平同志提出了“一国两制”的创新性思想。“一国两制”的基本内容是一个主权国家、两种制度、高度自治。目前香港和澳门作为特别行政区拥有独立的行政管理权、立法权、司法权和终审权，都是独立的关税区，中国内地作为一个关税区，与香港和澳门关税区之间的商品、生产要素往来都受到近似于主权国家关税区之间商品和要素流动的种种约束。

习近平同志在十九大报告中明确指出，保持香港、澳门长期繁荣稳定，实现祖国完全统一，是实现中华民族伟大复兴的必然要求。必须把维护中央对香港和澳门特别行政区全面管制权和保障特别行政区高度自治权有机结合起来，确保“一国两制”方针不会变、不动摇。在“一国两制”的制度安排下，粤港澳各自都保留了原有的政治经济制度特色，甚至文化传统也存在很大差异和冲突，大湾区的经济合作存在多重制度障碍。

澳门回归祖国后，与中国内地的融合比较充分，珠海和澳门之间要素流动、经济合作比较充分。内地对澳门经济的促进作用十分显著，澳门经济增长迅速。近年来，香港则表现为政治冲突不断，港独势力一直存在，严重影响了香港的繁荣和稳定。

在实施不同制度体系的三个关税区之间进行深度合作，互联互通，实现商品、生产要素自由流通，打造优势互补、分工明确的经济共同体，需要大力推进体制机制创新，走出一条具有中国特色的自由贸易区合作之路。

（二）大湾区制度创新难点

在粤港澳大湾区自由贸易区建设中，要在自由贸易试验区、自由贸易区和“一国两制”制度创新框架中不断提升中国对外开放水平，加速区域经济一体化和全球化进程，探索中国特色的对外开放道路，需要更加深入、更加广泛的制度创新。制度创新需要解决以下几个问题：

1. 政府和市场的关系

香港和澳门作为自由市场经济体，一直以世界自由港著称，法律制度比较健全，政府作用相对较弱。香港连续23年被美国传统基金评为全球最自由经济体，2017年，香港以89.8分位列第一。其中，财政健康、贸易自由和金融自由均获全球最高分。而广东虽然是内地市场化程度最高的地区，但是与港澳相比，市场化程度还存在很大差距。中央政府和地方政府在城市规划建设、产业布局、资金流动、人员流动、特定行业准入等方面都发挥着主导作用。在粤港澳大湾区一体化建设中，合作各方首先要明确政府作用的边界以及如何才能充分发挥市场的作用。

2. 法律体系冲突问题

香港、澳门回归之后，我国事实上已经由一个单一法制国家转换为一个多元法制国家——成为一个“一国两制三法系四法域”的国家（黄进，1999）。根据《基本法》规定，香港原有法律予以保留，香港特别行政区享有独立的司法权和终审权，香港原有的司法体制予以保留。香港和内地作为一个主权国家下的两个独立法域，都没有制定或完善审理区际案件的管辖权规则。两地的管辖权冲突难以避免。香港与内地的法律表现为，单一国家内部的特殊区际法律冲突、两种社会政治经济制度下的法律冲突、两种不同法系下的法律冲突以及各自拥有独立终审权下的法律冲突。香港一直沿用着英属殖民地时期的普通法系，内地是大陆法系。两地的司法和法院制度也存在很大差异。澳门和内地虽然同属大陆法系，但是中华人民共和国法律体系受苏联法系的影响很大，在实践过程中具有了很强的中国特色，与澳门的大陆法系已经产生了很大差异。所以澳门与内地也存在着类似于香港与内地的区际法律冲突。随着香港、澳门与内地的经贸合作关系越来越密切，人员在三地之间的流动越来越频繁，法律纠纷越来越多。如何在“一国两制”的前提下，合理解决香港、澳门与内地的法律冲突，关系着未来粤港澳大湾区建设的前途和成效。

3. 不同开放程度的冲突

香港和澳门都是世界著名的自由港，以贸易自由、投资自由、经营自由、融资汇兑自由、人员流动自由为特征，同时采用极其优惠的税收政策。香港的税制简单便捷，采用单一地域收入税收管辖权，对于香港之外的收入不予征税；使用以直接税为主的税收模式；采取港府一级税制，不设多级税收权利。香港采取“避税港”型的税收制度，税种限制在很少的范围内，税率很低。世界各国普遍开征的增值税和社会保险税，在香港都没有征收。与香港的税收体系相似，澳门的税收体系更加简单、便捷，采取单一收入来源税收管辖权、直接税为主体、税种少、税率低。香港和澳门的优惠税收政策无疑对资本、人员流入具有极大的吸引力。

与香港和澳门不同，内地的对外开放始终采取渐进性开放的战略，广东虽然处于开放的最前沿，也属于有限开放，对于资本流动、人员流动、行业和市场准入、外汇汇兑等都有一定的限制。同时，中国内地采取居民税收收入管辖权和收入来源管辖权，以间接税为主，采取中央和地方多级税制，税种较多，税率较高，各地地方税种和税率存在一定差异，较为复杂。

在三个不同开放制度和体系的地区推行自由贸易区，消除贸易、投资、要素流动障碍，面临的一个重大问题是，中国内地与港澳之间的商品、资本、要素的自由流动意味着有限开放的内地事实上升级为全面开放；而在全面开放下，原有的所有管制都将形同虚设，失去作用。港澳与内地的税收差异也将直接主导三地的资本、人员流动方向，追逐税收套利。

诚然，所有上述冲突和制度创新的难点都是中国推动“一带一路”建设过程中，与沿线国家拓展贸易、投资往来中的冲突和难点。上述冲突和难点的解决，需要制度上不断创新，实现体制机制变革。粤港澳大湾区的建设，便是对于上述难点和冲突在大湾区进行先行先试的制度变革，一旦成功，便将作为典范在“一带一路”建设中全面推行——粤港澳大湾区是“一带一路”制度创新的试验田。

参考文献

[1] 戴金平，蔡赤萌．中国开放战略转型与香港经济转型的动态关联［J］．澳门理工学报，2017（02）．

[2] 赵令彬．把大湾区建成“一带一路”新引擎［N］．大公网，2017－05－12.

[3] 封小云．“十三五”时期粤港澳合作深化的思考［A］，载何亦文、刘澜昌编著：《十三五规划与香港：定位、机会与挑战》第十七章，香港：香港城市大学出版社，2016：163－164.

[4] 黄进．中国法制的新发展：从单一法律到多元法律［J］．武汉大学学报，哲学社会科学版，1999，6.

[5] 雷达、朱丹．TPP对世界格局的挑战［J］．国际经济评论，2016（01）：58－69.

[6] 王子先等．基于全球价值链的外贸转型战略［J］．国际贸易，2014（12）：14－19.

[7] 卢仁祥．中国参与全球价值链分工的低端锁定问题研究［J］．华东经济管理，2017，31（06）：72－78.

长江上游地区对外开放战略的总体框架

◎ 王佳宁[①]

〔**内容摘要**〕长江上游地区对外开放直接关系到长江经济带战略的推进。国家出台的一系列政策为长江上游地区加快对外开放提供了顶层设计。在一系列相关政策的支持下，长江上游地区的对外开放取得了较快的发展，对外开放状况明显改善，但与长江中下游地区和珠三角地区的对外开放水平相比，还存在一定的差距。加快长江上游地区的对外开放，应基于自身区位和资源禀赋优势，探索选择各具特色的开放发展模式；充分发挥各类试验区的引领示范效应，提升长江上游地区的整体对外开放水平；优化长江上游省份之间的对外开放合作，加强长江上游地区与其他区域的对外开放协同；利用中新（重庆）战略性互联互通示范项目平台，不断扩大其辐射效应。

〔**关键词**〕长江上游地区　对外开放战略　开放发展

2015 年 9 月，《中共中央、国务院关于构建开放型经济新体制的若干意见》提出，“依托长江黄金水道，推动长江经济带发展，打造中国经济新支撑带，建设陆海双向对外开放新走廊。”2016 年 9 月，《长江经济带发展规划纲要》提出，推动长江经济带发展，“有利于优化沿江产业结构和城镇化布局，建设陆海双向对外开放新走廊，培育国际经济合作竞争新优势”，并提出“基本形成陆海统筹、双向开放，与‘一带一路’建设深度融合的全方位对外开放新格局”的发展目标。改革开放以来，长江经济带的开发开放相对滞后，主要原因在于其开发开放空间布局的不合理，其开发开放的重点放在长江下游地区，且长江下游地区对长江中上游地区的带动作用较为有限。[1]因此，建设长江经济带对外开放新走廊必须改变上中下游发展不协调的局面，将重点放在中上游地区，实行上中下游联动。在长江经济带战略实施 3 周年之后，探讨长江上游地区对外开放问题，具有重要的现实价值。

---

① 作者简介：王佳宁，重庆智库理事长、研究员。

一、长江上游地区对外开放的相关政策演进

1980年以来，以深圳、珠海、汕头、厦门经济特区的设立为开端，我国逐步开放沿海、沿江、沿边、内陆地区，形成了分步骤、多层次、逐步开放的格局。长江经济带是生态文明建设的先行示范带、引领全国转型发展的创新驱动带、具有全球影响力的内河经济带、东中西互动合作的协调发展带，在全国对外开放新格局中扮演着重要角色。[2]

（一）长江经济带对外开放的总体部署明晰长江上游地区对外开放基本定位

2014年4月28日，李克强总理在重庆主持召开11省市座谈会，研究依托黄金水道建设长江经济带。他指出："实施东西双向开放战略，与依托亚欧大陆桥的丝绸之路经济带相连接，构建沿海、沿江、沿边全方位开放新格局。"2014年6月11日召开的国务院常务会议提出，建设长江经济带是新时期我国区域协调发展和对内对外开放相结合、推动发展向中高端水平迈进的重大战略举措。2016年1月5日，推动长江经济带发展领导小组组长张高丽在推动长江经济带发展座谈会上指出，把改革开放作为根本依靠，加强与"一带一路"战略衔接互动，培育全方位对外开放新优势。

国家出台的诸多关于长江经济带的政策文件也论及了长江经济带的对外开放问题。《国务院关于依托黄金水道推动长江经济带发展的指导意见》将建设"沿海沿江沿边全面推进的对内对外开放带"作为长江经济带的战略定位，提出"使长江经济带成为横贯东中西、连接南北方的开放合作走廊"。《长江经济带发展规划纲要》提出，构建长江经济带东西双向、海陆统筹的对外开放新格局应从发挥上海及长江三角洲地区的引领作用、将云南建设成为面向南亚东南亚的辐射中心、加快内陆开放型经济高地建设三方面着手。《国务院关于长江中游城市群发展规划的批复》《国务院关于成渝城市群发展规划的批复》《国务院关于长江三角洲城市群发展规划的批复》中也多次提到了长江经济带对外开放；《长江中游城市群发展规划》《成渝城市群发展规划》《长江三角洲城市群发展规划》中都有专门的章节论述对外开放建设举措。《国家发展改革委关于建设长江经济带国家级转型升级示范开发区的通知》提出要推进转型升级示范开发区在绿色发展、创新驱动发展、产业升级、开放合作、深化改革等方面探索经验、取得实际成效。国家发展改革委、科技部、工业和信息化部联合发布的《长江经济带创新驱动产业转型升级方案》中将长江经济带定位为开放合作的共赢带。

（二）国家相关政策为长江上游地区对外开放提供指导

就长江上游地区对外开放，国家也出台了相关政策。2010年6月、2014年1月、2014年10月、2015年9月，国务院先后批复设立重庆两江新区、贵州贵安新区、四川天府新区、云南滇中新区。国家级新区是新一轮改革和开发开放的重要载体。2011年11月，《国务院关于支持云南省加快建设面向西南开放重要桥头堡的意见》提出"努力把云南打造成

我国连接东南亚和南亚国家的陆路交通枢纽、对外开放的重要门户、西南地区的重要经济增长极”。2016 年 8 月，《国务院关于同意设立贵州内陆开放型经济试验区的批复》提出，贵州要“着力建设内陆投资贸易便利化试验区、现代产业发展试验区、内陆开放式扶贫试验区”。2017 年 3 月，重庆自由贸易试验区和四川自由贸易试验区获批，成为引领长江上游地区对外开放的重要载体。

（三）长江上游地区相关对外开放政策加快长江上游地区的对外开放进程

长江上游四省市分别出台了关于对外开放的政策文件。如重庆市的《中共重庆市委、重庆市人民政府关于深化改革扩大开放加快实施创新驱动发展战略的意见》《重庆市人民政府关于加快建设长江上游区域性金融中心的意见》《重庆市委市政府关于贯彻落实国家“一带一路”战略和建设长江经济带的实施意见》《重庆市人民政府关于加快长江上游航运中心建设的实施意见》等，四川省的《中共四川省委、四川省人民政府关于构建开放型经济新体制的实施意见》《四川省人民政府关于加快开放型经济发展的意见》《四川省人民政府关于进一步扩大和深化对外开放合作的意见》《四川省人民政府贯彻〈国务院关于依托黄金水道推动长江经济带发展的指导意见〉的实施意见》等，云南省的《云南省人民政府关于印发云南金沙江开放合作经济带发展规划（2016—2020 年）的通知》《云南省人民政府关于加快沿边地区开发开放的实施意见》《云南省人民政府关于建设面向南亚东南亚金融服务中心的实施意见》《云南省人民政府关于支持沿边重点地区开发开放若干政策措施的实施意见》《云南省人民政府关于印发加快推进瑞丽重点开发开放试验区建设若干政策的通知》等，贵州省的《贵州省人民政府关于深化改革加快内陆开放型经济发展的实施意见》《贵州省人民政府关于支持“1 + 7”开放创新平台加快发展的意见》等。这些政策文件基于自身的区位和资源禀赋，提出了对外开放中的不同定位和具体举措，对推动长江上游地区的对外开放起到了重要的推动作用。

二、长江上游地区对外开放的战略定位比较

国家出台的一系列政策对长江上游四省市对外开放的战略定位进行了明确，这为长江上游四省市加快对外开放提供了顶层设计。由表 1 可知，长江上游地区四个省份的对外开放定位呈现出以下特点：

表 1　　国家关于长江上游四省市对外开放的定位表述

省份	定位表述	来源文件
重庆	打造重庆西部开发开放重要支撑	《长江经济带发展规划纲要》
	发挥重庆长江经济带西部中心枢纽作用	《国务院关于依托黄金水道推动长江经济带发展的指导意见》

续表

省份	定位表述	来源文件
重庆	努力将自由贸易试验区建设成为“一带一路”和长江经济带互联互通重要枢纽、西部大开发战略重要支点	《国务院关于印发中国（重庆）自由贸易试验区总体方案的通知》
	内陆地区对外开放的重要门户	《国务院关于同意设立重庆两江新区的批复》
四川	把四川培育成为连接丝绸之路经济带的重要纽带	《国务院关于依托黄金水道推动长江经济带发展的指导意见》
	将自由贸易试验区建设成为西部门户城市开发开放引领区、内陆开放战略支撑带先导区、国际开放通道枢纽区、内陆开放型经济新高地、内陆与沿海沿边沿江协同开放示范区	《国务院关于印发中国（四川）自由贸易试验区总体方案的通知》
	打造成为内陆开放经济高地	《国务院关于同意设立四川天府新区的批复》
云南	将云南建设成为面向南亚东南亚的辐射中心	《长江经济带发展规划纲要》
	将云南建设成为面向西南周边国家开放的试验区和西部省份“走出去”的先行区	《国务院关于依托黄金水道推动长江经济带发展的指导意见》
	我国向西南开放的重要门户、我国沿边开放的试验区和西部地区实施“走出去”战略的先行区、西部地区重要的外向型特色优势产业基地	《国务院关于支持云南省加快建设面向西南开放重要桥头堡的意见》
	打造我国面向南亚东南亚辐射中心的重要支点	《国务院关于同意设立云南滇中新区的批复》
贵州	推动贵安新区成为内陆开放型经济示范区	《国务院关于依托黄金水道推动长江经济带发展的指导意见》
	着力建设内陆投资贸易便利化试验区、现代产业发展试验区、内陆开放式扶贫试验区	《国务院关于同意设立贵州内陆开放型经济试验区的批复》
	建设成为内陆开放型经济新高地	《国务院关于同意设立贵州贵安新区的批复》

第一，立足区位面向不同国家和地区开放。涉及省份有重庆、四川、云南。一是直接提出面向国际，如将四川自由贸易试验区建设成为国际开放通道枢纽区；二是面向“一带一路”国家，如努力将重庆自由贸易试验区建设成为“一带一路”和长江经济带互联互通的重要枢纽，把四川培育成为连接丝绸之路经济带的重要纽带；三是面向南亚东南亚国家，如将云南建设成为面向南亚东南亚的辐射中心，将云南建设成为面向西南周边国家开放的试验区，将云南滇中新区打造成我国面向南亚东南亚辐射中心的重要支点。

第二，立足西部地区开发开放。涉及省份有重庆、四川、云南。如将重庆提出要打造西部开发开放重要支撑、长江经济带西部中心枢纽；四川自由贸易试验区要建设成为西部门户城市开发开放引领区；云南要建设成西部地区实施“走出去”战略的先行区、西部地区重要的外向型特色优势产业基地。

第三，立足内陆对外开放，涉及省份有重庆、四川、贵州。如将重庆两江新区定位为内陆地区对外开放的重要门户；将四川自由贸易试验区建设成为内陆开放战略支撑带先导区、内陆开放型经济新高地、内陆与沿海沿边沿江协同开放示范区；设立贵州内陆开放型经济试验区，提出着力建设内陆投资贸易便利化试验区、现代产业发展试验区、内陆开放式扶贫试验区，推动贵安新区成为内陆开放型经济示范区。

三、长江上游地区对外开放态势比较

在一系列相关政策的支持下，长江上游地区的对外开放取得了较快的发展，对外开放状况明显改善，成为拉动新时期我国经济发展的重要引擎之一。

（一）长江上游地区开放型经济发展水平比较

1. 进出口总额、出口总额、进口总额比较

2016 年，长江上游四省市货物进出口总额、出口总额、进口总额由高到低均为重庆、四川、云南、贵州。其中，进出口总额占全国的比重分别为 1.70%、1.34%、0.54%、0.16%；出口总额占全国的比重分别为 1.94%、1.33%、0.55%、0.23%；进口总额占全国的比重分别为 1.39%、1.35%、0.53%、0.06%。

由图 1、图 2 可发现，从共性来看，长江上游四省市表现出三个特征：一是进出口总额及出口总额呈现先增后降的趋势。除贵州“十二五”期间均为增长，2015 年达到最高值外，其余 3 个省份均表现为 2014 年达到最高值后开始出现拐点。二是重庆、四川、贵州三省市均表现出贸易顺差，即出口总额高于进口总额，且贸易顺差呈先扩大后缩小态势。三是重庆、四川、云南 3 个省份进口总额呈总体上升态势。虽然，重庆、四川 2 个省份均表现为在

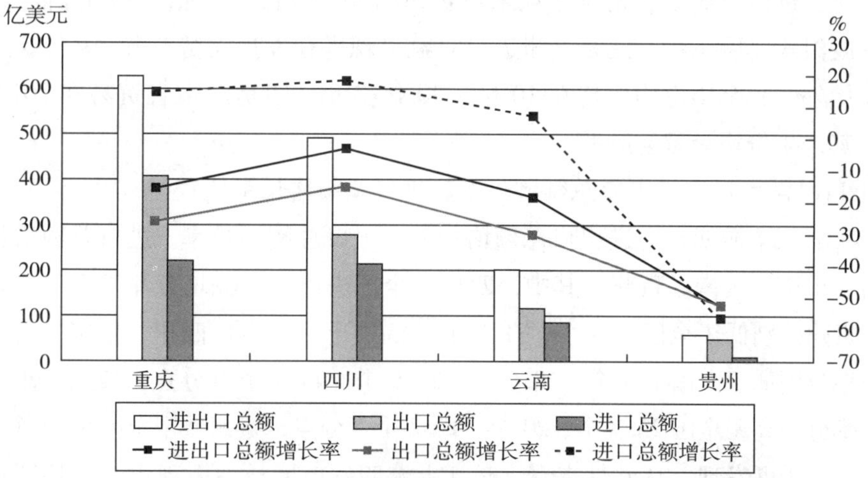

数据来源：全国及四省市 2016 年国民经济和社会发展统计公报。

图 1　2016 年长江上游地区进出口总额比较

2015 年出现下降后上升的趋势，云南进口总额相对曲折，呈波浪式发展，但这 3 个省份总体上呈缓慢上升趋势。

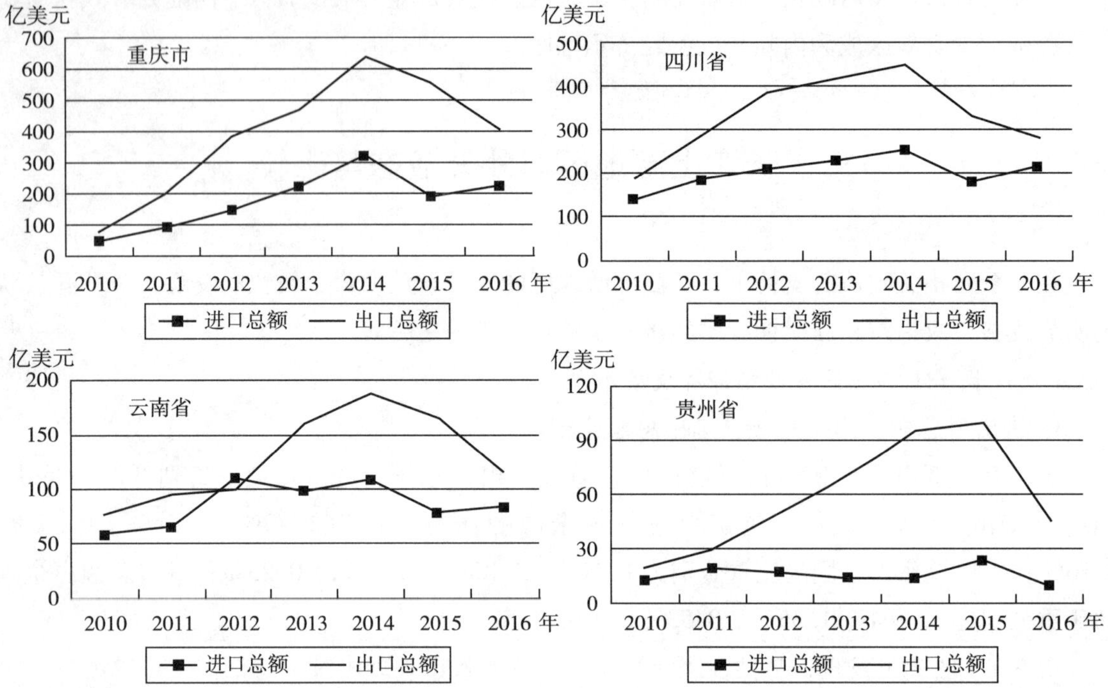

数据来源：各省份 2010—2016 年国民经济和社会发展统计公报。

图 2　长江上游地区出口总额及进出口总额比较（2010—2016 年）

从差异性来看，表现为以下几点：一是区域总额差异较大。排名第一位的重庆进出口总额、出口总额、进口总额分别是排名最末位贵州的 11.0 倍、8.5 倍、23.1 倍。二是云南进口总额呈现波浪式发展态势。三是贵州进口总额呈现平稳发展态势，除 2015 年、2016 年有一个小的起伏外，其余年份均保持在 10 亿～20 亿美元。四是云南省贸易在 2012 年表现出贸易逆差，其余年份均为贸易顺差。

2. 进出口总额增长率、出口总额增长率、进口总额增长率比较

2016 年，长江上游四省市进出口总额增长率、出口总额增长率、进口总额增长率由高到低均为四川、重庆、云南、贵州。其中，四川比全国进出口总额增长率高 3.2 个百分点，重庆、云南、贵州分别低于全国 8.9 个、11.6 个、46.4 个百分点。四川、重庆、云南、贵州出口总额增长率分别低于全国 7.9 个、18.6 个、22.6 个、44.4 个百分点。四川、重庆、云南进口总额增长率分别高于全国 23.7 个、20 个、12.2 个百分点，贵州低于全国 52.4 个百分点。

由图 1、图 2 可发现，从共性来看，长江上游四省市增长率表现出三个特征：一是进出口总额及出口总额均表现为负增长，其中出口总额增长率均低于全国。二是同 2015 年度相比，4 个省份进出口、出口、进口增长率均表现为降低态势，即负增长扩大，正增长收窄。

三是总体而言，出口贸易增长率要远远高于进口贸易的增长率，导致贸易顺差持续拉大；但近两年贸易顺差有收窄之势。

从差异性来看，表现出三个特征：一是增长率差异较大。排名第一位的四川进出口总额增长率、出口总额增长率、进口总额增长率分别高于最末位贵州 49.6 个、36.5 个、76.1 个百分点。二是四川进出口总额增长率高于全国，其余 3 个省份增长率均低于全国。三是贵州进口总额为负增长，且低于全国增长率；其余 3 个省份为正增长，且都高于全国增长率。

3. 其他对外经济发展水平指标比较

从各省份利用外资情况来看，实际利用外资由高到低依次为重庆、四川、贵州、云南，其增长率由高到低依次为贵州、云南、重庆、四川（见表 2）。

表 2　　长江上游四省市其他对外经济发展指标比较（2016 年）　单位：亿美元，%

省份	实际利用外资	实际利用外资增长率	对外承包工程合同额	对外承包工程合同额增长率	对外承包工程完成营业额	对外承包工程完成营业额增长率
重庆	113.42	5.4	27.54	102.5	13.35	10.5
四川	85.5	-18.1	70	54.5	44.7	-18.1
云南	8.67	9.97	19.19	33	25.75	9.0
贵州	32.16	27.4	5.96	3.5	6.81	0.1

注：重庆市数据来源于重庆市统计信息网，其余 3 个省数据来源于各省商务厅官方网站。

利用外资能力表现为三个特点：一是实际利用外资总额差异性显著，排名第一的重庆是最末位云南的 13 倍。二是实际利用外资增长率差异也较大，排名第一的贵州高达 27.4%，最末位的四川是负增长，为 -18.1%，两者相差 45.5 个百分点。三是仅四川为负增长，其余省份为正增长，且都高于全国增长率。

从对外经济合作情况来看，对外承包工程合同额由高到低依次为四川、重庆、云南、贵州，增长率由高到低依次为重庆、四川、云南、贵州；对外承包工程完成营业额由高到低依次为四川、云南、重庆、贵州，增长率由高到低依次为重庆、云南、贵州、四川。

对外经济合作表现为四个特点：一是对外承包工程合同额及完成营业额排在第一位的均为四川，排在最末位的均为贵州，四川两项指标分别是贵州的 11.7 倍、6.6 倍。二是对外承包工程合同额增长率差异较大。排名第一的重庆高达 102.5%，比最末位的贵州高 99 个百分点。三是除贵州外，重庆、四川、云南对外承包工程合同额增长率都较高，分别高出全国 86.3 个、38.3 个、16.8 个百分点。四是对外承包工程完成营业额增长率中，四川为负增长，其余 3 个省份为正增长。

（二）长江上游地区开放型经济结构比较

1. 贸易市场结构比较

长江上游地区进出口贸易市场结构呈现出以下共性：一是贸易市场总量相对集中。不论是出口贸易市场还是进口贸易市场，排名前三位的国家和地区都占据了进出口的绝大多数份额。如2016年，重庆进口、出口贸易市场前三位的国家和地区分别占进口、出口总额的比重达到43.4%、38.5%；四川进口、出口贸易市场前三位的国家和地区占进口、出口总额的比重达到45.3%、45.4%；贵州进口、出口贸易市场前两位的国家和地区分别占进口、出口总额的比重达到29.2%、24%。2015年，长江上游地区进出口贸易市场结构同样呈现此特征。二是进口贸易市场多集中在亚洲。2015年，重庆、云南排名前三位的国家和地区均属亚洲，四川、贵州排名前三位国家和地区仅有1个不属于亚洲；2016年，该情况稍微好转，但亚洲国家和地区仍然较多，重庆进口贸易市场排名前三位的国家和地区均属亚洲，四川排名第二、第三位的也属亚洲。三是出口贸易市场结构呈现多元化趋势。2015年，长江上游四省市进口贸易市场排名前三位的11个国家和地区中，亚洲地区占据了8席，这一情况在2016年有所好转，出口贸易市场结构开始向多元化发展，如重庆、四川排名前三位的国家和地区均分属于北美洲、亚洲、欧洲，贵州排名前二位的分属于亚洲、北美洲。四是出口贸易市场结构趋同，2016年，重庆、四川、贵州出口排名前三位的国家和地区中均有美国。而进口贸易市场中，美国也排名较前。

从差异性来看，主要体现为以下方面：从重庆市来看，一方面出口贸易市场美国增长较快，2015年，美国未进入前三位；2016年，美国不仅位列第一，且占出口总额的比重高达24%，比排名第二位的德国高出14.2个百分点；另一方面进口贸易市场较稳定，较2016年，排名前三位的国家和地区未发生变化，且所占比重较均衡。从四川省来看，进口、出口贸易市场均较稳定，且美国在四川进口、出口市场中占据较大比重。从云南地区来看，出口贸易市场较均衡，进口贸易市场不均衡。缅甸在进口贸易市场中占据较大比重，高达42.3%。从贵州地区来看，进口、出口贸易市场发展趋势相反，出口贸易市场变得不均衡，比重差距拉大；而进口贸易市场变得均衡，比重差距收缩。

2. 贸易方式结构比较

由表3可知，长江上游地区进出口贸易方式结构呈现出以下共性：长江上游地区贸易方式主要以一般贸易和加工贸易等传统贸易方式为主，而在服务贸易、跨境电子商务、海关特殊监管区等新兴贸易方式上发展缓慢，所占比重较小。

表3　　2016年长江上游地区贸易方式结构比较　　单位：%

省份	出口			进口		
	一般贸易	加工贸易	其他	一般贸易	加工贸易	其他
重庆	42.32	54.05	3.63	45.48	15.07	39.44
四川	39.0	48.1	12.9	25.6	64.9	9.5
贵州	87.65	11.43	1.92	57.65	28.86	13.49

注：数据为各种贸易方式产生的进口、出口分别占全省（市）进口、出口总额的比重。截至2017年4月10日，云南省暂未发布相关数据。

从差异性来看，主要体现为以下方面：从出口贸易方式来看，重庆、四川两地的一般贸易和加工贸易相对均衡，所占比重差别较小，而贵州贸易方式主要是一般贸易，占比高达87.65%。从进口贸易方式来看，重庆、四川、贵州各种贸易方式差距都较大。重庆加工贸易占比较小，占比较大的两种贸易方式分别是一般贸易和保税区进出境仓储或转口货物，分别占进口总额的45.48%、34.6%；2016年，保税仓库进出境货物进口、出口同比增长率分别高达986.4%、1086.8%，这说明重庆保税区贸易发展势头强劲，正成为重庆市主要的贸易方式。四川加工贸易占比较大，达64.9%；贵州贸易方式主要以一般贸易为主，但相对其出口贸易方式的差距较小。

3. 经营主体结构比较

由表4可知，长江上游地区进出口贸易经营主体结构呈现出以下特征：

表4　　2016年长江上游地区贸易经营主体结构比较　　单位：%

省份	出口				进口			
	国有企业	外资企业	私营企业	其他	国有企业	外资企业	私营企业	其他
重庆	4.24	57.28	37.74	0.74	29.60	45.76	24.61	0.03
四川	9.9	56.9	33.2		12.8	71.7	15.6	
贵州	38.43	3.83	55.66	2.08	56.0	12.77	29.99	1.25

注：数据为各种贸易经营主体产生的进口、出口分别占全省（市）进口、出口总额的比重。截至2017年4月10日，云南省暂未发布相关数据。

一是贸易经营主体主导方式不同。重庆出口贸易由外资企业、私营企业主导，进口贸易则由国有企业、外资企业、私营企业三种经营主体共同主导；四川出口贸易由外资企业、其他企业主导，进口贸易则由外资企业一种经营主体主导；贵州出口及进口贸易均由国有企业、私营企业主导。

二是从进口、出口贸易角度看，重庆出口贸易占比由高到低分别是外资企业、私营企业、国有企业，国有企业占比同其他两种经营主体差距较大；进口贸易中国有企业占比大幅度上升，占比由高到低变为外资企业、国有企业、私营企业，三种经营主体占比差距较小。四川的进口、出口贸易经营主体占比由高到低均为外资企业、其他、国有企业，不同的是进口贸易中，外资企业处于绝对的主导地位，占比高达71.7%。贵州的出口贸易占比由高到低分别是私营企业、国有企业、外资企业，外资企业占比同其他两种经营主体差距较大；进口贸易中，国有企业与私营企业的主导地位发生变化，占比由高到低变为国有企业、私营企业、外资企业，外资企业占比略有上升。

4. 贸易商品结构比较

由表5可知，重庆、四川的进口、出口商品结构呈现出类似的特征：一是都是一种商品占据较大比重，处于绝对的进口、出口贸易主导地位。如重庆出口贸易中，自动数据处理设备及其部件占出口总额比重高达40%，高于位列第二的商品36.5个百分点。二是处于主导地位的商品均属于高新技术产品。这说明，这两个省份的出口贸易科技含量高、附加值大的高端贸易产品较多，产品国际竞争力较强；科技含量高的进口产品比重较大，对优化两地资源要素、拉动经济增长具有明显的助推作用。

表5　　2015年长江上游地区贸易商品结构比较　　单位：亿美元，%

省份	排序	主要商品	出口总额	占比	主要商品	进口总额	占比
重庆	1	自动数据处理设备及其部件	220.87	40.02	集成电路	64.19	33.28
	2	电话机	19.2	3.48	自动数据处理设备及其部件	15.03	7.79
	3	服装及衣着附件	16.63	3.01	汽车零配件	11.90	6.17
	4	摩托车	15.40	2.79	自动数据处理设备的零件	10.17	5.27
四川	1	大中小微型计算机	97.18	29.14	集成电路及微电子组件	75.99	41.66
	2	集成电路及微电子组件	20.86	6.25	珠宝首饰类	13.45	7.37
	3	珠宝首饰类	14.20	4.26	航空设备及零件	6.91	3.79
	4	鞋类	9.64	2.89	汽车等机动车辆及其零件	6.19	3.39
贵州	1	含氮、磷、钾中两种或三种的矿物	9.89	9.87	集成电路及微电子组件	6.54	28.77
	2	未列名灯具及照明装置；发光标志	4.86	4.85	固定、可变或可调（微调）电容器	3.74	16.47
	3	集成电路及微电子组件	4.70	4.68	铁矿砂及其精矿，包括焙烧黄铁矿	2.32	10.22
	4	有线电话、电报设备	4.05	4.04	半导体器件等；已装配的压电晶体	1.97	8.68

注：2016年各省份相关数据暂未发布。

相比重庆、四川两个省份，贵州的出口贸易优势不明显，出口结构较均衡，没有突出的商品；进口贸易以高新技术产品为主导，这与近些年来贵州大力发展大数据产业、带动相关高新技术产品的进口有较大关系。

四、长江上游地区对外开放主要举措比较

长江上游地区为促进对外开放，积极发挥各类试验区的引领和示范效应，不断推动对外开放取得新成效。这里重点对长江上游地区的国家级新区、自由贸易试验区以及其他国家级的开放试验试点举措进行比较，以期为长江上游地区对外开放提供有益的借鉴。

（一）长江上游地区的国家级新区开放发展比较

长江上游地区国家级新区有4个，分别为重庆两江新区、四川天府新区、云南滇中新区、贵州贵安新区。重庆两江新区主要定位于内陆地区和长江上游地区。就内陆地区而言，目标是建成内陆重要的先进制造业和现代服务业基地、内陆地区对外开放的重要门户；就长江上游地区而言，重庆两江新区定位为“长江上游地区的金融中心和创新中心”。四川天府

新区定位于国际和内陆地区两个维度，国际上要建成“以现代制造业为主的国际化现代新区”，国内要打造成为“内陆开放经济高地”。云南滇中新区的国际定位为“打造我国面向南亚东南亚辐射中心的重要支点”，在西部的定位为“西部地区新型城镇化综合试验区和改革创新先行区”。贵州贵安新区主要定位于西部地区和内陆地区，要“建设成为经济繁荣、社会文明、环境优美的西部地区重要的经济增长极”和“内陆开放型经济新高地和生态文明示范区”。[3]

（二）长江上游地区的自由贸易试验区开放发展比较

建设自由贸易试验区，是党中央、国务院在新形势下全面深化改革和扩大对外开放的一项战略举措。[4]2017 年 3 月，国务院正式批复重庆、四川自贸试验区，这两个试验区与其他的自贸试验区共同形成了东中西协调、陆海统筹的全方位、高水平对外开放的“1 +3 +7”新格局。

从战略定位来看，重庆、四川两个自贸试验区都提到了面向西部的重要作用，重庆自贸试验区提出要建设成为西部大开发战略重要支点，四川自贸试验区提出要建设成为西部门户城市开发开放引领区。其差异性体现在：重庆自贸试验区提出要建设成为“一带一路”和长江经济带互联互通重要枢纽；四川自贸试验区提出要建设成为内陆开放战略支撑带先导区、内陆开放型经济新高地、内陆与沿海沿边沿江协同开放示范区，同时，还定位为国际开放通道枢纽区。

从发展目标来看，两个自贸试验区都将建成高水平高标准自由贸易园区作为目标，这两个高水平高标准自由贸易园区都具有的特点是投资贸易便利、监管高效便捷、法治环境规范，都将在西部大开发、长江经济带发展中发挥各自的作用。两个自贸试验区目标的差异性体现在：重庆自贸试验区具有高端产业集聚、金融服务完善、辐射带动作用突出的特点，同时还将努力建成服务于“一带一路”建设和长江经济带发展的国际物流枢纽和口岸高地；四川自贸试验区具有创新要素集聚、协同开放效果显著的特点，同时在打造内陆开放型经济高地中发挥示范作用。

从主要任务和措施来看，两个自贸试验区有如下共性：一是提供便利化环境，在法治环境、营商环境及行政管理方面，加大改革力度，促进发展。如开展知识产权综合管理改革试点，探索建立自贸试验区重点产业专利导航制度和重点产业快速协同保护机制等。二是在投资开放合作方面，提升利用外资水平，构筑对外投资服务促进体系。三是在贸易发展方面，均提出贸易创新发展、贸易转型升级、通关机制改革等。四是在金融领域发展方面，表现在跨境人民币业务创新发展、跨境金融结算服务发展、促进跨境投融资便利化、增强金融服务功能、金融风险防控、新兴金融业态等方面。五是中欧班列在国际大通道建设中发挥了重要作用。根据中国铁路总公司的数据，2016 年中欧班列共开行 1702 列，蓉欧班列、渝新欧班列开行列数分别排名第一、第二位，分别为 453 列、413 列。[5]其差异性表现在以下方面：首先，在贸易发展方面，一是促进贸易转型升级措施有较大差异，重庆自贸试验区打造产业梯度转移的国际加工基地、探索“产业链+价值链+物流链”的内陆加工贸易发展新模式，支持在自贸试验区设立符合内销规定的加工贸易产品内销平台；四川自贸试验区则构建“全球市场销售、本地运营结算”的新型外贸业态新模式。二是重庆自贸试验区提出了诸多新型贸易，如转口贸易、进口汽车整车保税仓储业务和保税货物质押融资业务、建立进出口货物集散中心、发展国际快递物流、试点航空快件国际中转集拼业务等；四川自贸试验区提出大力发展中医药服务贸易，建立四川省中医药服务及贸易大平台，开展中医药国际健康旅游线路建设。其次，在合作发展方面，重庆自贸试验区提出推进“一带一路”和长江经济带联动发展；四川自贸试验区则提出实施内陆与沿海沿边沿江协同开放战略。最后，在监管服务方面，重庆自贸试验区提出要在自贸试验区海关特殊监管区域内实施“一线放开”、“二线安全高效管住”的通关监管服务模式，探索内陆通关及口岸监管“空检通放”新模式。

（三）长江上游地区的其他重大对外开放举措比较

除国家级新区、自贸试验区外，开放型经济新体制综合试点试验、国家级重点开发开放试验区、国家级内陆开放型经济试验区也是长江上游地区的国家级对外开放重大举措。而这三方面也是长江上游地区省份之间相比最突出的个性。

1. 重庆两江新区构建开放型经济新体制综合试点试验的举措

2015年5月5日，《中共中央、国务院关于构建开放型经济新体制的若干意见》提出，要推动我国与世界各国共同发展，构建互利共赢、多元平衡、安全高效的开放型经济新体制。2016年5月14日，《商务部、国家发展改革委关于开展构建开放型经济新体制综合试点试验的函》决定在12个城市、区域，开展为期2年左右的构建开放型经济新体制综合试点试验。长江上游地区仅重庆两江新区入选。2017年1月，《重庆市人民政府办公厅关于印发两江新区构建开放型经济新体制综合试点试验实施方案的通知》为重庆两江新区开展开放型经济新体制综合试点试验提供了全方位的综合指导。

重庆两江新区在开放型经济发展中，取得了显著成效。一是中新（重庆）战略性互联互通示范项目健全了三级合作机制[6]，推动了“11+7”等创新举措出台，47项创新政策落地。二是水空铁交通枢纽、开放口岸和保税区“三个三合一”的开放格局，成为内陆12省市唯一同时拥有航空、水运、铁路3种口岸形态的城市。三是形成两江新区、2个保税区、4个国家级经开区及高新区和36个市级特色工业园区的“1+2+4+36”开放平台体系。四是“渝新欧”国际贸易通道取得五方面重大突破：获批重庆铁路口岸、获批汽车整车进口口岸、获批铁路物流保税中心、运邮集装箱通过“渝新欧”开始试运行、运费价格持续降低。五是重庆自由贸易试验区成功获批。六是多项通关便利化改革取得成功，与上海、深圳等8个沿海、沿边口岸实现了“信息互换、监管互认、执法互助”，推行“属地申报、属地放行”区域通关模式，实现“一次申报、一次查验、一次放行”，“渝深快线、区域联动”便捷通关模式运行顺利。[7]

2. 云南建设重点开发开放试验区的举措

重点开发开放试验区是沿边地区经济社会发展的重要支撑和开发开放的排头兵。早在2010年6月，《中共中央、国务院关于深入实施西部大开发战略的若干意见》就提出，“积极建设广西东兴、云南瑞丽、内蒙古满洲里等重点开发开放试验区”。2012年8月17日，国务院正式批准了广西东兴、云南瑞丽、内蒙古满洲里重点开发开放试验区建设实施方案，要求试验区在体制机制创新、对外经贸合作、基础设施建设、特色优势产业发展、城乡统筹发展、保障改善民生、生态环境保护等方面取得重大成效。此后，又相继批准二连浩特、云南勐腊（磨憨）、黑龙江绥芬河—东宁、广西凭祥4个重点开发开放试验区，长江上游地区仅云南入选。

云南瑞丽国家级重点开发开放试验区取得了多项第一：成立了全国首家中缅货币兑换中心，成功发布引导中缅货币兑换汇率的“瑞丽指数”；在全国率先设立个人本外币兑换特许机构，办理全部经常项目下人民币与缅币兑换业务试点；在全国率先支持具备条件的银行业金融机构开办对缅非现金跨境结算服务点，进行跨境人民币结算、银行间跨境结算和本外币特许兑换；在全国率先开展欧元直汇缅甸试点改革；在全国率先对缅籍人员账户开立特殊管理政策[8]，为中缅合作作出较大贡献。

2015年7月，《国务院关于同意设立云南勐腊（磨憨）重点开发开放试验区的批复》将勐腊（磨憨）重点开发开放试验区定位为中老战略合作的重要平台、联通我国与中南半岛各国的综合性交通枢纽、沿边地区重要的经济增长极、生态文明建设的排头兵和睦邻安邻富邻的示范区。

3. 贵州内陆开放型经济试验区建设举措

2016年8月，国务院批复设立贵州内陆开放型经济试验区，贵州成为继宁夏后第二个内陆开放型经济试验区。贵州内陆开放型经济试验区被定位为内陆投资贸易便利化试验区、现代产业发展试验区、内陆开放式扶贫试验区，为内陆地区在经济新常态下开放发展、贫困地区如期完成脱贫攻坚任务、生态地区实现生态与经济融合发展探索新路径、积累新经验。迄今为止，贵州内陆开放型经济试验区已取得“1+7”国家级开放创新平台①加快建设，贵安新区高端化、绿色化、集约化强势推进，“黔深欧”国际海铁联运班列、“黔渝新”欧货运班列开通运营，快步奔跑融入“一带一路”国家倡议，与长江经济带各省（市）实现通关一体化等多项成就。

① “1+7”开放创新平台：“1”即贵安新区，“7”即贵州双龙航空港经济区、贵阳国家高新技术产业开发区、贵阳国家经济技术开发区、遵义国家经济技术开发区、贵阳综合保税区、贵安综合保税区、遵义综合保税区。

五、长江上游地区对外开放的战略取向

长江上游地区在多种国家级开放试验区的引领带动下，取得了显著成绩，但与长江中下游地区和珠三角地区的对外开放水平相比，还存在一定的差距。下一步，应采取多项举措，共同推进长江上游地区的对外开放进程，提升长江上游地区的竞争力。

（一）基于自身区位和资源禀赋优势，探索选择各具特色的开放发展模式

结合长江上游地区的对外开放实际，可将其对外开放发展模式分为自由贸易试验区带动型模式、“一带一路”依托型模式、内陆开放型模式、重点区域开放型模式。[9]自由贸易试验区带动型模式是指利用自贸试验区的特殊政策，建立符合国际化和法治化要求的跨境投资和贸易规则体系，实现更高层次和水平的对外开放，加快构建开发型经济新体制的模式，主要包括以负面清单管理为核心的投资管理制度，以贸易便利化为重点的贸易监管制度，以资本项目可兑换和金融服务业开放为目标的金融制度，以及事中、事后监管制度。“一带一路”依托型模式是指对接“一带一路”倡议，积极主动与“一带一路”沿线国家和地区建立互利合作关系，促进经济要素有序自由流动、资源高效配置和市场深度融合，实现更大范围、更深层次、更高水平合作的对外开放模式。内陆开放型模式是处于内陆的省份通过消除经济发展的体制机制弊端，扩大对内对外开放水平，促进国际国内要素有序自由流动，激发各种要素活力，增强经济发展内生动力的对外开放模式。大力发展内陆开放型经济，是应对国际经济政治新格局新变化的重大战略部署，也是完善对外开放区域布局、实施全方位对外开放的重大战略举措。实践证明，内陆地区可以克服地理位置上的缺陷，走出一条新型的对外开放之路。[10]面向重点方位和区域开放型模式是指利用区位优势重点面向某一特定方位或区域开放、加强与特定方位或区域互利合作的对外开放模式。这一模式可以充分发挥区位优势，开展与特定方位或区域的全方位合作，建立起更加稳固的合作机制，实现互利共赢。

从共性来看，四种开放模式都是新时期长江上游地区扩大对外开放的重要手段。从差异来看，每种模式适合不同的省份，自由贸易试验区带动型模式适合设有自贸试验区的省份，如重庆、四川，其他省份在对外开放中也可复制自贸试验区的成功经验。“一带一路”依托型模式适用于所有长江上游地区省份，它们都可以借助“一带一路”倡议加快走出去步伐。内陆开放型模式主要适用于内陆地区省份，长江上游地区的四个省份均在此列。这些新区地处内陆地区，缺乏对外开放的有利地理条件，但通过创新体制机制，可以走出一条内陆地区开放的新路。面向重点方位和区域开放型模式主要适用于邻近其他国家和地区的省份，如云南就提出建成面向南亚东南亚的辐射中心，以及面向西南周边国家开放的试验区。长江上游地区四省市在对外开放中，可汲取不同对外开放模式之长，选择适合自身的对外开放模式，实施多元化的开放举措。

（二）充分发挥各类试验区的引领示范效应，提升长江上游地区的整体对外开放水平

国家为推动长江上游地区的开放发展，已批复形式多样的试验区，主要包括国家级新区、自贸试验区、开放型经济新体制综合试点试验区、国家级重点开发开放试验区、国家级内陆开放型经济试验区等。国家级新区包括重庆两江新区、四川天府新区、贵州贵安新区、云南滇中新区，这些新区承担着推动不同层次的对外开放的使命。自贸试验区包括重庆自贸试验区、四川自贸试验区，重庆自贸试验区要建设成为“一带一路”和长江经济带互联互通重要枢纽、西部大开发战略重要支点，四川自贸试验区则要建设成为西部门户城市开发开放引领区、内陆开放战略支撑带先导区、国际开放通道枢纽区、内陆开放型经济新高地、内陆与沿海沿边沿江协同开放示范区。两个自贸试验区也有推动对外开放的使命和责任。此外，国家还批复了开放型经济新体制综合试点试验区、国家级重点开发开放试验区、国家级内陆开放型经济试验区，这些试验区在对外开放方面承担着特定的试验任务。

推动长江上游地区的对外开放，应充分发挥这些试验区的引领示范效应。为此，要做好以下方面的工作：一是建立立体化的政策支持体系促进试验区的发展，不断完善相关支持政策，形成多部门协同支持试验区发展的良好局面；二是及时总结归纳试验区的试点经验，组织专家对试验区的重点举措进行客观而公正的评估，既评估其成效，又评估其可复制和可推广性，包括复制推广的价值、复制推广的范围、复制推广可能的风险等，在评估的基础上，及时出台相关政策，在所在省域全面展开，以充分发挥其“试验田”的效应。

（三）优化长江上游省份之间的对外开放合作，加强长江上游地区与其他区域的对外开放协同

长江上游地区与长江下游和珠三角相比，在对外开放上具有天然的地理位置劣势，这就更加需要长江上游地区加强协作，破除行政壁垒和利益藩篱，优化区域合作体制机制。

第一，利用长江上游地区建立的省际协商合作机制，解决在对外开放中面临的共性难题。2016 年 12 月，重庆、四川、云南、贵州四省市签署了长江上游地区省际协商合作机制协议，明确建立长江上游地区省际协商合作联席会机制，同意共同建立长江上游地区政府间的协商合作协调议事机构——长江上游地区省际协商合作联席会。[11]联席会的主要任务就是构建长江上游地区区域协调发展新机制。因此，在长江上游地区对外开放中，可充分利用这一机制，共同研讨和解决制约长江上游地区对外开放发展的问题。

第二，落实长江上游地区不同省份之间已达成的合作协议，确保对外开放合作举措落地。重庆市与四川省、贵州省皆达成了相关合作协议，其中就有关于对外开放的条款，下一步，要保证这些举措落到实处。

第三，加强长江上游地区与长江中下游地区以及其他区域的协同合作。长江经济带是一个整体[12]，在流域上有上游、中游、下游之分，但在对外开放上不应互相设立壁垒，要着力推进长江经济带一体化建设，在航道、港口等基础设施建设上要实现互联互通，在货物通关、监管等方面要加强合作，推行多元化的贸易便利化措施，为长江经济带企业“走出去”

提供更多的便利。

（四）利用中新（重庆）战略性互联互通示范项目平台，不断扩大其辐射效应

2015年11月，中新（重庆）战略性互联互通示范项目落户重庆，主要在金融服务、航空、交通物流和信息通信技术四个方面开展合作。该项目以“现代互联互通和现代服务经济”为主题，契合“一带一路”、“西部大开发”和“长江经济带”发展战略，将成为又一个高起点、高水平、创新型的示范性重点项目。中新（重庆）战略性互联互通示范项目的特征之一在于，重庆只是项目运营中心，其范围辐射西南地区乃至国内其他地区。[13]其战略愿景是将重庆打造成为我国西部领先的区域性互联互通和服务经济中心，通过提高互联互通性和优化营商环境，推动我国西部的发展，建立更多连接世界各地的贸易通道。

基于此，长江上游地区除重庆外的其他三个省份也可以借助地缘优势，充分利用中新（重庆）战略性互联互通示范项目平台，加强与新加坡以及“一带一路”沿线国家和地区的交往，借助新加坡在金融服务、航空、交通物流和信息通信技术方面的优势，与其开展政府、企业和社会组织多维度、多层面的合作，学习借鉴其管理运营理念和经验，加快对外开放步伐。

参考文献

[1] 周国兰，刘飞仁，郭苑．经济“新常态”导向下长江经济带开放绩效评价［J］．价格月刊，2017（3），1-5.

[2] 任胜钢，袁宝龙．长江经济带产业绿色发展的动力找寻［J］．改革，2016（7），55-64.

[3] 服务重庆市委决策系列选题研究小组．国家级新区发展模式比较与重庆两江新区发展的路径选择［J］．重庆社会科学，2017（1），5-20.

[4] 黄先海，陈航宇．自由贸易试验区与开放倒逼改革［J］．江海学刊，2017（1），77-82.

[5] 李果．2017年中欧班列步入发展“快车道” 成都重庆计划“运力翻倍”［N］．21世纪经济报道，2017-02-09.

[6]《改革》服务中央决策系列选题研究小组．中新政府间合作项目比较：苏州、天津及至重庆［J］．改革，2016（1），52-63.

[7] 重庆开放型经济发展取得显著成效［N］．重庆日报，2017-01-07.

[8] 祁木兰．瑞丽重点开发开放试验区5年建设亮点纷呈［N］．云南日报，2017-01-13.

[9] 伍学林．西部内陆地区开放与开发协调联动［J］．财经科学，2011（8），87-92.

[10] 梁现瑞．长江上游地区省际协商合作联席会机制建立 在五个方面推进合作共建共享［N］．四川日报，2016-12-02.

[11] 彭劲松．长江经济带区域协调发展的体制机制［J］．改革，2014（6），36-38.

[12] 黄庆华，曹峥林．跨国经济合作模式与领域：例证新加坡［J］．改革，2016（1），64-75.

京津冀区域金融资本流动分析

◎ 杨贵军　杨鸿海　刘　雅　张　率[①]

〔**内容摘要**〕京津冀区域金融资本有序流动是京津冀协同发展的基础。京津冀区域金融资本流动受到金融资源禀赋不均衡等因素制约和影响，研究金融资本流动也要考虑这些因素。本文将有条件 FH 模型推广为扩展 FH 模型，将重要经济变量加入到 FH 模型中。分别利用无条件 FH 模型、有条件 FH 模型和扩展 FH 模型，对京津冀区域金融资本流动程度进行分析。结果显示，劳动力成本、土地成本、交通运输成本、省域经济规模、第三产业占比、开放程度、基础设施建设等经济因素对京津冀金融资本流动水平影响显著。京津冀区域金融资本流动性近年来有不断增强的趋势。在区域金融资本流动性增强的过程中，政府干预发挥了积极作用。

〔**关键词**〕京津冀区域　FH 模型　政府干预　扩展 FH 模型

一、引言

资本流动的本质是追逐利益。资本总是从边际产出较低的地区流向边际产出较高的地区（MacDougall，1960；Kemp，1962）。金融资本也往往从金融资源丰富地区流向金融资源相对稀少地区。随着金融资本配置在流出地和流入地逐渐趋于帕累托最优状态，金融资本流动实现了金融资源优化，为资本流出地与资本流入地都带来了社会福利。

2014 年，京津冀协同发展被提升为国家重要发展战略，京津冀成为我国经济增长的第三极。为了有序疏解北京非首都职能，京津冀经济应该协调发展，其基础是金融高效运行，

---

① 作者简介：杨贵军（1970 年—），现任天津财经大学中国经济统计研究中心副主任，理工学院副院长，教授，博士生导师。研究方向：应用统计。杨鸿海（1980 年—），现为天津财经大学统计系博士研究生，研究方向：应用统计。刘雅（1993 年—），现为天津财经大学统计系硕士研究生，研究方向：应用统计。张率（1992 年—），现就职于渤海银行天津分行。

本文为国家自然科学基金项目（11471239）、国家社会科学基金重大项目（09&ZD040）、全国统计科学研究计划项目重点项目（2017LZ25）阶段性研究成果。

金融资本合理有序流动。京津冀区域内金融资源禀赋不均衡导致金融资本流动规律很复杂。京津冀区域金融资本流动趋势及其影响因素也成为政府和学者的研究热点。

近年来，京津冀区域金融资源初始禀赋的较大差异形成了省域金融资本流动的迫切需求。京津冀的金融业务以金融机构信贷为主①。北京的金融机构年末存款规模最大，2014 年底超过 9 万亿元，2015 年底超过 12 万亿元，远远多于天津和河北的金融机构年末存款规模。北京的金融机构年末贷款规模最大且增长速度快，2014 年底超过 4.4 万亿元，2015 年底达到 4.9 万亿元，天津的金融机构年末贷款规模只有 2 万多亿元，河北的金融机构年末贷款规模只有 1 万多亿元。北京的金融机构存贷款规模大，2014 年底超过 4.8 万亿元，2015 年底超过 7 万亿元，远高于天津和河北。天津和河北的金融机构存贷款规模都不超过 1 万亿元。

京津冀区域贷款利率差异形成了区域金融资本动态变化的驱动力。采用上浮区间和下浮区间贷款利率加权的贷款利率倍数计算方法②，河北的贷款利率最高，2014 年和 2015 年贷款利率倍数都已经超过了 1.3 倍。北京和天津的贷款利率倍数接近。北京的贷款利率最低，2014 年和 2015 年贷款利率倍数接近 1.1 倍左右。

京津冀地区的省域金融联系程度是金融资本流动的基础。选择两地区金融业增加值和交通距离③，采用引力模型测算两地金融联系程度，北京与天津的金融联系程度较高，河北省与京津之间的金融合作少。金融联系程度差异较大，也影响京津冀区域金融资本变化的规律。

目前，资本流动性的测度方法主要是 FH 模型。FH 模型利用储蓄转化为投资的程度间接反映了资本流动的状况，将储蓄—投资转换系数作为资本流动性指标。Feldstein 和 Horioka（1980）首次采用 FH 方法测度 16 个 OECD 国家的资本流动性，得出的结论是这些国家的资本流动性较弱。在此基础上，很多学者进一步分析了共同影响投资与储蓄的因素，包括国家规模、货币升值与贬值、政府干预、经济冲击、人口增长率、计量方法等。现在，FH 方法已经成为资本流动性的间接测度方法，被用于分析更多领域的国际资本流动，如 Coakley（1998）、Avik（2006）、Mohammad（2010）等。一国内部存在地域不毗邻、汇率变动、货币贬值等影响资本流动的因素。排除这些因素影响，FH 方法也被用于测度一国内部的资本流动，如 Bayoumi and Mickael（1997）、Helliwell and McKitrick（1999）、Iwamoto and Van Wincoop（2000）等分别测度了英国、加拿大、日本等国家的资本流动性。

---

① 数据来源：中国人民银行，《中国区域金融运行报告》（2015、2016 年），网址：http：//www. gov. cn/shuju/2016 - 07/09/content_5089845. htm.

② 数据来源：中国人民银行，《中国区域金融运行报告》（2014、2015、2016 年），网址：http：//www. gov. cn/xinwen/2014 - 06/24/content_2707519. htm，http：//www. gov. cn/xinwen/2015 - 07/05/content_2890468. htm，http：//www. gov. cn/shuju/2016 - 07/09/content_5089845. htm.

③ 数据来源：中华人民共和国国家统计局，2016，网址：http：//data. stats. gov. cn/easyquery. htm？cn = E0103.

有些学者采用FH方法研究中国资本流动及区域内资本流动。如赵岩、赵留彦（2005）指出中国省域间“先减弱后增强”的资本流动变化趋势。于春海（2007）认为，国内储蓄和投资之间在长周期中存在较高相关性，在短周期中则不存在相关性。李治国（2008）分别采用截面FH模型及面板FH模型分析资本流动性。王博（2012）建立了我国29个省份面板FH模型，结果表明我国省际间的资本流动性较低。

近年来，FH方法也不断改进，以便应用于更多的研究领域。Feldstein和Horioka（1980）提出的FH模型被称为“无条件FH模型”。鉴于共同影响储蓄与投资的因素往往会导致采用无条件FH方法高估流动性指标，Iwamoto和Van Wincoop（2000）提出了“有条件FH方法”，剔除了经济增长和政府干预对储蓄与投资的影响。采用有条件FH方法，对日本的资本流动性测度结果较好地符合实际。Boyreau－Debray和Wei（2005）利用有条件FH方法测度的我国储蓄—投资系数约为0.5。张颖熙（2007）对比分析了我国三大区域资本流动情况，认为京津冀区域资本流动性较差，三大区域资本流动性都呈现下降趋势。李喆（2012）测度了京津冀区域资本流动水平。“有条件FH模型”只是剔除了经济增长和政府干预因素的影响。影响资本流动性的因素还有很多，例如劳动力成本、土地成本、交通运输成本、省域经济规模、第三产业占比、开放程度、基础设施建设等都会影响投资和储蓄。关于这些因素对资本流动性的影响研究较少。

综上所述，京津冀区域金融资本流动变化规律研究具有重要意义。现有的京津冀区域金融资本流动规律及其影响因素的实证分析少。为此，本文将有条件FH模型推广为扩展FH模型，将更多经济因素加入到FH模型，更好地分析金融资本流动性。利用京津冀地区省域经济数据，建立的扩展FH模型考虑到经济增长、政府干预、劳动力成本、土地成本、交通运输成本、省域经济规模、第三产业占比、开放程度、基础设施建设等经济因素对京津冀区域金融资本流动性的影响。通过模型系数对比，探讨在京津冀区域金融资本流动性变化过程中多种经济因素的作用，为政府干预京津冀区域金融资本流动提供依据。

二、京津冀区域金融资本流动的FH模型

储蓄转化为投资的程度可以间接反映资本流动的状况。FH模型利用储蓄—投资的转换系数β作为资本流动性指标。FH模型为

$$(I/Y)_i = \alpha + \beta(S/Y)_i + \varepsilon_i \tag{1}$$

其中，$(I/Y)_i$与$(S/Y)_i$分别为省域（城市）i的投资率与储蓄率。β称为储蓄—投资的转换系数。当资本完全流动时，省域（城市）投资不仅来源于本省域（城市）储蓄，还可来源于其他省域（城市）储蓄，本省域（城市）储蓄与投资的相关性较低，β接近于0。相反，当资本不完全流动时，β接近于1。FH模型不仅可以描述经济资本流动，还可以描述金融资

本流动。采用 FH 方法测度区域金融资本流动性，投资率和储蓄率可以分别选用省域（城市）i 金融机构的贷款率与存款率为代理变量，分别记为 L_{it} 与 D_{it} 。

FH 模型的局限性是没有考虑经济环境等因素对资本流动性指标的影响。实际上，经济增长和政府干预对金融资本流动性影响很大（Feldstein and Bacchetta，1991）。为了考虑经济增长和政府干预等对测度区域金融资本流动性的影响，FH 模型进行如下改进。记 L_{-it} 与 D_{-it} 分别表示不包含省域（城市）i 金融机构的贷款率与存款率。变量 $L_{it}^{*}=L_{it}-L_{-it}$ 和 $D_{it}^{*}=D_{it}-D_{-it}$ 为剔除影响存款率和贷款率的地区因素。用 y_{it} 表示省域（城市）i 在 t 时期的经济增长因素，用 F_{it} 表示省域（城市）i 在 t 时期的政府干预因素。有

$$L_{it}^{*}=\alpha_i+\alpha_y y_{it}+\alpha_F F_{it}+e_{it}^{L} \tag{2}$$

$$D_{it}^{*}=\beta_i+\beta_y y_{it}+\beta_F F_{it}+e_{it}^{D} \tag{3}$$

其中，为了较好地衡量地方政府对金融资源配置的影响，政府干预采用财政支出占地区 GDP 比重作为代理变量。经济增长用地区 GDP 作为代理变量，选择 HP 滤波方法滤去 GDP 的趋势，令 $y_{it}=HP[\log(GDP_{it})]-HP[\log(GDP)]$。$e_{it}^{L}$ 与 e_{it}^{D} 被认为分别从 L_{it}^{*} 和 D_{it}^{*} 中剔除经济增长与政府干预影响。京津冀区域金融资本流动性的有条件 FH 模型为

$$e_{it}^{L}=\alpha^{*}+\beta^{*}e_{it}^{D}+\varepsilon \tag{4}$$

其中，β^{*} 为剔除城市经济增长与城市政府干预的条件下金融资本流动程度。系数 β^{*} 越接近 0，区域内的贷款与存款的相关性越低，代表金融资本流动性越强。β^{*} 越接近 1，代表金融资本流动性越弱。

除了经济增长和政府干预之外，其他经济指标也会影响金融资本流动性。为了考虑其他经济因素对区域金融资本流动性的影响，将有条件 FH 模型进行推广，新模型称为“扩展 FH 模型”。省域（城市）i 其他经济因素的多个代表变量记为 X_{it} 。有

$$L_{it}^{*}=\alpha_i+\alpha_y y_{it}+\alpha_F F_{it}+\alpha_X X_{it}+e_{it}^{XL} \tag{5}$$

$$D_{it}^{*}=\beta_i+\beta_y y_{it}+\beta_F F_{it}+\beta_X X_{it}+e_{it}^{XD} \tag{6}$$

其中，e_{it}^{XL} 与 e_{it}^{XD} 为剔除 L_{it}^{*} 和 D_{it}^{*} 中经济增长与政府干预以及其他经济因素的影响。京津冀区域金融资本流动的扩展 FH 模型为

$$e_{it}^{XL}=\alpha^{X}+\beta^{X}e_{it}^{XD}+\varepsilon \tag{7}$$

其中，β^{X} 为剔除经济增长与政府干预以及其他经济因素的条件下金融资本流动水平。系数 β^{X} 越接近 0，地区内贷款与存款的相关性越低，代表金融资本流动水平越高。β^{X} 越接近 1，代表金融资本流动水平越低。与有条件 FH 模型相比较，扩展 FH 模型将金融资本流动性的更多经济因素引入到 FH 模型中，为研究金融资本流动性变化趋势和金融资本流动性的影响因素提供新思路。

下文根据流动性指标的相对大小研究区域金融资本流动性的变化。下文的无条件 FH 模型 1 未剔除城市经济增长和城市政府干预的影响，能够反映区域金融资本流动性变化的总趋

势。剔除经济增长或政府干预影响的有条件 FH 模型 2 和模型 3，能够反映有条件的区域金融资本流动性变化趋势。剔除经济增长与政府干预以及其他经济因素影响的扩展 FH 模型，能够更合理地反映区域金融资本流动性变化趋势。通过三个 FH 模型对比，便于分析城市经济增长对区域金融资本流动的影响，分析政府干预以及其他经济因素对区域金融资本流动的影响，讨论政府在区域金融资本流动过程中发挥的作用，为政府干预京津冀区域金融资本流动提供依据。后文的数据分析主要包括两部分，第 3 节利用京津冀地级市数据建立无条件 FH 模型和有条件 FH 模型，主要总结杨贵军、杨鸿海、张率（2017）的结果；第 4 节利用京津冀省市数据建立扩展 FH 模型。

三、京津冀区域金融资本流动的 FH 模型参数估计

本节利用 FH 模型分析京津冀区域金融资本流动变化。京津冀地区包括 3 个省份，共计 13 个地级市，将其作为研究对象。时间范围为 2000 年到 2015 年。近年来，京津冀区域金融发展历程显示，2005 年与 2010 年是两个重要时间点。2004 年，各地发展改革委在廊坊召开京津冀区域经济发展战略研讨会，共同促进区域金融发展。2005 年到 2009 年各地政府相继出台了一系列政策，推动一体化战略实施。2010 年政府制定的“十二五”规划，提出“推进京津冀区域经济一体化发展”，加速推进一体化进程。为此，将 2005 年与 2010 年作为时间隔点，建立分时间段模型。

1. 无条件 FH 模型 1。选取各市金融机构年末存贷款余额为研究变量（Boyreau – Debray and Wei，2005）。数据包括地区生产总值（GDP）、中资金融机构年末存款余额和贷款余额、地区财政支出，数据来源于历年《北京市统计年鉴》《天津市统计年鉴》《河北省统计年鉴》。每个市的存款余额与 GDP 之比为该市存款率，每个市的贷款余额与 GDP 之比为该市贷款率。无条件 FH 模型参数估计结果由杨贵军、杨鸿海、张率（2017）给出，见表 1 的模型 1。

表 1　　三个时段的 FH 模型估计

模型	系数	2000—2004 年	2005—2009 年	2010—2015 年
模型 1	α	−0.0318 (0.5797)	−0.0483 (0.1654)	0.1412 (0.1572)
	β	0.7409 (0.0000)	0.6749 (0.0000)	0.5081 (0.0000)
模型 2	α^*	−2.38E−10 (1.0000)	−3.08E−11 (1.0000)	−3.20E−10 (1.0000)
	β^*	0.7337 (0.0000)	0.6299 (0.0000)	0.4622 (0.0000)

续表

模型	系数	2000—2004 年	2005—2009 年	2010—2015 年
模型 3	α^*	-1.41E-11 (1.0000)	1.95E-10 (1.0000)	-0.0884 (1.0000)
	β^*	0.6946 (0.0000)	0.5345 (0.0000)	0.3335 (0.0000)

表 1 的第 2 行与第 3 行给出了三个时段 2000—2004 年、2005—2009 年、2010—2015 年的无条件 FH 模型 1 的参数估计。第 2 行给出了 α 的估计值，第 3 行给出了 β 的估计值，括号中的数字为 P 值。三个时段的无条件 FH 模型拟合效果都好，拟合优度都大于 0.7。表 1 显示，三个时段的无条件 FH 模型截距项的 P 值都较大，截距项在显著性水平 10% 下是不显著的。斜率项的 P 值都很小，在显著性水平 1% 下是显著的。相比较，2000—2004 年的 β 系数估计值最大，估计值为 0.7409。2010—2015 年的 β 系数估计值最小，估计值为 0.5081。2005—2009 年的 β 估计系数处于两者之间，估计值为 0.6749。三个时段的 β 系数在逐渐变小，显示京津冀区域金融资本流动性逐渐增强。

2. 剔除经济增长的有条件 FH 模型 2。经济增长导致储蓄和投资之间相关性的变化，会同时增加储蓄和投资，进而增强两者相关关系。这里，选择省域 GDP 代表经济增长，记为符号 y。为了消除经济增长趋势，使用 HP 滤波法对变量 y 进行处理。

剔除经济增长的有条件 FH 模型估计结果由杨贵军、杨鸿海、张率（2017）给出，见表 1 的有条件 FH 模型 2。表 1 的第 4 行与第 5 行分别给出了三个时段的有条件 FH 模型 2 参数估计。三个时段的有条件 FH 模型 2 拟合效果较好，拟合优度均大于 0.65。结果显示，截距项 α^* 在显著性水平 10% 下是不显著的，三个时段的斜率项 β^* 在显著性水平 10% 下是显著的。

相比较，2000—2004 年的 β^* 系数估计值最大，达到 0.7337。2005—2009 年的 β^* 系数估计值为 0.6299，2010—2015 年的 β^* 系数估计值最小，为 0.4622。三个时段的流动性指标在逐渐变小，显示京津冀区域金融资本流动性逐渐增强，与无条件 FH 模型 1 的结论一致。由于剔除了经济增长影响，每个时段的流动性指标估计值都小于无条件模型的估计。三个时段的流动性指标减小幅度不相同，分别为 0.0073、0.0460、0.0459。可以看出，经济增长对金融资本流动性变化的影响逐渐增大。

3. 剔除经济增长与政府干预的有条件 FH 模型 3。政府干预从多种渠道影响资本流动。政府不愿经常账户严重失衡，会适时调整宏观经济政策以平衡资本的流入和流出。财政政策的自动平衡器与总投资率结合提高顺势循环的政府储蓄率。政府消费的临时性提高和高未来税融资都可能导致国民储蓄和投资的下降。这里，使用地方财政一般预算支出占当地 GDP 比值代表政府干预，记为符号 F。

剔除经济增长与政府干预的有条件 FH 模型 3 的估计结果由杨贵军、杨鸿海、张率（2017）给出，见表 1 的模型 3。表 1 的第 6 行与第 7 行依次给出了三个时段有条件 FH 模型 3 的参数估计。三个时段的有条件 FH 模型 3 的拟合效果较好，拟合优度均接近 0.7。结果显示，三个时段的无条件 FH 模型截距项 α^* 的 P 值都较大，在显著性水平 10% 下都不显著。斜率项 β^* 的 P 值都很小，在显著性水平 1% 下都是显著的。

相比较，2000—2004 年的 β^* 系数估计值最大，达到 0.6946。2010—2015 年的 β^* 系数估计值最小，为 0.3335。2005—2009 年的 β^* 系数估计值处于两者之间，为 0.5345。三个时段的 β^* 系数在逐渐变小，显示京津冀区域金融资本流动性逐渐增强。这与前两个模型的分析结果一致。有条件 FH 模型 3 剔除了同时影响金融机构的贷款与存款的经济增长和政府干预因素。与有条件 FH 模型 2 相比，在每个时期内的流动性指标估计值又进一步下降。模型 3 剔除了政府干预，两模型流动性指标的差异解释为政府干预对区域金融资本流动性影响的效果。三个时段的流动性指标减少幅度不同，减小值分别为 0.0391、0.0954、0.1287，数值逐渐增大。三个时段的政府干预效果并不一样，在区域金融资本流动中政府干预对京津冀金融资本流动性的影响程度越来越大。

张颖熙（2007）的分时段研究结果表明，京津冀区域金融资本流动性在逐渐下降。而本文的研究结果认为，京津冀区域金融资本流动性在不断提高。两者分析结果出现差异的主要原因在于时间段的划分不同。2000 年后，京津冀区域的经济增长优势逐渐显现。宏观经济政策出台、政府推动等都加快了该区域的金融合作，促进了金融资本流动。李喆（2010）分析了 2000—2010 年京津冀区域金融资本流动性，整个时段的 β 系数估计值为 0.5422。但该研究未考虑 β 系数随时间变化的趋势。

四、京津冀区域金融资本流动的扩展 FH 模型参数估计

不仅经济增长和政府干预影响金融资本流动性，还有很多经济因素也影响金融资本流动性。本节采用扩展 FH 模型，考虑其他经济因素对金融资本流动性的影响。无论是国家间还是省域间，资本流动都是追求回报率最大化。商务成本理论认为，企业所面临的地区商务成本差异对企业区位选择有重要影响。进而，也影响地区的金融资本流动。这里，从商务成本角度选择资本流动的影响因素。

1. 影响金融资本流动性的经济因素

通常，商务成本是企业在开办期和持续期所产生的各种费用总和，包括要素成本、市场交易成本、制度交易成本等。要素成本是企业使用劳动力、土地、设备等生产要素所需支付的成本，选择的代表性变量为劳动力成本、土地成本、交通运输成本。市场和制度交易成本是企业在持续期运营中与市场和政府来往所发生的成本，市场交易成本的代表性变量选择省

域经济规模、经济增长、第三产业占比。制度交易成本的代表性变量选择政府干预、开放程度、基础设施建设。代表性变量的具体含义如下。

劳动力成本：劳动力成本是企业最重要的投资成本之一。对企业来讲，劳动力成本最直接的表现形式就是支付给员工的工资。本文选取省市在岗职工年平均工资来代表每省市劳动力成本，记为符号 wage 。为了消除劳动力成本趋势，使用 HP 滤波法进行处理。

土地成本：近年来房屋价格上涨备受人们关注，已成为企业投资不可忽视的重要影响因素。这里，使用商品房平均销售价格来代表企业的土地成本，记为符号 house 。为了消除商品房平均销售价格趋势，使用 HP 滤波法进行处理。

交通基础设施：交通基础设施直接影响企业的运输成本。采用京津冀三省铁路、公路、内河航道三类主要运输线路的加权密度来代表交通基础设施，记为符号 transport ，其中各种运输设施路线长度权重等于其年度货运量占总体货运量的比重。为了消除其趋势，使用 HP 滤波法进行处理。

省域经济规模：企业投资动因之一是获取更大的市场份额。当区域经济规模较大时，投资资金大部分可以由当地储蓄提供，使储蓄和投资之间相关关系显著。采用省域生产总值 GDP 与整体 GDP 之比代表省域经济规模，记为符号 scale 。

经济增长：经济增长与金融资本流动的关系见前文。这里，省域 GDP 代表经济增长，仍记为符号 y，并使用 HP 滤波法进行处理。

第三产业占比：第三产业占比表征地区经济结构。第三产业是现代化经济的必要特征，有利于促进整个区域经济持续健康发展。第三产业发达的地区更容易吸引投资，资本流动速度更快。这里，第三产业增加值占 GDP 比重代表第三产业占比，记为符号 third 。

政府干预：政府干预与金融资本流动的关系见前文。这里，仍使用地方财政一般预算支出占当地 GDP 比值代表政府干预，记为符号 F 。

开放程度：在一定意义上开放程度高代表了经济活动更活跃以及更进一步的资本深化。一方面通过加剧市场竞争程度降低资本回报率，另一方面通过提高劳动力转移程度提升资本回报率。因而，开放程度对投资率的总体影响很难确定。这里，使用进出口总额占 GDP 比例代表开放程度，记为符号 open 。该变量以万美元计算的初始值依照当年人民币兑换美元年平均价进行换算。

基础设施建设：基础设施作为一项公共品，通常是由政府提供。基础设施对经济增长有一定的积极作用。一些研究表明基础设施薄弱已经成为发展中国家的瓶颈，阻碍进一步的投资和经济发展。这里，采用全社会固定资产投资占 GDP 的比例代表基础设施建设，记为符号 infra 。

本节选择的扩展 FH 模型为

$$\begin{aligned} L^* = {} & \alpha + \beta^X D^* + \alpha_w \mathrm{wage} + \alpha_h \mathrm{house} + \alpha_t \mathrm{third} \\ & + \alpha_F F + \alpha_{tr} \mathrm{transport} + \alpha_s \mathrm{scale} + \alpha_y y + \alpha_o \mathrm{open} + \alpha_i \mathrm{infra} \end{aligned} \tag{8}$$

这里，使用2000—2015年京津冀三省的数据，数据均来源于国家统计局官网和《新中国六十年统计资料汇编》。包括调整储蓄率 D^* 的指标数据存在严重共线性。扩展FH模型估计采用主成分回归方法。为了和前文对比，建立了整时间段2000—2015年模型和分时间段模型。为了保证模型参数估计效果，两个时间段分别为2000—2009年和2005—2015年。

2. 时间段2000—2015年的扩展FH模型4

依据Kaiser－Harris准则，主成分特征值大于1，选择了三个主成分，特征根占比达到0.96。表2的第2～7列给出了主成分的因子载荷和变量系数。

表2　　2000—2015年的扩展FH模型4的参数估计

变量	主成分			主成分系数			估计值
	*PC*1	*PC*2	*PC*3	*PC*1	*PC*2	*PC*3	
α							-1.66
D_{it}^*	0.60	-0.2	0.75	0.09	0.05	0.35	0.40
wage	0.96	-0.13	-0.16	0.29	-0.01	-0.2	0.21
house	0.97	-0.18	0.15	0.26	0.01	-0.02	0.19
transport	-0.09	0.91	-0.34	0.05	0.24	-0.09	0.39
scale	-0.24	0.96	-0.02	-0.02	0.28	0.12	0.20
third	0.71	-0.11	0.68	0.14	0.07	0.31	-0.16
y	-0.08	0.99	0.00	0.02	0.3	0.12	-0.19
F	0.98	-0.03	0.05	0.28	0.05	-0.07	-0.20
open	0.02	-0.93	0.17	-0.06	-0.27	-0.01	0.18
infra	0.21	0.16	-0.92	0.16	-0.04	-0.52	-0.50

由表2可知，第一个主成分中因子载荷大的变量有劳动力成本、土地成本、第三产业占比和政府干预，调整贷款率的因子载荷也比较大。第二个主成分中因子载荷大的变量有交通基础设施、经济规模、经济增长和开放程度。第三个主成分中因子载荷大的变量有调整贷款率和基础设施建设，第三产业占比的因子载荷也比较大。利用调整贷款率与三个主成分建立模型，每个主成分取其主要变量回归值，得到的扩展FH模型估计见表2的最后一列。模型4的拟合结果较好，$R^2 = 0.9891$，$\overline{R}^2 = 0.9883$。

时间段2000—2015年的扩展FH模型4估计结果显示，β^* 系数估计值为0.4，三个时段的有条件FH模型3的 β^* 估计值差值分别为0.6946、0.5345和0.3335，相比较的差值分别为0.2946、0.1345、－0.0665。β^* 系数发生了明显变化，说明所考虑经济因素对金融资本流动有明显影响。

3. 时间段2000—2009年的扩展FH模型5

时间段2000—2009年的主成分选择原则和方法同上，特征值大于1的主成分有3个，特征根占比达到0.98。表3给出了3个特征向量的因子载荷、变量系数、扩展FH模型5系数的估计值，结构同表2。

表3　　2000—2009年的扩展FH模型5的参数估计

变量	主成分			主成分系数			估计值
	*PC*1	*PC*2	*PC*3	*PC*1	*PC*2	*PC*3	
α							-2.35
D_{it}^{*}	0.57	-0.19	0.79	0.04	0.05	0.34	0.38
wage	0.98	-0.18	0.00	0.35	-0.02	-0.22	0.28
house	0.91	-0.22	0.35	0.25	0.005	-0.005	0.20
transport	-0.18	0.92	-0.30	0.03	0.24	-0.004	0.37
scale	-0.29	0.96	-0.03	-0.06	0.28	0.15	0.26
third	0.68	-0.09	0.71	0.1	0.08	0.28	-0.19
y	-0.13	0.99	-0.01	-0.01	0.3	0.14	-0.22
F	0.98	0.03	0.15	0.33	0.06	-0.11	-0.24
open	-0.13	-0.91	0.27	-0.14	-0.26	0.09	0.20
infra	-0.02	0.21	-0.95	0.2	-0.005	0.55	-0.57

表3显示，对于时间段2000—2009年，3个主成分中因子载荷大的变量与表2中3个主成分中因子载荷大的变量相同，即第一主成分中因子载荷大的变量有劳动力成本、土地成本、第三产业占比和政府干预，调整贷款率的因子载荷也比较大。第二个主成分中因子载荷大的变量有交通基础设施、经济规模、经济增长和开放程度，第三产业占比的因子载荷也比较大。第三个主成分中因子载荷大的变量有调整贷款率和基础设施建设。扩展FH模型5的拟合结果较好，$R^2 = 0.9908$，$\overline{R}^2 = 0.9898$。

时间段2000—2009年的扩展FH模型5的估计结果显示，β^*系数估计值为0.38，与相同时段的有条件FH模型3的β^*估计值0.6946和0.5345相比，相比较的差值分别为0.3146、0.1545。两个模型的β^*系数估计差异大。

4. 时间段2005—2015年的扩展FH模型6

时间段2005—2015年的主成分选择原则和方法同上，特征值大于1的主成分有3个，特征根占比达到0.96。表4给出了3个特征向量的因子载荷、变量系数、扩展FH模型6系数的估计值，结构同表2。

表4　　2005—2015年的扩展FH模型6的参数估计

变量	主成分			主成分系数			估计值
	*PC*1	*PC*2	*PC*3	*PC*1	*PC*2	*PC*3	
α							-1.38
D_{it}^{*}	0.92	-0.19	-0.27	0.24	0.05	-0.23	0.28
wage	0.81	-0.27	0.44	0.17	-0.01	0.31	0.20

续表

变量	主成分			主成分系数			估计值
	*PC*1	*PC*2	*PC*3	*PC*1	*PC*2	*PC*3	
house	0. 94	-0. 25	0. 18	0. 22	0. 02	0. 11	0. 26
transport	-0. 28	0. 93	0. 19	0. 02	0. 24	0. 19	0. 30
scale	-0. 17	0. 98	-0. 02	-0. 06	0. 28	-0. 05	0. 28
third	0. 95	-0. 08	-0. 27	0. 25	0. 09	-0. 23	-0. 13
y	-0. 05	0. 99	-0. 02	0. 09	0. 29	-0. 05	-0. 15
F	0. 96	-0. 15	0. 15	0. 24	0. 05	0. 09	-0. 16
open	0. 23	-0. 94	0. 00	-0. 04	-0. 26	0. 024	0. 14
infra	0. 00	0. 10	0. 96	0. 02	-0. 005	0. 7	-0. 47

表4显示，对于时间段2005—2015年3个主成分中因子载荷大的变量与表2和表3中的3个主成分中因子载荷大的变量相同。扩展FH模型6的拟合结果较好，$R^2 = 0.9908$，$\overline{R}^2 = 0.9898$。时间段2005—2015年的扩展FH模型6估计结果显示，β^* 系数估计值为0. 28，与相同时段的有条件FH模型3的 β^* 估计值0. 5345和0. 3335相比，相比较的差值分别为0. 2545、0. 0535。两个模型的 β^* 系数估计差异大。

5. 小结

图1比较了2000—2015年京津冀三省金融资本流动的扩展FH模型系数估计值。其横坐标代表经济变量，纵坐标代表经济变量系数估计值。模型依次为扩展FH模型4、扩展FH模型5和扩展FH模型6。图1显示，3个扩展FH模型的系数估计值并不完全相同，其估计值的大小与时间段有关。在不同时间段内，劳动力成本、土地成本、交通运输成本、省域经

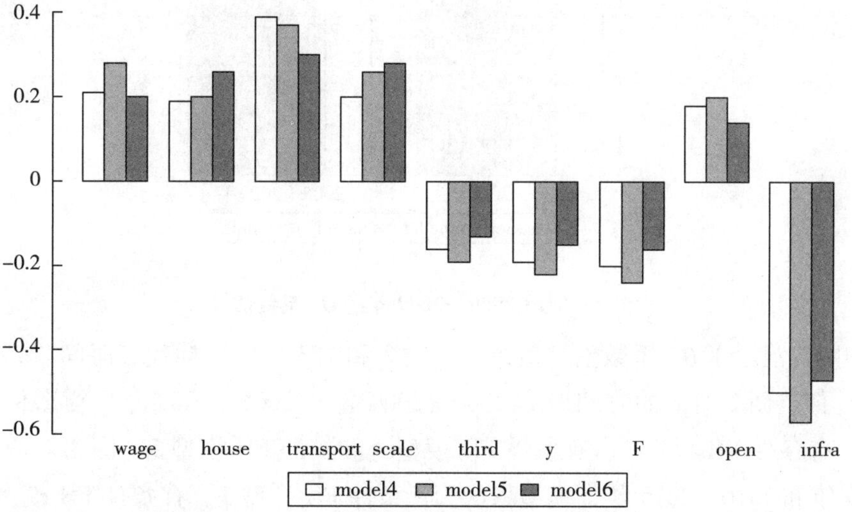

图1　三个扩展FH模型系数估计值比较

济规模、经济增长、第三产业占比、政府控制、开放程度、基础设施建设等经济因素对京津冀金融资本流行水平的影响程度不同，但是每个经济变量系数估计值符号是一致的。

在三个时间段内，正系数估计值的经济变量有劳动力成本、土地成本、交通基础设施、省域经济规模和开放程度。劳动力成本、土地成本、交通基础设施等变量增加，会提高企业生产的要素成本，对京津冀金融资本流动水平会产生负向影响。省域经济规模越大，市场交易成本越大，不利于京津冀金融资本流动。开放程度越大，加剧市场竞争程度更显著地降低资本回报率，对提高劳动力转移程度提升资本回报率的幅度更小。在三个时间段内，负系数估计值的经济变量有第三产业占比、经济增长、政府干预和基础设施建设。第三产业越活跃，经济增长越快，有利于降低市场交易成本，提高京津冀金融资本流动水平。政府政策适当干预和基础设施健全，会降低制度交易成本，提高京津冀金融资本流动水平。模型参数估计结果与前文指标选择的理论分析基本一致。

对于扩展 FH 模型 4、扩展 FH 模型 5 和扩展 FH 模型 6，β^* 系数估计值分别为 0.4、0.38 和 0.28，扩展 FH 模型 4 的 β^* 系数估计值大于扩展 FH 模型 5 和扩展 FH 模型 6，显示不同时段金融资本流动性动态变化。相对来说，扩展 FH 模型 5 和扩展 FH 模型 6 能够更好地反映这种变化。下面将这两个模型与无条件 FH 模型 1 和有条件 FH 模型 2 及有条件 FH 模型 3 相比较。

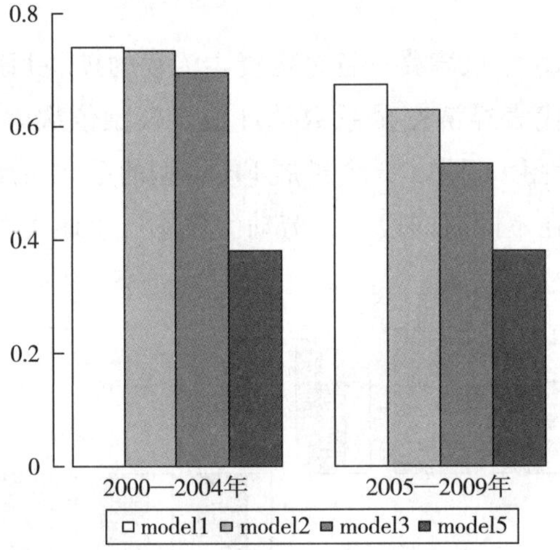

图 2　时段 2000—2009 年的 β^* 系数估计

图 2 和图 3 演示了 β^* 系数估计值差异。图 2 和图 3 的横坐标代表时间段，纵坐标代表 β^* 系数估计值。图 2 对应的时间段为 2000—2004 年和 2005—2009 年，模型依次为无条件 FH 模型 1、有条件 FH 模型 2、有条件 FH 模型 3 和扩展 FH 模型 5。图 3 对应的时间段为 2005—2009 年和 2010—2015 年，模型依次为无条件 FH 模型 1、有条件 FH 模型 2、有条件 FH 模型 3 和扩展 FH 模型 6。图 2 和图 3 显示，在每个时间段内，4 个模型的 β^* 系数估计值都是不同的，其中无条件 FH 模型 1 的 β^* 估计值最大，其次是有条件 FH 模型 2 和有条件

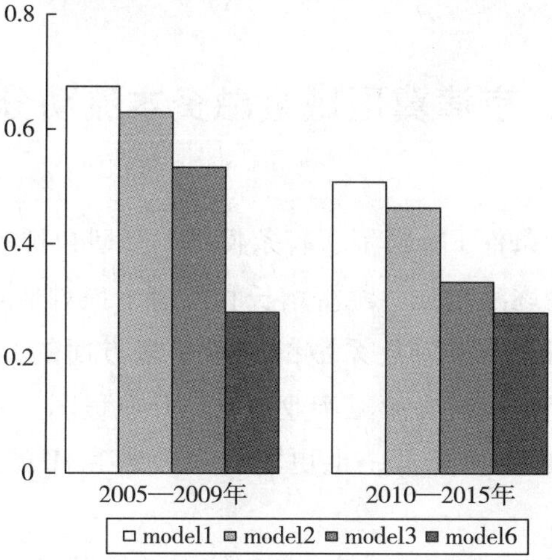

图3　时段2005—2015年的β^*系数估计

FH模型3的β^*估计值较小，扩展FH模型5和扩展FH模型6的β^*估计值最小。这也说明，扩展FH模型5和扩展FH模型6考虑的重要经济变量对金融资本流动性有明显的影响。

对比图2和图3，4个模型的β^*系数估计值在不同时间段内并不相同，其中在时间段2000—2004年内的β^*估计值最大，其次是时间段2005—2009年内的β^*估计值相对小，在时间段2009—2015年内的β^*估计值最小。4类FH模型的β^*估计值都呈现这个规律。β^*估计值逐渐减小也反映了京津冀区域金融资本流动水平不断提高。

扩展FH模型5和扩展FH模型6的β^*估计值小于无条件FH模型1、有条件FH模型2和有条件FH模型3，差值最大达到了0.36。差值来源主要包括两方面：一方面来源于本文选择的9个经济因素，剔除这些经济因素后，贷款率与储蓄率之间的相关关系明显下降。这与Iwamoto和Van Wincoop（2000）的结论相同。这些经济因素对金融资本流动的影响是不可忽视的。另一方面来源于省域间和地级市间的流动性差异。无条件FH模型1、有条件FH模型2和有条件FH模型3的β^*估计值选用地级市数据，描述地级市之间金融资本流动状况。而扩展FH模型5和扩展FH模型6的β^*估计选用是省域间的数据，描述省域间的金融资本流动。地级市之间金融资本流动水平高于省域间。Iwamoto和Van Wincoop（2000）采用FH模型分析日本资本流动性，剔除政府干预和经济增长的影响，β^*估计值为0.14。利用OECD国家数据，β^*估计值为0.77。两者差异相对更明显。该结论与投资组合多样性偏好等因素有一定的关系。按照同样的观点，采用无条件FH模型和有条件FH模型，利用省域数据的β^*估计值要大于利用地级市数据的估计值。也就是说，扩展FH模型5和扩展FH模型6的β^*估计值在省域数据和地级市数据间的实际差异大于0.3146、0.1545和0.2545、0.0535。从这方面比较来说，本文考虑要素成本因素、交易成本因素和制度成本因素等对京津冀金融资本流动影响更显著。

五、京津冀区域金融资本流动分析

综合上述分析结果，无条件 FH 模型、有条件 FH 模型和扩展 FH 模型都显示，近年来京津冀区域金融资本流动性逐渐增强。经济增长和政府干预对金融资本流动性的影响越来越大。除此之外，本文也验证了影响 FH 系数的因素是多方面的，剔除劳动力成本、土地成本、交通运输成本、省域经济规模、第三产业占比、开放程度、基础设施建设等影响因素之后，储蓄和投资的相关系数明显降低，也更能合理反映京津冀地区的实际金融资本流动水平。

2000—2004 年，京津冀区域经济遵循长期形成的发展模式。该区域没有协调统一的金融管理制度，存在明显的行政壁垒，金融资源主要投资于本地，京津冀区域整体意识较差。为促进自身经济发展，在金融领域中存在竞争大于合作的局面。京津冀区域金融发展状况迥异。北京作为全国政治中心有优先发展权，利用政策引入资源，形成聚集效应，减少资金外流，逐渐发展至具备区域金融中心功能。天津作为北方港口城市，拥有天然地理优势，国家政策也为港口城市带来了更多机遇，有较多机会拥有更雄厚的金融资产。河北地大物博，自然资源丰富，但与两直辖市金融资源相差较多，不断发展使其成为为其他两地提供自然资源、人力资源的腹地。金融资源的不平衡进一步导致金融资源配置的不合理，阻碍金融资本流动。

2005—2009 年，京津冀区域金融资本流动性有较大改善。2004 年 2 月，在国家发展改革委的主持下，各地政府就推进京津冀经济一体化的一些原则问题达成共识，促使三地政府在体制、机制、观念上予以突破。京津冀一体化进程缓慢，但三地政府的沟通不断加强，并展开了多领域的协商，金融合作也逐渐加强。2005 年，天津举办环渤海金融论坛，讨论京津冀区域金融合作，提出京津冀区域的企业跨区合作、政企合作，在很大程度上促进了金融资本流动。

2010—2015 年，金融资本流动性有了显著改善。这主要得益于我国政府颁布的一系列相关政策。2011 年的“十二五”规划明确提出，“推进京津冀区域经济一体化发展，打造首都经济圈，推进河北省沿海地区发展”。习近平主席于 2013 年强调推动京津冀协同发展，于 2014 年 2 月将京津冀一体化提升为国家重要发展战略。京津冀作为中国三大经济体之一的地位得到充分肯定。在一系列国家政策颁布之后，京津冀地区的金融合作在各个领域开展，合作深度不断加强。2015 年京津冀三地的相互投资额达到 1 900 多亿元，是 2014 年的 3.2 倍。北京对其他两地的投资总额为 1 600 多亿元，其中对天津投资的 90% 都集中于金融业。很多银行开始探索在京津冀地区内的金融投资、支付清算、异地存储、信用担保等业务同城化，以降低跨行政区划金融交易成本。在个人普通银行业务上，部分银行还开通了京津冀协同借记卡，持卡人在三地银行柜台及 ATM 办理系统内存款、取款、转账业务均享受同城待遇，不收取手续费。

从目前京津冀地区合作的广度与深度来看，京津冀区域金融资本流动程度还在不断加强。金融深化与政府出台的政策，对加速流动起到了良好的作用。

六、小结

良好的金融资本流动性对京津冀地区协同发展有重要的推动作用。本文利用 2000—2015 年京津冀地区地级及以上市和省域的经济数据，分时段建立无条件 FH 模型、仅剔除经济增长影响的 FH 模型、剔除经济增长与政府干预的有条件 FH 模型、剔除其他相关因素影响的扩展 FH 模型，对京津冀区域金融资本流动性进行分析。无条件 FH 模型的分析结果显示，三个时间段流动性系数依次减小。有条件 FH 模型的分析结果显示，三个时间段流动性系数也是依次减小，数值明显小于前者。剔除其他相关因素影响的扩展 FH 模型的分析结果显示，两个时间段的流动性系数有逐渐减小趋势，并且相比无条件 FH 模型和有条件 FH 模型系数相对更小，更能反映京津冀三省实际资本流动情况。所有模型的结果都表明，京津冀区域金融资本流动水平在不断提高。这与京津冀区域经济持续高速增长的现状相一致。

基于上述分析结果，京津冀地区的金融资本改革与发展需要政府"适度介入"。政府以政策为导向，以金融市场价格为方向，充分发挥金融市场作用。为了保证京津冀区域金融资本更合理有序流动，政府政策要充分考虑经济发展的目标定位的省域差异性。京津冀地区内各行政区划也应严格按照《京津冀协同发展规划纲要》要求，明确地区和自身定位，协同促进金融资本流动。其中，北京以疏解非首都职能为主；天津逐渐建立区域金融中心地位，协调区域内金融资本流动；河北重点做好金融发展，夯实金融基础。各级金融机构应制定相协调的发展规划，有重点发展，促进京津冀协同发展。

参考文献

[1] MacDougall G D A. The Benefits and Costs of Private Investment from Abroad: A Theoretical Approach [J]. Economic Record, 1960, 36 (73): 13-35.

[2] Kemp M C. The Benefits and Costs of Private Investment from Abroad: Comment [J]. Economic Record, 1962, 38 (81): 108-110.

[3] Feldstein M, Horioka C. Domestic Saving and International Capital Flows [J]. Economic Journal, 1980, 90 (358): 314-329.

[4] Jerry C, Farida K, Ron S. The Feldstein-Horioka Puzzle and Capital Mobility: A Review [J]. International Journal of Finance and Economics, 1998, 3 (2): 169-188.

[5] Chakrabarti A. The Saving - Investment Relationship Revisited: New Evidence from Multivariate Heterogeneous Panel Cointegration Analyses [J]. Journal of Comparative Economics, 2006, 34 (2): 402 - 419.

[6] Mohammad M A, Mohammad R I. Revisiting the Feldstein - Horioka Hypothesis of Savings, Investment and Capital Mobility [J]. International Journal of Economics, 2010, 4 (1): 71 - 90.

[7] Bayoumi T, Klein M W. A provincial view of economic integration [J]. Social Science Electronic Publishing, 1997, 44 (4): 534 - 556.

[8] Helliwell J F, Mckitrick R. Comparing Capital Mobility across Provincial and National Borders [J]. Canadian Journal of Economics, 1999, 32 (5): 1164 - 1173.

[9] 赵岩，赵留彦．投资—储蓄相关性与资本的地区间流动能力检验 [J]．经济科学，2005，(5)：25 - 36.

[10] 于春海．Feldstein - Horika 之谜的中国经验分析 [J]．世界经济，2007，30 (1)：39 - 48.

[11] 李治国．中国区域间资本流动：基于 Feldstein - Horioka 方法的检验 [J]．统计研究，2008，25 (10)：73 - 81.

[12] 王博，文艺．储蓄投资相关性与中国地区资本市场融合——对中国费尔德斯坦—霍里奥克之谜的再考察 [J]．经济学动态，2012，(10)：71 - 75.

[13] Iwamoto Y, Van Wincoop E. Do Borders Matter? Evidence from Japanese Regi - onal Net Capital Flows [J]. International Economic Review, 2000, 41 (1): 241 - 269.

[14] Boyreau - Debray G, Wei S J. Can China Grow Faster? A Diagnosis of the Fragme - ntation of Its Domestic Capital Market [R]. IMF Working Paper, No. 4, 2004.

[15] 张颖熙．区域金融发展与金融一体化问题研究——基于中国的实证与分析 [J]．中央财经大学学报，2007，(5)：33 - 37.

[16] 李喆．基于储蓄—投资相关性的京津冀金融一体化的现状分析 [J]．中国管理科学，2012，20 (11)：869 - 872.

[17] Feldstein M, Bacchetta P. National Saving and International Investment [M]. Chicagao: University of Chicagao Press, 1991.

[18] 任晓红，张宗益，余元全．中国省际资本流动影响因素的实证分析 [J]．经济问题，2011 (1)：31 - 35.

[19] 王守坤．中国各省区资本流动能力再检验：基于广义空间计量模型的分析 [J]．经济评论，2014 (4)：68 - 84.

[20] 胡凯，吴清．省际资本流动的制度经济学分析 [J]．数量经济技术经济研究，2012 (10)：20 - 36.

[21] 杨贵军，杨鸿海，张率．京津冀区域金融资本流动趋势分析 [J]．统计与决策，2017 (15)：153 - 157.

京津冀绿色金融效用评价及体系构建

◎杨　蕾[①]　田　原

〔**内容摘要**〕本文在研究国内外学者文献的基础上，利用2008年至2015年京津冀11市面板数据对金融支持绿色发展的效用进行了实证研究，结果表明京津冀的金融发展远远无法满足其绿色建设的需求。进而提出京津冀绿色金融体系构建的原则，并从绿色金融格局、绿色金融主体、绿色金融工具、绿色金融环境和绿色金融服务五个方面提出构建绿色金融体系的具体内容。

〔**关键词**〕京津冀协同发展　效用实证　绿色金融

一、前言

2015年10月，中国共产党十八届五中全会提出了指导我国未来经济与社会发展的绿色发展理念。如今，绿色发展已经成为“十三五”时期国家层面的重大战略，但发展绿色经济同时面临着巨大的资金缺口。按照国务院发展研究中心测算数据显示，我国绿色产业的投资需求超过年均2万亿元，而其中只有10%～15%能够由财政资金提供，年均资金缺口达到1.7万亿元以上。2017年10月18日，习近平总书记在十九大报告中指出，以疏解北京非首都功能为“牛鼻子”推动京津冀协同发展，高起点规划、高标准建设雄安新区。2017年4月1日，中共中央、国务院印发通知，决定设立河北雄安新区。雄安新区作为北京市非首都功能疏解集中承载地，着力于打造绿色生态宜居新城区。习近平总书记强调，雄安新区建设要充分体现生态文明建设的要求，成为生态标杆，坚持生态优先、绿色发展。2017年8

① 作者简介：杨蕾，河北金融学院副教授，博士，硕士生导师，中国社会科学院数量经济与技术经济研究所博士后，河北金融学院金融研究所所长、雄安新区建设发展研究中心副主任。

本文为2018年度河北省创新能力提升计划软科学研究智库项目“‘一带一路’政策框架下雄安新区绿色金融体系构建”、2015年度国家社科基金一般项目（15BJY168）、2017年河北省社科基金项目（HB17YJ052）、2016年河北省教育厅人文社会科学研究重大课题攻关项目（ZD201617）、2014年河北省人才工程培养经费资助科研项目（A201400358）、河北省金融创新与风险管理研究中心开放基金项目（2017JDKF004）阶段性研究成果。

月19日，人民银行研究局首席经济学家、中国金融学会绿色金融专业委员会主任马骏提出，未来五年内，雄安新区基于治理污染、修复生态、建设绿色智慧城市、保护性开发、节约利用清洁资源等方面的绿色投资需求可能达到1万亿元，巨大的绿色资金需求必然需要依靠社会资本，即通过发展绿色金融来加以满足。

关于绿色金融的研究，国外的研究成果相对比较成熟。Salazar（1998）认为绿色金融是通过金融创新寻求环境保护路径，沟通了金融业和环境产业[5]。Scholtens 和 Dam（2007）定量比较了“赤道原则”对金融企业的影响[6]。Schwartz 等（1998）研究了绿色金融工具的定价方法和绿色金融的环境风险定价[7]。国内学者对绿色金融的研究起步较晚。邓常春（2008）[8]、何建奎（2007）等[9]分别从促进经济社会的可持续发展和金融机构自身发展的需要两方面提出发展绿色金融的必要性。对于绿色金融工具，屠行程（2014）[10]、王文（2017）[11]分别研究了绿色信贷和绿色债券。李玫和丁辉（2016）从顶层设计、金融机构绿色化改革、机制与平台建设三个方面构建了“一带一路”框架下的绿色金融体系[12]。

整体而言，对于绿色金融的研究多是基于“一带一路”框架下的产品创新或全国性质的绿色金融体系构建，站在区域角度考虑绿色金融体系构建的相关研究还不丰富，针对京津冀绿色金融体系构建的理论和实证研究更是缺乏。

二、金融支持绿色发展效用分析

本文拟从以下两个步骤开展对京津冀地区金融支持绿色发展的效用分析：一是构建绿色发展指标体系，测算绿色发展指数；二是以绿色发展指数为因变量，金融发展指标为自变量进行模型分析。由于河北省各市发展能力不同，因而除北京、天津两市外，采用河北省11市①的数据，而不是河北省省级数据进行实证分析，以此衡量京津冀地区金融支持绿色发展的整体效用。

（一）绿色发展水平测度

1. 构建绿色发展指标体系

借鉴李文和马润平[13]的研究成果和发展改革委印发的《绿色发展指标体系》②，结合数据可得性和有效性，本文从绿色生产、绿色消费和绿色环境三个维度构建了9个指标组成绿色发展指标体系（见表1）。

---

① 河北省11市包括石家庄、张家口、承德、保定、沧州、衡水、邢台、邯郸、唐山、廊坊、秦皇岛。

② 见 http：//www. gov. cn/xinwen/2016 -12/22/content_ 5151575. htm.

表 1　　绿色发展指标体系

指标维度	指标名称	指标单位	指标类型
绿色生产	第三产业从业人员占比	%	正向
	工业烟尘排放量	吨	负向
	工业二氧化硫排放量	吨	负向
	工业废水排放量	万吨	负向
绿色消费	城市每万人口年末公共汽（电）车客运量	万人次	正向
	城市人工煤气、天然气供气总量	万立方米	负向
绿色环境	生活污水处理率	%	正向
	工业烟尘去除量	吨	正向
	城市建成区绿化覆盖面积	公顷	正向

2. 确定指标权重

在各种指标体系的定量研究中，经常运用等权重法、因子分析法、层次分析法、变异系数法等方法确定指标权重。鉴于变异系数法可以利用变异程度识别指标解释力度，为体现研究的客观性，本文选取变异系数法进行差异化赋权。首先通过计算各指标标准差与均值的比值确定指标变异系数，进而通过计算各指标变异系数与所有指标变异系数总和的比值确定各指标的权重。

本文采用 2008—2015 年北京市、天津市和河北省 11 市相关数据进行测算，其中“城市每万人口年末公共汽（电）车客运量”、“城市人工煤气、天然气供气总量”、“城市建成区绿化覆盖面积”三个指标为市辖区统计数据，其他指标均为全市统计数据，各数据保持了在地区和时间维度上的一致性。测算过程中，对负向指标取相反数进行正向化操作，个别缺失数据取相邻两年平均数或修正增长率作为替代。数据均来源于《北京统计年鉴》《天津统计年鉴》《河北经济年鉴》《中国城市统计年鉴》。

经过测算，得到各指标权重如表 2 所示。

表 2　　绿色发展指标体系权重赋值

指标维度	指标名称	标准差	平均数	变异系数	权重
绿色生产	第三产业从业人员占比	9.06	59.97	0.15	0.01
	工业烟尘排放量	203 669.8	−92 084	−2.21	0.19
	工业二氧化硫排放量	73 123.21	−103 788	−0.720	0.06
	工业废水排放量	6 494.27	−10 763.2	−0.60	0.05
绿色消费	城市每万人口年末公共汽（电）车客运量	127 469.9	62 028.14	2.06	0.17
	城市人工煤气、天然气供气总量	249 685.9	−101 109	−2.47	0.21
绿色环境	生活污水处理率	7.14	88.77	0.08	0.01
	工业烟尘去除量	9 081 115.58	4 839 202.61	1.88	0.16
	城市建成区绿化覆盖面积	18 624.31	11 429.84	1.63	0.14

3. 测算绿色发展指数

参考人类发展指数的构建方法，假设绿色发展指标体系有 N（$N \geq 1$）个指标，第 i 个指标用Y_i表示，第 i 个指标的实际值用x_i表示，则有

$$Y_i = (x_i - m_i)/(M_i - m_i)$$

其中，m 和 M 分别表示最小值和最大值。当 Y_i 为 0 时，说明该指标水平为 0，发展程度最低；当 Y_i 为 1 时，说明该指标发展水平最高。

用 w_i 表示绿色发展指标的权重，则绿色发展指数（GDI）的计算公式为

$$GDI = \sum_{i=1}^{n} w_i Y_i = \sum_{i=1}^{n} w_i \left(\frac{x_i - m_i}{M_i - m_i} \right)$$

利用上述数据测算 2008—2015 年各市绿色发展指数如表 3 所示。

表 3　　2008—2015 年京津冀地区绿色发展指数

城市＼年份	2008	2009	2010	2011	2012	2013	2014	2015
北京	0.5982	0.6438	0.6368	0.6341	0.6135	0.5951	0.5923	0.5535
天津	0.5590	0.5598	0.5577	0.7204	0.6365	0.5609	0.5693	0.5588
石家庄	0.4458	0.4607	0.4651	0.4617	0.4588	0.4405	0.4677	0.4627
保定	0.4540	0.4588	0.4538	0.4515	0.4497	0.4508	0.4529	0.4602
沧州	0.4568	0.4590	0.4644	0.4550	0.4841	0.4575	0.4577	0.4592
承德	0.4487	0.4583	0.4617	0.4624	0.4659	0.4682	0.4645	0.4697
邯郸	0.4448	0.4543	0.4547	0.4494	0.4600	0.4491	0.4452	0.4586
衡水	0.4558	0.4604	0.4600	0.4605	0.4592	0.4607	0.4583	0.4602
廊坊	0.4606	0.4601	0.4577	0.4535	0.4558	0.4573	0.4596	0.4564
秦皇岛	0.4665	0.4671	0.4672	0.4566	0.4566	0.4591	0.4643	0.2820
唐山	0.4224	0.4381	0.4414	0.4113	0.4204	0.4219	0.4212	0.4310
邢台	0.4460	0.4499	0.4503	0.4396	0.4400	0.4429	0.4418	0.4499
张家口	0.4510	0.4518	0.4617	0.4618	0.4620	0.4702	0.4724	0.4711

从表 3 中可以看出，2008—2015 年京津冀地区大部分城市的绿色发展在波动中呈小幅上升趋势，北京和天津地区绿色发展水平普遍高于河北省各市，这也体现了区域之间发展不平衡问题，需要在京津冀一体化发展框架下进行不断的发展完善。此外，秦皇岛 2015 年绿色发展水平出现明显大幅下滑，原因在于秦皇岛 2015 年工业烟尘排放量大幅增加，是 2014 年的 30 倍。

（二）金融支持绿色发展的效用测度

1. 变量选取

参考相关研究成果，结合数据的可得性，选取以下指标构建测量模型。

因变量：绿色发展指数（GDI）。

自变量：金融规模（GM = 年末金融机构各项贷款余额/GDP）；金融效率（XL = 年末金融机构各项贷款余额/年末金融机构存款余额）；金融深化程度（SH = 城乡居民储蓄年末余额/年末金融机构存款余额）。

控制变量：政府干预（ZF = 财政支出/GDP）；经济发展（GDPR = GDP 增长率）。

2. 数据来源

因变量数据为计算所得，自变量和控制变量仍选取 2008—2015 年北京市、天津市和河北省 11 市相关数据计算得来。数据来源于历年《北京统计年鉴》《天津统计年鉴》《河北统计年鉴》《河北金融年鉴》《中国城市统计年鉴》。

3. 实证结果分析

经平稳性检验后，采用 Hausman 检验得出 P 值为 0.0052，在 5% 的水平上能够拒绝原假设，因此使用固定效应模型进行面板数据模型回归，模型结果如表 4 所示。

表 4　面板数据回归结果

自变量	COEF	STD. ERR.	Z	P > | Z |
GM ***	−0.16	0.05	−3.59	0.00
JG *	−0.19	0.10	−1.88	0.06
XL	−0.01	0.05	−0.27	0.79
ZF **	0.56	0.24	2.38	0.02
GDPR	−0.21	0.15	−1.38	0.17
_ cons ***	0.89	0.09	9.57	0.00

注：“＊＊＊”为 1% 显著水平，“＊＊”为 5% 显著水平，“＊”为 10% 显著水平。

因此，金融支持绿色发展的效用模型为

$$GDI_{i,t} = -0.16\,GM_{i,t} - 0.19\,JG_{i,t} - 0.01\,XL_{i,t} + 0.56\,ZF_{i,t} - 0.21\,GDPR_{i,t} + 0.89$$

由实证结果可以看出，自变量中金融规模和金融深化程度都显著影响了绿色发展指数。金融规模、金融深化程度对绿色发展指数都具有负向作用，说明金融规模越大，金融深化程度越高，绿色发展指数越小，可能的原因在于绿色金融在金融规模、金融结构中的比例较小，金融规模和金融深化程度引导资金流向了非绿色产业的发展，产生了挤出效应。金融效率对绿色发展指数产生不显著的负向影响，可能的原因与上述相同，此外，由于部分保险数据、证券机构数据无法获得，对金融效率指标的衡量有较大偏差。控制变量中，政府干预对绿色发展指数具有显著的正向影响，这与绿色发展主要由政府推动的事实相符。经济增长的负向不显著影响主要原因在于河北省经济增长结构仍以非绿色产业为主，挤压了绿色产业的生存空间。

虽然数据的不可获得使本文采用的数据具有一定的局限性，但是可以在一定程度上代表京津冀地区的相关情况。因此，可以认为京津冀地区的金融发展无法支撑其绿色建设，且区域间发展结构不平衡，急需构建绿色金融体系。

三、京津冀绿色金融体系构建原则

2016 年 8 月，《关于构建绿色金融体系的指导意见》出台，首次明确了绿色金融的定义："绿色金融是指为支持环境改善、应对气候变化和资源节约高效利用的经济活动，即对环保、节能、清洁能源、绿色交通、绿色建筑等领域的项目投融资、项目运营、风险管理等所提供的金融服务。"2013 年习近平总书记提出的共建“丝绸之路经济带”和“21 世纪海上丝绸之路”（以下简称“一带一路”）倡议成为绿色金融发展的重大机遇。随着“一带一路”倡议的落实和深化，为解除合作国对我国投资机构绿色化发展的顾虑，将绿色金融融入“一带一路”战略显得尤为重要。北京是“一带一路”重要的国际贸易支点城市，雄安新区处于京津冀协同发展和承接北京非首都功能转移的战略定位中，为积极参与“一带一路”建设，适应对内投资和对外投资的双重发展，本文从六个方面提出京津冀绿色金融体系的构建原则。

一是可持续发展原则。可持续发展一方面要求绿色金融体系通过对项目环境社会影响的评估和监督，对生态环境友好的发展模式予以支持和引导；另一方面要求金融机构通过创新产品和模式实现自身经营能力的可持续发展。

二是国际接轨原则。京津冀绿色金融体系的构建不仅服务于京津冀协同发展，同时也做好借助“一带一路”战略发展对外投资的准备。因此，构建绿色金融体系时遵循的环境、社会标准等应接轨国际通行做法和要求，以便开展跨国项目投资。

三是风险防范原则。京津冀的建设项目资金需求大、获利周期长，存在因公共关系处置不当、环境不友好等问题而中止的风险，有可能对投资机构造成巨大损失。因此绿色金融体系的构建要在项目全过程中采取相应措施进行风险防范。

四是平等协商原则。无论等级高低、规模大小，绿色金融体系各主体之间应加强沟通和交流，平等包容、友好协商，积极发挥各自的功能和作用，互相合作、互为补充，在兼顾社会价值的同时积极推动京津冀协同发展。

五是信息公开原则。通过明确信息公开的时间、频率、形式、内容、责任主体和监督主体等方面完善信息公开制度，使建设信息透明化，保障京津冀所有利益关系人享有知情权，促进京津冀协同发展。

六是成果共享原则。京津冀协同发展正处于关键发展期，尤其是雄安新区的设立，对金融新政策、新工具、新产品的试错成本低，能够为绿色金融体系的发展提供真实有效的实践数据。无论这些实践成果是好是坏，都应该在区域内部、区域之间，甚至国家之间进行共同分享，共同推进绿色金融的向好发展。

四、京津冀绿色金融体系的构建

在上述原则的基础上，本文从绿色金融格局、绿色金融主体、绿色金融工具、绿色金融环境和绿色金融服务五个方面构建京津冀绿色金融体系。

（一）构建“分工—合作”的绿色金融格局

从整体来看，京津冀需要构建“分工—合作”的绿色金融格局。通常而言，金融支持一般可以分为政策性金融和商业性金融。根据资金需求数额、投资回报期限、投资回报率等因素可以对京津冀的绿色发展项目进行合理甄别和划分，充分利用政策性金融融资期限较长、融资成本较低的特点支持具有强公共物品属性的项目；严格按照市场化原则和国际惯例运作商业性金融支持成果转化快的商业性项目；鼓励政策性金融和商业性金融发挥各自优势开展合作来支持兼有政策性和商业性的项目建设。

同时，在京津冀协同发展期间，应加强政策性金融的引导作用。由于节能环保、污染治理、新能源等绿色产业初期发展能力较弱，京津冀金融环境相对落后，商业性金融基于项目收益和风险考量对其支持意愿较弱，这就需要政策性金融对其进行“输血”，支持其发展壮大。借鉴发达国家的经验，可以成立专业化的政策性绿色发展银行，一方面可以通过致力于支持绿色发展塑造京津冀的品牌形象，凭借示范作用引导、撬动其他社会资金向绿色产业集聚；另一方面可以借助成立时机，吸收国内外实践成果，从管理体制、人员结构、技术支持、执行标准、产品研发、模式创新、政策落实等各方面进行符合雄安现状、具有特色的设计和安排，以推进绿色金融的深化发展。

（二）明晰三大绿色金融主体角色

能够及时有效地识别、收集、处理市场中绿色发展相关信息的绿色金融体系通常包括政府、金融机构和第三方中介机构三个主体。

1. 充分发挥政府的推动引导作用

政府是构建绿色金融体系的推动者和引导者。首先，政府具有强制性，可以通过制定、调整相应财税政策激励绿色金融发展，也可以通过立法等手段强制各行为主体进行绿色发展信息公开。其次，政府具有信息获取优势，可以通过公开污染企业、失信企业等负面信息为绿色金融业务开展提供参考依据。再次，政府是特殊的消费者，可以通过政府购买这一财政政策工具直接带动绿色产业发展。最后，政府具有杠杆效应，可以通过特许经营权、财政补贴等方法与社会资本合作开展利益共享、风险共担的公益性强的绿色项目，创新中长期建设资金供给模式。2017 年 7 月 18 日，河北省人民政府作为唯一股东，注资 100 亿元成立了中国雄安建设投资集团有限公司，以公司自有资金对外投资，多渠道引入社会资本开展 PPP

项目合作，创新投融资机制。

2. 不断壮大金融机构这一运行主体

金融机构是绿色金融业务的运行主体。为实现经济效益、履行社会责任或达到监管要求，金融机构通过收集企业、项目信息积极寻求高收益、低风险的绿色发展项目。构建绿色金融体系就需要将金融机构绿色化，推动银行的绿色转型，培育、壮大各种绿色金融机构，提高服务绿色发展的速度和效率。自雄安新区设立后，国家开发银行等政策性银行、华夏银行等商业银行、中国太平洋保险公司、安信证券等证券公司、中国信达等资产管理公司纷纷积极对接雄安新区。但是由于筹建工作需要较长时间，截至2017年10月末，雄安新区的金融机构仍以银行为主，拥有以国有银行县级支行和农村信用社为主的12家银行，116个银行网点，结构比较单一。

3. 努力提升第三方中介机构的服务能力

第三方中介机构服务于绿色金融交易，包括各类提供有效信息的机构，如绿色信用评级机构、绿色担保机构、绿色咨询机构、绿色研究机构等，为绿色发展的投融资活动提供丰富、真实的信用、风险、价格、案例等信息，极大减少了资源错配现象，提高了交易效率。构建京津冀绿色金融体系，一方面激励现有第三方中介机构开拓绿色金融相关业务；另一方面积极探索成立绿色金融中介机构，为绿色金融交易提供完善的、专业化的智力支持和技术支撑。

（三）综合运用多种绿色金融工具

根据2016年8月印发的《关于构建绿色金融体系的指导意见》，绿色金融工具主要包括绿色信贷、绿色保险、绿色发展基金、绿色债券、绿色股票指数和相关产品、碳金融等，其中绿色发展基金、绿色债券、绿色股票指数和相关产品统一归于绿色证券与基金。

1. 强化绿色信贷实施过程

我国自2012年由银监会下发《绿色信贷指引》后，银行业金融机构加强了贷前、贷中、贷后三个层面的环境和社会风险管理，实行了差异化准入和退出政策，推出了泰达环保指数等环保产业指数产品、排污权抵押授信产品等环保节能融资产品、碳排放权配额质押等碳金融产品，全面推动信贷结构进行绿色调整，截至2016年底，21家主要银行业金融机构绿色信贷余额7.5万亿元。在此基础上，针对绿色信贷产品种类不够丰富、产品实施不够灵活的现状，借力京津冀协同发展，将绿色信贷发展战略与目标嵌入信贷管理和信贷业务的全流程，结合京津冀与周边发展特点，探索结构化节能抵押品贷款、生态家庭贷款、GoGreen汽车贷款、光伏能源融资等绿色信贷产品的应用。

2. 推进绿色保险发展进程

我国自2007年开展环境污染责任保险试点至今已有30年，但由于内部基础能力不足和外部环境不畅等原因，绿色保险一直发展缓慢。2015年，中共中央、国务院先后印发文件明确提出深化环境污染责任保险试点，在环境高风险领域建立环境污染强制责任保险制度，建立巨灾保险制度。京津冀在2016年出台的《环境污染强制责任保险制度的实施方案》指导下，积极推进环境污染强制责任保险落地，将涉重金属等高环境污染风险企业纳入环境污染强制责任保险范围，并把环境污染责任保险设置为高耗能、高污染企业进行投资、融资的必要条件，探索绿色保险保单作为反担保方式为企业增信的可行性操作。在建立巨灾保险制度的同时建立绿色保险风险防范基金，以财政资金分散大灾风险。此外，借鉴国际经验探索绿色能源汽车优惠性保险、汽车零件回收、绿色建筑保险等绿色保险产品，积极实践基于绿色发展的差异化保费收入模式。

3. 创新绿色证券与基金产品种类

对于京津冀区域整体而言，在绿色证券与基金中，绿色股票指数和相关产品发展较弱，绿色发展基金逐渐起步，绿色债券则具有较大潜力和发展能力。对于绿色股票指数和相关产品，要认识到其在降低投资风险、增加企业可持续性、推进经济转型方面的重要意义，积极推进区域绿色股票指数的发展创新，探索绿色股票指数的相关金融衍生品设计。对于绿色发展基金，以国务院发文要求推动的绿色产业基金为主要方向，寻求适合京津冀区域现阶段发展特点的基金组织形式，通过政府财政参与构建PPP模式绿色产业基金以支持低利润、高风险的初期环保产业发展。对于绿色债券，在明确其对于提供低成本融资、解决融资期限错配方面重要作用的基础上，以《绿色债券支持项目目录》中提出的6大类共31小类支持项目目录为判断绿色项目的权威标准对绿色债券进行界定，参考浦发银行2016年发行的绿色项目债券和中广核风力发电有限公司2014年发行的风电绿色债券，筹备发行以光伏电为项目内容的绿色金融债券或绿色企业债券。

4. 构建碳金融交易市场

碳金融是碳交易活动的发展方向，也是碳市场的最高阶段。2011年，国家发展和改革委员会批准了北京、天津、上海、重庆、湖北、广东及深圳7省市开展碳排放权交易试点工作，并于2017年12月由国家发展改革委印发了《全国碳排放权交易市场建设方案（电力行业）》，全国碳排放权交易市场建设正式启动。至2015年8月，7个碳排放权交易试点累计交易地方配额约4 024万吨，成交额约12亿元；累计拍卖配额约1 664万吨，成交额约8亿元。鉴于碳市场可能呈现出的全国统一、期限一体、金融化和国际化的特点，京津冀应积极争取筹建能与国际标准接轨的全国碳排放权交易市场平台，并着重针对碳债券等新型结构化债券产品和碳配额场外掉期等碳衍生交易产品进行碳金融产品创新。

（四）创造良好的绿色金融环境

1. 制定对环境社会的约束政策

制定对环境社会的约束政策重点在于建立统一的、与国际接轨的环保标准。如表5所示，目前国内外在环境社会方面的政策文件依据制定政策的主体不同大概分为三类：一是制定主体为联合国等国际组织；二是制定主体为国际金融组织；三是制定主体为我国中央、各部委。通过这些政策文件，可以了解到国际上关于项目环境社会管理的通行标准、程序、要求以及国内外对环境社会事项的立场和考量范围。其中2013年由赤道原则金融机构制定的《赤道原则》被国际上80多家金融机构采纳，作为金融机构可持续项目融资的通行标准。因此，京津冀的绿色金融体系构建应以《赤道原则》为基准，结合我国对外投资环境社会政策文件，制定广泛适用的环保标准，并将其始终贯彻绿色金融业务全流程。

表5　　国内外部分环境社会约束政策

制定主体	文件名称	发布时间
联合国等国际组织	《人类环境宣言》	1972年
	《我们共同的未来》	1987年
	《环境和发展宣言》	1992年
	《21世纪议程》	1992年
	《联合国千年宣言》	2000年
	《约翰内斯堡宣言》	2002年
	《我们想要的未来》	2012年
	《2030可持续发展议程》	2015年
国际金融组织	亚洲开发银行的《保障政策声明》	2009年
	国际金融公司的《社会和环境可持续政策》	2012年
	世界银行的《环境社会保障政策》	2013年
	赤道原则金融机构的《赤道原则》	2013年
	亚洲基础设施投资银行的《环境和社会框架》	2016年
我国中央、各部委	《关于加快推进生态文明建设的意见》	2015年
	《推动共建丝绸之路经济带和21世纪海上丝绸之路的愿景与行动》	2015年

2. 制定对金融机构的约束政策

"一带一路"战略实施过程中的部分案例表明，金融机构对环境保护、移民安置等环境社会问题的宽松管理会在一定程度上对我国企业的海外环保实践造成负面影响。为避免约束环境社会的政策文件缺乏强制约束力，需要在京津冀区域范围内试点制定《金融机构综合环境追责与补偿法》，将金融机构对项目进行过程中企业绿色行为的评估和监督同金融机构自身利益挂钩，明确金融机构对企业的环境破坏行为承担连带责任，促使金融机构更严格地监督企业行为，从而引导企业的环保实践改善。

3. 降低绿色项目的融资成本

绿色金融的健康运行依托于绿色产业项目的蓬勃发展，为拉动企业发展绿色项目的积极性，需要综合运用财政政策和货币政策降低绿色项目的融资成本。首先，通过出台差别化再贷款利率政策对重点实施绿色金融的金融机构进行优惠，降低银行融资成本，间接降低企业融资成本；其次，通过对开展绿色项目的企业融资进行财政贴息，直接降低其融资成本；最后，通过政府购买的绿色倾向性为开展绿色项目的企业提供稳定的资金收入，或通过税收优惠政策提高企业利润，以此吸引社会资本进入绿色产业并形成竞争，最终降低融资成本。

4. 加强绿色意识的教育宣传

一方面通过在京津冀各高校试点改革绿色金融人才培养方案，聘请环保机构、金融机构相关人员作为行业导师与专业教师共同开展绿色金融人才培养工作，同时鼓励高校面向金融机构举办绿色金融专业培训班，为京津冀的绿色金融体系提供具备丰富知识储备、高度风险意识、专业技术操作的人才队伍；另一方面，在广泛的社交渠道宣传外，金融机构可以通过运用差异化贷款率、调整信用额度、自身业务绿色化等方法引导消费者的绿色消费意识。

（五）完善绿色金融服务

1. 发展多样化的第三方机构

首先，大力培育京津冀区域范围内具有公信力的第三方信用评级机构和第三方绿色认证机构，明确统一的机构准入标准，以加强投资人对绿色金融产品的信息。其次，鼓励京津冀现有资产评估机构、咨询机构、数据服务机构、会计师事务所、律师事务所积极提供绿色金融服务，通过专业培训和继续教育拓展自身业务至绿色债券、绿色产业自主知识产权抵押、碳金融等新型绿色金融工具领域。最后，针对诸如碳市场之类的新兴市场，在大量业务处理过程中不断补充设立相应的服务提供机构，如第三方核证单位等。

2. 构建多重的绿色评价体系

构建多重绿色评价体系，重在“绿色”。对于政府，要将环境治理、绿色能源利用、绿色产业发展、绿色金融推进、绿色技术研发纳入政府的政绩评价体系，加大涉及“绿色”发展的指标权重。对于金融机构，以“一行三会”为主导，构建包含绿色项目支持力度、绿色项目评估监督力度、绿色金融产品研发、绿色金融融资模式创新、连带责任发生情况等内容的区域性绿色金融深化评价体系。对于企业，在其进行绿色项目融资过程中，按照所使用的绿色金融工具被纳入相应的金融工具评价体系，比如在进行绿色信贷融资时，将被纳入绿色信贷评价体系，接受环境评价、能耗评价和安全生产评价。

3. 建立广泛的绿色信息共享机制

第一，政府搭建覆盖京津冀协同发展的绿色信息共享平台，设立相应部门进行相关信息的管理和监督，并制定相应的绿色信息公开制度，明确绿色信息公开的内容、范围、频率、主体、上报单位等。第二，由金融监管部门制定金融机构和上市企业的绿色信息公开制度，对金融机构和上市企业的信息披露进行监督。第三，在政府制定的绿色信息公开制度下，由金融机构制定绿色项目环境和社会信息公开制度，贯穿项目前期论证、项目中期建设、项目后期运行全过程地进行环境信息披露和社会风险揭示。第四，环保部门应当积极配合政府、金融监管部门、金融机构的监督行为，提供必要的技术支持。第五，打通政府、金融监管机构、金融机构三者之间的有效协调和沟通渠道，形成监督机制，共同维护区域内绿色信息共享机制，确保各方权益。

参考文献

[1] 张高丽. 就设立雄安新区接受记者采访 [N]. 人民日报, 2017-04-15 (002).

[2] 马骏. 论构建中国绿色金融体系 [J]. 金融论坛, 2015, 20 (05): 18-27.

[3] 叶振宇. 雄安新区与京、津、冀的关系及合作途径 [J]. 河北大学学报 (哲学社会科学版), 2017 (4): 89-93.

[4] 李兰冰, 郭琪, 吕程. 雄安新区与京津冀世界级城市群建设 [J]. 南开学报 (哲学社会科学版), 2017 (4): 22-31.

[5] Salazar. J. Environmental Finance: Linking Two World [Z]. Presented at a Workshop on Financial Innovations for Biodiversity Bratislava, 1998 (1): 2-18.

[6] Scholtens. B., Dam. L. Banking on the Equator: Are Banks that Adopted the Equator Principles Different from Non-Adopters [J]. World Development, 2007, 35 (8): 1307-1328.

[7] Schwartz. E. S., Cortazar. G., et al. Evaluating Environmental Investments: A Real Options Approach [J]. Management Science, 1998, 44 (8): 1059-1070.

[8] 邓常春. 环境金融: 低碳经济时代的金融创新 [J]. 中国人口. 资源与环境, 2008 (18): 125-128.

[9] 何建奎, 江通. "绿色金融" 与经济的可持续发展 [J]. 生态经济, 2006 (7): 78-81.

[10] 屠行程. 绿色金融视角下的绿色信贷发展研究 [D]. 浙江: 浙江工业大学, 2014.

[11] 王文, 曹明弟. 标准化绿色债券推进 "一带一路" 建设 [J]. 中国金融家, 2017 (5): 134-135.

[12] 李玫, 丁辉. "一带一路" 框架下的绿色金融体系构建研究 [J]. 环境保护, 2016 (19): 31-35.

[13] 李文, 马润平. 金融支持 "一带一路" 绿色产业发展效度检验——基于 17 个省份的面板数据模型 [J]. 甘肃金融, 2016 (11): 34-35+38-41.

[14] J. D. González Ruiz, C. A. Arboleda, S. Botero (2016). A Proposal for Green Financing as a Mechanism to Increase Private Participation in Sustainable Water Infrastructure Systems: The Colombian Case. Procedia Engineering, 04: 058.

[15] Yao Wang, Qiang Zhi (2016). The Role of Green Finance in Environmental Protection: Two Aspects of Market Mechanism and Policies. Energy Procedia, 12: 053.

京津冀协同发展视角下的滨海新区金融产业集聚动因研究

◎ 孟　昊[①]　安韫超

〔**内容摘要**〕自滨海新区开发开放列为国家发展战略以来，已快速发展成为环渤海经济圈的重要经济引擎。在《京津冀协同发展规划纲要》明确了天津金融创新运营示范区的城市功能定位后，滨海新区的金融产业聚集和创新发展更成为推动京津冀协同发展战略得以实现的重要内容。本文首先回顾了滨海新区金融产业聚集发展历程，运用区位熵指标测度滨海新区金融产业集聚程度并对区位熵走势进行分析，进而构建模型，对滨海新区金融产业集聚的动因进行实证检验，然后针对滨海新区金融聚集存在的不足，提出促进滨海新区金融产业集聚发展的对策建议。

〔**关键词**〕金融产业聚集滨海新区　京津冀协同发展

滨海新区开发开放在“十一五”规划中被列为国家发展战略，至今已逾十年，十年来，滨海新区经济总量高速增长，高端产业、创新要素大规模聚集，各项重大改革措施先行先试，已成为环渤海经济圈的重要经济引擎。金融要素聚集、金融产业创新发展是滨海新区进一步发展的重要动力，也是推动京津冀协同发展战略得以顺利实现的重要内容。在京津冀协同发展、天津自贸区正式挂牌成立和“一带一路”倡议等多重优惠政策叠加的背景下，深入研究如何加速滨海新区金融产业聚集，推动滨海新区金融创新发展，进而推动京津冀协同发展战略的顺利实施就具有十分重要的现实意义。

一、京津冀协同发展中的滨海新区金融产业集聚发展状况分析

（一）滨海新区金融产业集聚发展过程

1. 起步阶段（1994—2005 年）

1994 年天津市政府结合实际情况提出“用十年时间基本建设成滨海新区”的战略，以

① 作者简介：孟昊，1976 年 5 月生，天津人，经济学博士，教授，天津市政府决策咨询专家，天津财经大学教务处处长，天津财经大学金融与保险研究中心国际金融研究室主任。

服务环渤海及我国北方经济发展，从此，滨海新区的建设拉开序幕，至2005年形成了以滨海新区为核心区，汉沽新城和大港新城为三大城区的综合配套改革试验区。随着各项优惠政策的支持和滨海新区基础设施的不断完善，部分金融企业、机构开始迁移入驻新区。但在这一阶段中，金融产业相互之间的联系程度相对较低，发展较为缓慢。截至2005年底，滨海新区金融机构人民币各项存款总额为102.6亿元①。

2. 成长阶段（2006—2010年）

2006年“十一五”规划开局，同年国务院将滨海新区作为在金融企业、金融业务、金融市场和金融开放等方面先行先试区。滨海新区成为全国综合配套改革试验区和金融改革创新基地，金融租赁业在新区开始发展。2009年国务院对天津行政区划进行调整，撤销塘沽区、大港区、汉沽区，设立继深圳经济特区、浦东新区后的中国经济第三增长极——滨海新区。滨海新区充分利用国家优惠政策，“十一五”期间，金融机构快速聚集，进一步完善了现代金融服务体系，国际经济金融仲裁中心落户；成立了天津排放权交易所；发展了天津期货市场；积极探索离岸金融业务。北京银行、渣打银行、花旗银行等中外资银行相继在滨海新区设立分支机构；天津银行、渤海银行的一级分行落户新区。此外，新区还积极引导金融机构总部入驻，中国农业银行设立了业务发展部；中国建设银行在滨海新区成立了国内第二呼叫中心并建立个人财务中心。截至2010年底，滨海新区银行业金融机构达36家，比2006年初增加近1倍；金融机构人民币各项存款总额349.33亿元，地区生产总值为5 030.11亿元②，新区经济总量超过浦东新区。

3. 快速发展阶段（2011—2015年）

2011年，滨海新区加大了对金融产业政策、配套服务和风险防范的配套建设，逐步完善体系架构。为了实现滨海新区全方面、立体化的金融机构集聚效应，通过金融产业链的建设带动了国际金融机构和财团、金融机构与创新类机构、服务性机构、交易市场和各类基金五大领域实现聚集效应，实现多元化的金融机构聚集效应。滨海新区逐步形成了具有行业领先水平和国际竞争力的多元化金融机构体系。滨海新区大胆进行金融改革和创新，在产业投资基金、创业风险投资、金融业综合经营、多种所有制金融企业、外汇管理政策、离岸金融业务等方面进行改革实验，提升了金融服务功能，初步形成了要素市场、资本市场和排放权市场体系，形成了具有滨海新区特色的为科技企业服务的科技金融服务体系以及一系列交易与融资平台。除了传统银行、证券、保险等行业外，依托滨海新区的区位条件，小额贷款公司、融资担保公司、财务公司等新型金融产业在滨海新区集聚并先后设立消费金融、汽车金融、金融外包、第三方支付等新型金融机构。截至2015年末，新区已经拥有600余家银行

---

① 数据来源：《天津统计年鉴（2006）》。

② 数据来源：《天津统计年鉴（2011）》。

金融机构的网点，26 家证券公司分支机构，145 家保险公司分支机构，担保机构 584 家①。在这个阶段中，滨海新区金融产业发展特征是，金融机构的集聚效应凸显，金融创新步伐不断加快，金融核心功能逐渐显现。

4. 京津冀协同发展战略实施以来（2016 年至今）

随着 2015 年京津冀协同发展的重大国家战略确立，天津金融创新运营示范区的定位成为区域整体 12 个功能定位中仅有的金融功能定位，这一定位明确了天津，特别是滨海新区在区域协同中的优势和分工。2016 年天津市金融业增加值达到 1 735. 33 亿元，占 GDP 比重达 9. 7%，其中滨海新区金融业增加值达到 601. 4 亿元，占天津市金融业增加值的比例达 35%。可见，金融业已经成为天津国民经济发展重要的支柱产业。其中，作为天津发展引擎的滨海新区是贡献的主力。目前，各类创新金融机构在滨海新区聚集，一批具有较强影响力的基金、保理、融资租赁、资产管理公司机构先后落地，融资租赁业规模已占全国近 1/3，融资租赁企业达到 2 000 余家，东疆自贸区已成为中国最大的融资租赁聚集区，全国约 60% 的工程机械、70% 的船舶、80% 的大飞机、90% 的公务机、100% 的钻井平台，都是在以东疆为主的滨海新区完成；商业保理企业 380 家，业务规模达到 300 亿元左右，约占全国的 15%；股权基金类企业达 400 余家，推动了北方第一单 QDLP 业务试点。滨海新区金融聚集效应愈发凸显，作为区域性金融中心正逐步形成。

（二）区位熵指标测量滨海新区金融产业集聚程度

区位熵指标是指某一要素在特定区域内的比重和这一要素总量占全国范围比重的比率，用于衡量这一要素在特定区域中的空间分布状况，用于评价这一产业部门的专业化程度的重要指标，该指标由哈盖特（P. Haggatt）最先提出，见式（1）。

$$LQ_{ij} = \frac{\frac{e_{ij}}{e_j}}{\frac{E_i}{E}} \tag{1}$$

其中，i 为第 i 个企业；j 为第 j 个地区；e_{ij} 为第 j 个区域的第 i 产业的产值指标；e_j 为第 j 个地区的总产值；E_i 为全国范围内第 i 个产业的产值指标；E 为全国总产值指标。

区位熵指数的分子代表 i 产业经济产值占 j 地区经济总产值所占的比重，分母代表全国范围内 i 产业产值占全国范围内经济总产值的比重，该指标用于反映某一地区的某一产业的经营专门化程度和机构集聚水平与全国平均水平之间的差异，其比率越大，说明产业 i 向 j 地区的聚集程度越高。一般来讲，若区位熵 >1. 5，则表明 i 产业在 j 地区的集群程度很高，该地区处于 i 产业集群的发展处于成熟阶段；若区位熵 >1，则表明该区域这一产业集群化程度高于全国平均水平，相对于大部分其他区域来讲有区位优势，其专门化程度高，处于蓬

① 数据来源：《滨海新区金融发展报告（2016）》。

勃发展期；若区位熵 <1，则表明 i 产业在 j 地区的集群程度低于全国水平，该地区处于 i 产业集群还处于新兴或起步阶段。根据 2000—2014 年滨海新区和全国相关数据计算得出滨海新区区位熵，计算结果如表 1 所示。

表 1　　滨海新区 2000—2014 年区位熵

年份	2000	2001	2002	2003	2004	2005	2006	2007
滨海新区金融业增加值（亿元）	9.2	7.73	6.86	6.92	7.33	11.17	13.34	28.49
滨海新区 GDP	562.4	667.14	820.52	999.75	1 250.18	1 608.63	1 960.5	2 364.08
全国金融业增加值（亿元）	4 836.1	5 195.1	5 546.5	6 034.6	6 586.6	7 469.3	9 951.4	15 173.3
全国 GDP	99 776	110 270	121 002	136 565	160 714	185 896	217 657	268 019
区位熵	0.3375	0.246	0.1832	0.1561	0.1781	0.1717	0.1487	0.212
年份	2008	2009	2010	2011	2012	2013	2014	2015
滨海新区金融业增加值（亿元）	62.05	80.1	106.64	178.86	242.44	326.14	382.47	
滨海新区 GDP	3 102.24	3 810.67	5 030.11	6 202.87	7 205.17	8 020.40	8 760.15	9 557.21
全国金融业增加值（亿元）	18 312.9	21 797.4	25 679.7	30 678.2	35 187.7	41 190.5	46 572.7	57 500
全国 GDP	316 752	345 629	408 903	484 124	534 123	588 019	635 910	676 708
区位熵	0.346	0.333	0.3376	0.4542	0.51	0.5857	0.6027	

数据来源：2001 年至 2015 年历年《天津统计年鉴》《天津滨海新区统计年鉴》《中国统计年鉴》。

根据表 1 数据绘制图 1，说明滨海新区区位熵走势。

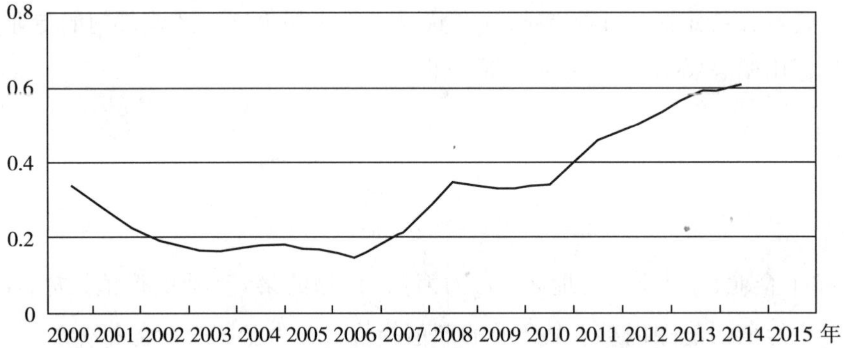

图 1　2000—2014 年滨海新区区位熵走势图

如图 1 所示，2000—2015 年，天津滨海新区区位熵呈先下降后缓慢上升的走势，近年来约有 3 年保持在 0.5 左右，表明滨海新区金融产业集群程度低且低于国家平均水平，新区的金融产业集群处在初步发展阶段，距离建设国际型的金融中心还有很大差距，仍有很大的发展空间和发展前景。

二、滨海新区金融产业集聚动因检验

（一）模型构建

依据前文国内外学者对金融产业集聚动因的研究成果并结合滨海新区实际情况，将金融产业集聚程度（区位熵）作为因变量，将金融产业增值作为衡量规模经济的指标、外国直接投资（FDI）和新区城镇居民储蓄余额作为衡量市场需求度的指标、政府支出和经济总量作为代表政府政策的指标，且将这些指标作为自变量，初步建立回归模型。

$$\ln LQ_t = \ln b_0 + b_1 \ln X_t + b_2 \ln S_t + b_3 \ln FDI_t + b_4 \ln G_t + b_5 \ln E_t$$

其中，LQ_t为区位熵测量值，是该区域金融业增加值占该区域生产总值的比例与全国金融业增加值占全国生产总值的比例的比值；X_t为地区经济总量与全国经济总量的比值；S_t为区域内居民储蓄余额与全国居民储蓄余额的比值；FDI_t为衡量区域内部对外开放程度和贸易需求量，是该区域内部外商直接投资额与全国外商直接投资总额的比值；G_t为该地区政府支出占全国政府支出总额的比例，用其大致测量政府行为在集聚过程中的参与程度以及对集聚结果的影响；E_t为滨海新区金融业增加值与全国金融业增加值的比值，是衡量地区内金融业经济效益的重要指标，一定程度上可以体现该地区内的金融业规模效应。

（二）模型检验

运用最小二乘法对模型进行回归分析，得出模型相关系数及检验结果见表2。

表2　　模型相关系数及检验结果

变量	LQ_t	X_t	S_t	FDI_t	G_t	E_t
LQ_t	1.000000	0.666634	-0.071022	0.756415	0.692144	0.947523
X_t	0.666634	1.000000	-0.364592	0.773025	0.867942	0.868310
S_t	-0.071022	-0.364592	1.000000	-0.434154	-0.179222	-0.209708
FDI_t	0.756415	0.773025	-0.434154	1.000000	0.656570	0.833150
G_t	0.692144	0.867942	-0.179222	0.656570	1.000000	0.821632
E_t	0.947523	0.868310	-0.209708	0.833150	0.821632	1.000000
Variable	Coefficient	Std. Error	t-Statistic	Prob.		
C	0.319909	0.425956	0.751038	0.4741		
X_t	1.046007	0.074810	13.98214	0.0000		
S_t	0.031093	0.058678	0.529890	0.0006		
FDI_t	0.012475	0.034033	0.366564	0.0035		
G_t	0.066811	0.052000	5.284831	0.0048		
E_t	0.992713	0.032028	30.99563	0.0000		

续表

R - squared	0. 997543	Mean dependent var	- 1. 130099
Adjusted R - squared	0. 996007	S. D. dependent var	0. 480255
S. E. of regression	0. 030348	Akaike info criterion	- 3. 854665
Sum squared resid	0. 007368	Schwarz criterion	- 3. 580784
Log likelihood	32. 98266	F - statistic	649. 5275
Durbin - Watson stat	1. 231876	Prob (F - statistic)	0. 000000

根据方程的显著性检验，在95%的置信概率下，显著性表明，滨海新区地区生产总值、城乡居民储蓄、外商直接投资、政府支出和金融业增加值从整体上对天津滨海新区区位熵有影响，模型的线性关系成立。拟合优度检验结果非常接近于1，表明滨海新区区位熵测量值中，有99.75%的信息是由地区生产总值、城乡居民储蓄、外商直接投资、政府支出和金融业增加值作出解释，模型对样本观测点的拟合程度良好。

（三）模型结果分析

根据回归分析可以得出预测模型和结论为

$$\ln LQ_t = 0.3199 + 1.046\ln X_t + 0.0311\ln S_t + 0.0124\ln FDI_t + 0.0668\ln G_t + 0.9927\ln E_t$$

首先，滨海新区区域经济总量和金融业规模对金融产业集聚度影响最为显著。区域经济强劲的增长势头和已有企业的集群规模为金融业的发展提供了更加广阔的市场，现阶段将持续吸引金融产业在此集群，并促进已有的金融产业不断发展壮大。

其次，区域内政府支持因素和居民储蓄余额对滨海新区形成集聚有一定的影响作用。滨海新区的集群类型属于政府主导型，区域居民的储蓄水平在一定程度上能促进金融产业集聚的发展。

最后，检验结果显示，虽然外商直接投资是集群形成的动因之一，但是影响力较小，表明外商对于新区的贡献度较小，外国资本支撑还有待加强。

三、滨海新区金融产业集聚存在的不足

（一）外部环境层面

1. 经济发展与金融业发展相脱节

依据市场与政府的关系，金融产业集群分为市场主导型和政府主导型两类。与由经济金融发展而自然形成的市场主导型金融产业集群不同，政府主导型是由政府政策导向支持，人为推动而形成的金融产业集群模式。纽约、伦敦金融产业集聚模式属于标准的市场导向型，而滨海新区属于政府导向型。滨海新区金融体系尚不完备，区域内金融产业集群的主要任务是带动滨海新区经济和金融的发展，集群轨迹也属于突变式。超前的资金支持并没有与区域

内经济发展和金融发展水平相适应，所以导致区域内购买力不足，市场如何消化成问题，后续持续发展乏力。

2. 基础设施不完善

天津滨海新区基础设施建设相对薄弱，区域建设相对滞后。滨海新区与天津市区交通不便，由市区到滨海新区的核心地区塘沽需要乘坐城际列车 22 分钟，而从天津到北京不过 30 分钟路程；且地产开发产品同质化严重，以商务酒店、写字楼为主，住宅及相关居住配套设施稀缺，且因新区购买力不足出现供应量过剩，大量楼房空置，进而投资力度也减弱，出现大规模停工、封盘现象。初级的基础设施也无法吸引杰出的金融人才落户新区，不愿意选择在新区就业，不利于金融产业的产品创新升级，无法提升新区整体金融产业竞争力。

3. 监管体系不健全

2012 年天津私募股权基金公司诈骗案件爆发后，政府逐渐加强监管力度，阻碍了部分正常融资渠道。我国的监管体制采用的是“正向清单方式”，即“不允许的都是禁止的”，而英美法系在监管上采取的是“负向清单方式”，即“不禁止的都是允许的”，负向监管模式更有利于金融创新。我国监管机构众多，监管层次复杂，各级监管部门掌握信息彼此不沟通，出现问题后责任互相推诿，造成虽机构健全却执法效率低下的局面。复杂的监管体系制约着金融创新活动。

（二）滨海新区金融产业自身层面

1. 金融产业贡献度低

依据上文的计量结果可以看出新区经济水平是促成金融产业在新区集聚的最重要的因素。图 2 给出了 2000—2014 年滨海新区、浦东新区的地区生产总值。

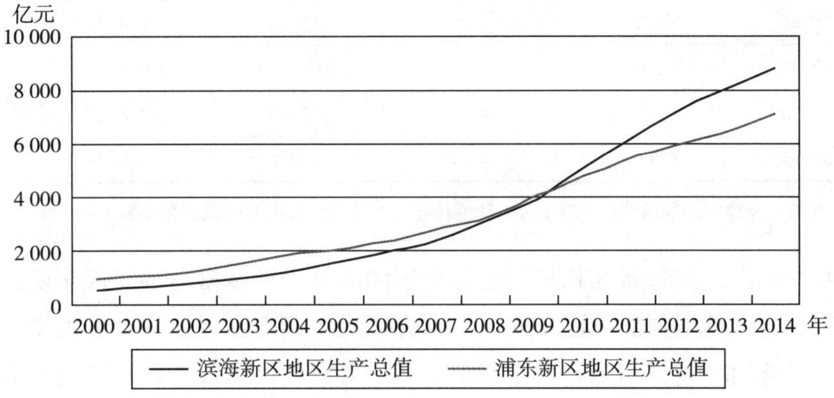

数据来源：2001 年至 2015 年《天津统计年鉴》《天津滨海统计年鉴》《上海浦东新区统计年鉴》。

图 2　2000—2014 年滨海新区、浦东新区地区生产总值

由图 2 可以看到，滨海新区的地区生产总值在 2010 年超过浦东新区，滨海新区已然成为环渤海经济圈的经济增长点，成为了“中国经济第三增长极”，对于周边城市的辐射功能逐渐加强。

金融业增加值与地区生产总值之比能代表区域内金融产业发展对区域经济增长的贡献度，数值越高表明区域内金融产业对当地经济支持力越强，是主要产业。笔者根据2000—2014年滨海新区和浦东新区的相关数据计算得出滨海新区金融业增长对经济发展的贡献度对比结果见表3。

表3　　2000—2014年滨海新区、浦东新区金融业增长对经济发展的贡献度

单位：亿元，%

年份	滨海新区金融业增加值	滨海新区地区生产总值	滨海新区金融业增加值/地区生产总值	浦东新区金融业增加值	上海浦东新区地区生产总值	浦东新区金融业增加值/地区生产总值
2000	9.20	562.4	1.64	55.62	960.63	5.79
2001	7.73	667.14	1.16	78.04	1 082.36	7.21
2002	6.86	820.52	0.84	117.04	1 253.13	9.34
2003	6.92	999.75	0.69	151.18	1 510.32	10.01
2004	7.33	1 250.18	0.59	202.96	1 850.13	10.97
2005	11.17	1 608.63	0.69	252.87	2 018.13	12.35
2006	13.75	1 960.5	0.70	310.01	2 365.33	13.10
2007	29.83	2 364.08	1.26	412.30	2 793.39	14.76
2008	66.88	3 102.24	2.16	500.06	3 150.99	15.87
2009	80.10	3 810.67	2.10	708.21	4 001.39	17.70
2010	106.64	5 030.11	2.12	823.82	4 707.52	17.50
2011	178.86	6 202.87	2.89	983.34	5 484.35	17.93
2012	242.44	7 205.17	3.36	1 069.00	5 929.91	18.03
2013	326.14	8 020.5	4.07	1 335.52	6 448.68	20.71
2014	382.47	8 760.15	4.37	1 493.04	7 109.74	21

数据来源：历年《天津滨海新区统计年鉴》《天津统计年鉴》《上海浦东新区统计年鉴》《上海统计年鉴》。

由表3可以看出，滨海新区相较于浦东新区的金融产业基础薄弱且起步晚，对区域经济增长的贡献程度低，且增幅低于浦东新区。由此可见，滨海新区金融产业发展相对落后，但是经济总量仍然持续增速，甚至超过了浦东新区，可以推测滨海新区的经济发展主要依靠政府财政支出的支持。

2. 金融深化程度低

实现金融深化能够加速社会资金配置，促进金融业蓬勃发展。金融相关比率（FIR）是衡量深化程度的重要指标，是全部金融资产价值与实物资产价值之比。笔者根据2000—2013年两个新区金融相关比率整理其变化趋势如图3所示。

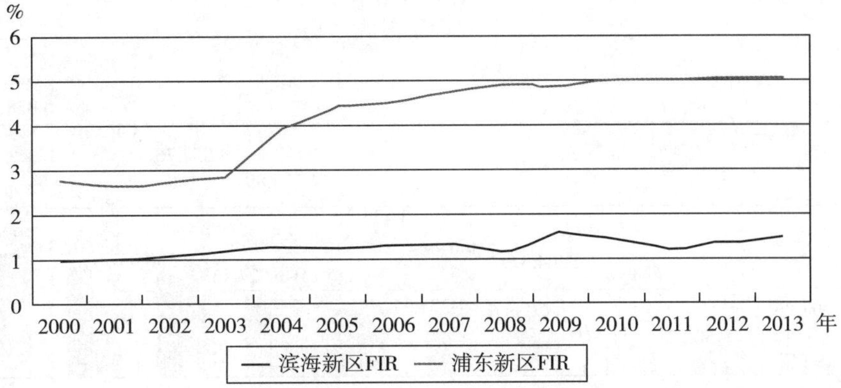

数据来源：整理自2001年至2014年《天津滨海新区统计年鉴》《上海浦东新区统计年鉴》。

图3　2000—2013年滨海新区金融相关比率走势图

从图3中数值来看，滨海新区金融产业发展相比浦东新区处于一个较低的水平，并没有表现出和区域经济增长呈正相关的线性关系，基本维持在1～1.5，反复波动。由此可见，滨海新区的金融产业发展程度较低，金融产业所需资金并未通过区域内金融系统来满足。

3. 金融产业人才集聚程度低

天津市高校数量较少，985院校只有南开大学和天津大学2所，211院校也仅有4所，远远低于北京（985院校8所、211院校26所）和上海（985院校4所、211院校11所）①。可见，天津市与北京和上海相比，仍旧存在教育水平低，学生整体水平差等问题，加之交通网络不健全导致滨海新区金融专业人才极度稀缺，从根本上制约了滨海新区金融产业集群乃至整个天津经济的长足发展。

4. 滨海新区处于后工业发展时期

从滨海新区的发展路径和经济发展来看，区域仍旧处于工业化后期，工业化比重大，产业结构相对稳定。2013年新区第二、第三产业的贷款余额占比分别为34.4%和65.0%，虽相较2012年的21.4%与78.0%②的占比有所提升，但是信贷投放结构不合理。笔者根据相关数据整理得出2005—2014年滨海新区第二、第三产业增加值如图4所示。

虽然工业化规模增长强劲，但是大多数工业产品仍旧处于产业化低端，盈利水平低；虽然第三产业劳动生产力逐渐提高，但是仍明显低于第二产业。并且在未来一定时期内，第二产业依旧会是滨海新区经济发展的主要推力。

① 中华人民共和国教育部网站数据。

② 数据引自历年《滨海新区金融发展报告》。

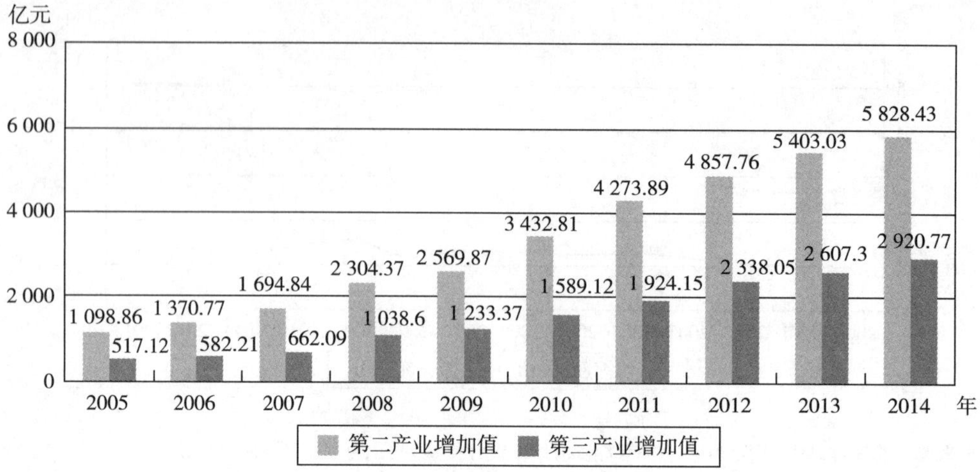

数据来源：2006 年至 2014 年《天津统计年鉴》。

图 4　2005—2014 年滨海新区第二、第三产业增加值

四、促进滨海新区金融产业集聚发展的对策建议

（一）外部环境层面

1. 市场机制与政府扶持两手抓

从目前中国的经济发展状况来看，完全依靠市场机制形成区域性金融产业集群难以完成，但是就滨海新区的现状来看，虽然政策扶持是十分必要的，但是市场机制与政策扶持两者缺一不可，新区需要充分利用政策支持，重点推进多元化资本市场的建设，拓宽融资渠道，吸引更多的金融机构落户新区的同时，政府应该适量减少对天津滨海新区微观经济的干预，完善市场价格机制、供求机制、竞争机制和风险机制以优化资源配置、增强市场活力，不能一味追求经济的增长。

2. 加快基础设施建设

加快滨海新区城市建设，将滨海新区打造成宜居区域，规划完备的配套居住设施和公用设施，完善现有交通体系，加强新区和天津市区的联系，迅速构建综合立体交通骨架。同时推进新区生态环境建设，提高新区绿化覆盖率，改善生态环境。努力提升新区基础设施建设，吸引金融产业和高级金融人才落户滨海新区。

3. 加强金融监管环境的建设

不断完善金融产业集群的生态建设。优化完善金融监管体系，精简监管部门，落实监管责任，加强不同监管部门的沟通和联系，促进信息的交流；加快社会征信体系的建立，完善

体制机制建设，规避道德风险；完善金融中介服务体系，进一步丰富和发展滨海新区的专业化服务，提升新区的竞争力和影响力。逐步减少政府的干预，由以政府为导向的金融集聚转向为以市场为导向的金融集聚，真正做到可持续发展。

4. 抓住机遇促进产业转型

在国务院批准滨海新区作为国家第一个综合改革创新区的时代背景下，借助处于环渤海经济圈中心地带的地理优势，初步形成了功能区开发与优势产业集聚、产业布局优化同步提升的良好态势。滨海新区功能区定位应该区别于北京、上海，努力发展航空航天、电子信息等现代制造业，快速发展现代物流、现代金融、服务外包等现代服务业，快速进行产业优化转型。在京津冀协同发展、自贸区正式成立和“一带一路”国家战略三大优势政策的良好政策下，新区应抓住机遇，提高自主创新能力，加快工业转型和产业转移，以优化升级第二产业，带动现代服务业的发展和金融产业迅速集聚，并争取将“一带一路”丝路基金总部落户天津，加强新区金融产业实力。

（二）滨海新区金融产业自身层面

1. 抓住重点金融产业，加速发展

滨海新区应稳步提升金融租赁规模，围绕自贸区试验区创建，进一步完善融资租赁业务发展的环境，创新融资租赁产品，发展国际租赁；增强风险控制观念，形成统一风险管理体系；完善金融租赁、内资租赁、外资租赁相互竞争，相互补充，共同发展的机制；推动建立融资租赁企业发展资金的持续供给机制和建立服务全国的租赁资产交易平台，提升租赁业的持续发展能力。

同时，尽管新区的保理业务走在全国的前列，但因为我国保理业是新兴行业，所以还需要国家的宏观调控，需解决以下两个问题：第一是再融资困难，因为商业保理不被看做是金融机构，所以信用评级比较低，融资成本相对较高，且不像传统制造业，没有固定资产和设备作为抵押，更多的是提供软性资本，所以银行对保理行业没有一个合理的评估体系，融资渠道打不开，保理业务规模就会受限；第二是风险控制问题，由于目前市场透明度不高，社会信用体系尚不完善，导致保理行业对信用风险出现担忧，而全面了解客户真实的背景信息需要高昂的成本，所以社会信用征信系统应该尽快完善。

2. 增强金融产业运行效率

针对滨海新区金融产业运行效率低的现象应首先提升银行业的集聚程度，疏通间接融资渠道，滨海新区层级低、小而散的金融聚集形态不利于金融产业的高效运行，可以尝试建立滨海新区金融创新事业部或金融研发中心。同时，加深资本市场的参与程度，需要逐步改善滨海新区直接融资环境，将原有“重资产、轻发展”的评级标准进行完善以鼓励滨海新区中小创新型企业发展，可以设立配套的风险投资公司和风险投资基金加强其应对风险的能力。将有条件的科技型中小企业实现 IPO 引入资本市场，拓展其直接融资的渠道，通过市场调节完善社会资源的再分配，提升金融运行效率。

3. 优化金融人才结构

人才是金融产业集聚的灵魂。滨海新区应该吸引无论是提供日常金融服务的相关支持的基础型人才，还是优化金融业务决策的中级人才，抑或是加速金融产品创新速度、提升客户回报率的高级金融创新人才。新区首先应解决目前人才顾虑的和市区内交通不便的问题，并着力完善打造优良的宜居环境和配套设施。通过政策吸引、机制创新、政府宣传、创新扶持等措施创造良好的配套政策，吸引高素质人才、领军人物向滨海新区聚集，提升新区软实力，打造“无形资产”和“商誉价值”，努力提升金融从业人员总数、外籍金融从业人员比重、国际金融财务证照持有者人数占金融从业人数比重、本科以上金融从业人员比重、金融从业人员工资水平、青年金融人才公寓面积。

参考文献

[1] 王琰．京津冀区域金融协同发展的构想与建议［J］．华北金融，2014（7）．

[2] 王琰，张鑫．深化京津冀金融协同发展［J］．中国金融，2014（20）．

[3] 张颖熙．区域金融发展与金融一体化问题研究——基于中国的实证与分析［J］．中央财经大学学报，2007（5）：33－37．

[4] 李素梅，李雪．金融生态支撑京津冀区域经济协同发展的理论探讨［J］．华北金融，2015（2）．

[5] 董经纬，冯文丽．论京津冀区域金融创新模式与发展战略［J］．全国商情·经济理论研究，2008（17）：73－74．

[6] 戴宏伟，张艳慧．京津冀金融业发展与协作路径分析［J］．河北经贸大学学报，2013，34（5）：63－68．

[7] 王爱俭，李向前．滨海新区金融发展报告（2016）［M］．北京：社科文献出版社，2017．

关于打造天津小白楼国际航运服务集聚区的研究报告

◎ 丛　屹　范志莹[①]

〔**内容摘要**〕建设天津小白楼国际航运服务集聚区是深入实施京津冀协同发展重大国家战略，贯彻落实市委、市政府关于“加快建设天津北方国际航运核心区”的重要举措。本文以国际航运服务业的发展历程为背景，详细阐述了伦敦、挪威、厦门等地区的发展模式，并结合天津市及小白楼的港口和航运服务业的发展现状，提出小白楼国际航运服务集聚区应借鉴伦敦的市场交易型发展模式，推动产业链高端要素汇聚。在此基础之上，本文构建了小白楼国际航运服务集聚区建设的理论模型，提出了发展思路，并预测了其发展路径和方向。

〔**关键词**〕天津小白楼　国际航运服务集聚区　建构思路

一、国际航运服务业的发展

（一）航运服务业的主要内容

随着经济全球化的发展，全球供应链的关系网愈发紧密，对物流的需求不断上升。降低运输成本，优化物流方案，深化服务成为提升区域航运竞争力的重要因素。航运服务业是伴随着航运产业的不断创新和壮大而发展起来的，并且服务内容已不再局限于直接服务于码头、船公司的传统服务业范畴，而是逐渐呈现多样化的发展趋势，正从低端服务向高端服务迈进。

从产业集群的角度可以将航运服务业分为上、中、下游三个层次：下游服务业属于劳动密集型，围绕航运主流业务开展货代仓储运输等配套服务；中游服务业属于资本密集型，具有规模效应，集约化经营的特点；上游服务业属于知识密集型，有较高的附加值。以产业集

---

① 作者简介：丛屹（1971 年—　），男，山东招远人，教授，博士生导师，天津财经大学人文学院院长，天津财经大学现代经济学研究中心副主任，天津财经大学理论经济学（天津市重点学科）学科负责人。范志莹，女，天津财经大学博士研究生。

群为途径，不断强化区域产业竞争优势，为航运产业提供更为专业的服务，从而提升区域航运产业的竞争力。从经济学角度来看，一个区域的产业集群能带来外部经济。不同产业分享公共设施和专业技术劳动力资源，必然带来信息的聚集、市场的聚集和交易成本的降低，促进产业内企业的分工和生产的灵活性。航运服务业的上游集群属于知识密集型的产业集群，具有更高的附加值群体，是航运服务业的核心。

（二）航运服务业与航运产业的关系

航运服务业的集群不仅能提升航运产业的整体竞争力，还能加强集群内企业间的有效合作，进而增强企业的创新能力、促进企业成长。航运服务业与航运产业的关系如图 1 所示：

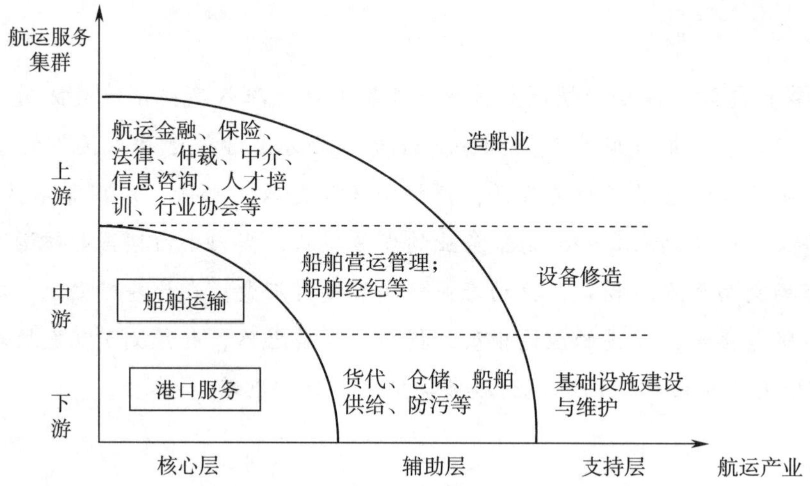

资料来源：《上海航运产业集聚发展的问题分析与政策建议》，载《企业经济》。

图 1　航运服务业集群与航运产业链关系图

由图 1 可知，航运产业是由核心层、辅助层和支持层三块业务组成。航运服务业构成了航运产业辅助层的主要业务，并服务于航运产业的核心层业务，即船舶运输和港口服务。船舶运输包括货物运输和旅客运输。依托于港口是航运产业一大特征的特点，由于港口的运输节点功能，使得从事拖船、理货、装卸、造船、拆船、船检、船员服务、燃油和淡水供给等业务的大量相关企业在港口聚集，并不断向周围扩张。辅助层的发展是航运产业长期自我发展、自我完善的结果。航运服务业上游的机构和职能并非为航运产业专门设立，但这些相关业务随着航运产业的逐步扩展而独立出来，提升航运产业核心层的业务效率，以更为专业化的服务有效推进航运产业的蓬勃发展。行业协会或机构，如港口协会、船东协会、航运交易所等，为航运产业的核心企业提供了交流的平台和相关的制度规范，促进了行业知识的共享。支持层是航运服务业的外围，如造船业、设备修造和港口的基础设施建设为整个航运产业提供了实体业务的运营基础。

二、国内外航运服务业的发展模式

伴随着航运产业发展的日益壮大，各地区为提高航运产业的竞争优势，促使航运服务业模式也日趋多样化。目前全球的航运服务业发展模式可分为三种。

（一）市场交易型

在市场交易型的高端航运服务业发展模式中，航运服务主要与市场交易有关，该模式的主要特点在于航运产业与金融业结合。伦敦是该模式发展得较为成功的国际航运中心。

伦敦凭借其金融中心的优势地位，在航运金融服务方面实现了航运产业与金融业的互动，在全球航运融资服务中占有绝对优势，满足了船东购买、租赁新船或二手船舶时的资金需求及风险对冲需求，使其可进行保值或风险控制。在航运保险方面，伦敦航运保险服务市场主要有三个平台：一是伦敦劳合社。它并不是单纯意义上的保险公司，而是由 124 家保险联合体组成的保险交易市场。二是伦敦保险市场。它是由伦敦市发起设立，且与英国国内保险业不同的独立保险市场，专门由针对高风险业务提供保险的保险公司组成。其中，约有 25 家公司直接参与了航运保险与再保险业务。三是保护及赔偿俱乐部。它是由船东为了应对风险而相互保护形成的非营利保赔组织。可见，成就伦敦航运保险服务地位的不只是保险业务开发或是保险公司数量，而是其完整的航运保险市场服务体系。在服务咨询方面，伦敦也是世界领先的国际化法律服务提供中心，共有 40 家与航运服务相关的专业性法律公司，来自海外客户的收入超过 2 亿英镑，并有一大批围绕航运产业提供咨询服务的公司，如德鲁里航运咨询公司、海洋运输咨询公司，服务的内容包括货物调查、船舶调查、商业投资咨询、会计管理服务咨询等。在航运服务监管方面，伦敦不断完善其航运监管服务体系。该体系包括：国际海事组织（IMO）总部——它是联合国专设作为国际政府间的航运协调组织，专门制定海上安全和防止海洋污染的国际公约、完善海运业的国际立法并承担相关咨询服务的责任，全球已有 164 个国家和地区加入了国际海事组织，大部分代表机构设立于伦敦；英国海事和海岸警备局（MCA）——它专门负责船籍注册与管理，船籍制度决定着船东的购买与经营管理成本；国际运输工人联合会（ITF）——它是为改善国际运输工人的工作和生活条件而成立的国际行业性工会组织，成员来自 137 个国家，由全球 621 个运输工人工会组成；行业自律型监管机构——伦敦劳合社和波罗的海航运交易所——它们制定并执行全球相关航运服务准则。在行业组织方面，伦敦是国际性航运组织总部的聚集地，有 17 家世界主要国际航运组织落户伦敦，波罗的海航运交易所是全球公认的航运集中交易场所。在研发支持方面，伦敦许多大学都设有与航运教育有关的专业。

（二）技术研发型

由于伦敦在航运交易、海上保险、船舶融资等领域的地位一时难以撼动，因此以挪威为代表的港口城市在高端航运服务业方面开启了技术研发驱动的模式，主要表现为航运业和先进的制造业相结合。这种模式主要通过加大研发力量的投入，提高相应的技术水平，以高水平的知识、技术推动创新性研发活动的开展，大力发展跟制造业融合的高端航运服务业，并提出了全球海洋知识枢纽的概念。

挪威作为快速成长的全球海事技术服务中心，认为唯有通过加大海洋研发投入并把建设全球海洋知识枢纽作为国家战略，才能持续提升挪威高端航运服务业的竞争力。挪威拥有先进的海运技术与发达的航运业，“挪威国际海事展”是全球三大海事展览之一，其在船舶设计、制造、环保化、管理及海洋工程设备等方面的技术引领世界；大型游轮、液化天然气船、滚装船、高技术渔船、冷藏船、近海供应船、高速双体船和地震探测船的制造技术都处于世界领先位置。以船舶及船用设备制造技术见长的挪威海运集群在全球的优势地位集中体现为：5 家大型和 300 家中小型的船用设备生产商，生产份额占全球的 8% ~10%；拥有全球 10% 的商船队、23% 的游艇、19% 的液化天然气运输船、19% 的化学品运输船队、11% 的原油运输船、15% 的世界近海海洋工程船队；占据世界海事保险市场 20% 的份额；入级挪威船级社的商船占全球船队 16% 的份额。挪威以“技术首都”特隆赫姆为海洋产业研发集群基地建设全球海洋知识枢纽，全球海洋知识枢纽由公共研究机构（PRO）、研发基础设施（RDI）、风险资本（CRC）、航运知识企业（MKF）、全球航运公司（GMC）、专业支持服务（SSS）、海运网络组织（MNO）、海洋和环境政策（MEP）等构成，其中公共研究机构是整个海洋知识枢纽的核心。

（三）港口依附型

区别于前两种发展模式，港口依附型主要依托港口所在自贸区，将航运相关部门集中于港口所在的自贸区内。以厦门为代表的航运服务业就是利用了自由贸易区提供的“一站式服务”特点，提高服务效率和竞争力。

厦门国际航运中心以中国（福建）自由贸易试验区厦门片区为依托，并由厦门国际航运中心湖里片区和海沧片区构成。自由贸易区区域总面积达 43.78 平方公里，湖里区作为两岸贸易中心核心区占地 19.37 平方公里，海沧片区占地 24.41 平方公里。对大多数具有一定货物吞吐量但又缺少其他服务要素资源（如金融体系、资本、人力资源）的港口城市而言，航运服务的重点是为进出港船舶提供短期、常规的港口服务。厦门国际航运中心为对接“一带一路”国家战略，打造国际一流营商环境以及深化对台合作交流，在湖口区设立各相关单位办事处，简化行政手续，提高办事效率，提供“一站式”服务。通过一系列提升厦门投资贸易便利化的措施，自贸区产业集聚效应明显，自挂牌之日起到 2017 年 5 月，新增企业 2.75 万家，注册资本 4600 亿元。进出口总额同比增长 12.7%，集装箱吞吐量同比增长 4.6%。经厦门大学经济管理学院评估，厦门营商环境排名已从 2015 年全球排名第 61 位上升至 2017 年第 40 位。在报关检疫方面，企业录入数据简化 32.7%，货物申报效率提升 50%，出口货物通关时间由原先 4 小时减至 5 ~10 分钟。在检验检疫申报中，申报时间由原先1.5天降至2.5小时，大大提高了行政办事效率。2016年厦门片区跨境电商货物进出口4 200多万件，货值30.87亿元，增长40%。2017年上半年，对台海运快件173万件，增长250%。在国际物流方面，海铁联运辐射中国台湾、东盟等地区，提供了航空维修、融资租赁、关检“一站式”查验等开放创新平台，打造成为“一带”与“一路”无缝对接的陆海枢纽城市。

三、天津市国际航运及小白楼国际航运服务的发展现状

（一）天津市国际航运的发展现状

1. 天津市港口建设的现状

天津市地处华北平原的东北部，东临渤海，北依燕山，西靠首都北京，是海河五大支流南运河、子牙河、大清河、永定河、北运河的汇合处和入海口，是我国北方对外交往的重要交通通道。

作为我国北方最大的港口城市，天津市海岸线长达153公里。随着航运产业的不断发展，其各项重要指标呈逐年上升的趋势。截至2015年底，天津港口货物吞吐量达54 051万吨，自2008年以来，稳居国内第三位，集装箱吞吐量达1411万国际标准箱，港口码头长度达38 729米。天津港拥有各类泊位173个，其中万吨级泊位118个，仅次于上海港口和宁波—舟山港口，并且90%以上均为生产性泊位。

表1　　天津港口发展规模相关指标（2011—2015年）

指标 \ 年份	2011	2012	2013	2014	2015
货物吞吐量（万吨）	45 338	47 697	50 063	54 002	54 051
码头长度（米）	32 714	33 978	35 756	35 954	38 729
生产用码头长度（米）	31 366	32 630	34 408	34 606	36 473
非生产用码头长度（米）	1 348	1 348	1 348	1 348	2 256
泊位数（个）	154	159	160	162	173
生产用泊位数（个）	143	148	149	151	157
非生产用泊位数（个）	11	11	11	11	16
万吨级泊位数（个）	98	101	102	106	118
生产用万吨级泊位数（个）	98	101	102	106	113

数据来源：中华人民共和国国家统计局。

作为全面经营和发展天津港的国有交通运输企业，天津港（集团）有限公司的多项港口发展指标均居于天津市首位，其拥有的泊位数约占天津港口总泊位数的60%，其中万吨级泊位占比高达80%。

表2　　天津港口设施相关指标（2011—2015年）

指标 \ 年份	2011	2012	2013	2014	2015
泊位数（个）	154	159	160	162	173
天津港（集团）有限公司（个）	—	94	95	97	96
货主码头（个）	—	65	65	65	77
万吨级泊位数（个）	98	101	102	106	118
天津港（集团）有限公司（个）	—	82	83	85	84

资料来源：中华人民共和国国家统计局、《天津统计年鉴》（2015年、2016年）。

2. 天津市航运服务业发展现状

（1）无船承运业务发展现状。天津市无船承运业务发展迅速，截至2017年1月20日，无船承运业务经营者名单中，注册地为天津的公司共有476家，涉及（国际）物流、（国际）货运、货运代理、船舶代理、船务代理等方方面面，其中大部分为物流、货运和货运代理类公司。

（2）航运金融、保险和中介咨询等服务业发展现状。天津市在开展航运金融、航运保险、咨询等业务的情况见表3。

表3　　航运金融、保险和咨询的发展概况

航运金融	天津市和平区以小白楼和五大院为核心区域，瞄准航运金融，着力吸引航运金融企业，以万通中心为主体，打造天津国际航运金融中心；东疆港不断创新交易结构和租赁模式，在航运金融产业方面形成了租赁业熟知的“东疆模式”；中心商务区全区已聚集的金融及各类金融机构涵盖了几乎所有金融细分业态。
航运保险	2017年，天津市保险公司及分支机构共214家，保险中介及分支机构共80家。目前航运保险险种主要包括船舶险和货运险，其中包括远洋船舶保险和进出口货运险在内的国际航运保险是天津航运险的主体。
中介咨询	天津市设有多家律师事务所、会计师事务所，可提供法律咨询及会计咨询服务。

部分数据来源：中国保险监督委员会天津监管局。

（3）航运服务功能性机构发展现状。天津市建立并发展的功能性机构比较齐全，包括航运监管、海事仲裁、检验评估、行业协会、学术研究等多个类别。其中，与航运服务业相关的协会组织较为齐全，但在信息中心和研究中心方面，天津市的机构比较欠缺，还有很大的发展空间。

表 4　天津市航运服务功能性机构一览表

机构类别	名称
航运监管	天津海事局
海事仲裁	中国海事仲裁委员会天津海事仲裁中心（天津分会）
检验评估	中国船级社天津分社
学术研究	天津市航海学会 交通运输部天津水运工程科学研究院（天科院）
行业协会	天津市航运协会；天津市国际货运代理协会；天津市外商投资企业协会；天津报关协会；天津市船员服务行业协会；天津市船舶代理及无船承运人协会（天津船代协会）

（二）天津市和平区及小白楼国际航运服务集聚区整体概况

1. 发展现状

和平区共注册涉及船务、物流、航运、货代等各类航运服务企业532家，其中注册资本金500万元以上的企业140家，世界航运公司排名前50强的企业12家，世界500强企业3家，分别为马士基（中国）航运有限公司天津分公司、UPS、敦豪全球货运（中国）有限公司天津分公司。从企业的坐落位置上看，和平区航运服务业的无船承运业务已达到一定程度的聚集。以货代、物流公司为例，按聚集程度可划分为四个区域：第一个区域——北起南京路，南至马场道，东起河北路，西至卫津路形成了以西康路、贵州路为主的企业集聚地，这是四个区域中聚集度最高的区域；第二个区域——由包括小白楼在内的北起营口道，南至徐州道，东起台儿庄路，西至新华路区域构成，以新华路为主要的集聚地；第三个区域——位于和平区西北方位，以南京路和滨江道为界并以南京路为主的集聚地，但位置较为分散；第四个区域——位于和平区东北部，有部分企业落户于此但密度相对较小。

小白楼地区以信达广场、滨江国际商务中心为代表的两座商务楼宇中涉及航运的企业达23家，占楼宇全部入住企业212家的10.8%，规划将万通中心、泰安道五号院写字楼、滨江国际饭店写字楼、信达广场和凯悦饭店为核心区域。其中，万通中心于2017年3月举行揭牌仪式，成为天津国际航运金融中心，着力吸引高端航运与金融企业集聚。

2. 发展不足

小白楼国际航运服务集聚区的发展应该借鉴以伦敦为代表的市场交易型发展模式。其原因主要有以下三个：第一，小白楼并非技术研发中心集聚区所在，从经验来看无法按照技术研发型的模式来发展。第二，由于小白楼坐落在市中心，距离港口较远，这样的地理位置决定了其也无法按照依附港口发展的模式。第三，小白楼已经成为天津市的金融中心，具有区位和政策优势，这些条件为发展市场交易型模式打下了良好的基础。

对比伦敦的发展现状，小白楼现有的航运服务业的发展方面还存在以下不足：第一，航运金融供给和创新能力不足。金融机构从事航运金融服务的供给能力存在缺陷，从事航运金融业务的经验不足，缺乏一个专业有效的航运中介服务体系。银行等开展相关业务的金融机构无法提供专业航运金融业务的人才，不能把握航运企业的金融需求的变化，缺乏产品创新能力，航运金融产品种类不完善，竞争力低下。第二，航运功能性机构建设不足。在船价评估、海事法律等高端环节仍很薄弱，相关的航运功能性服务机构发展滞后，无法为相关企业提供足够的信息，不能满足航运相关企业的发展需要。第三，政府支持不足。这种不足主要体现为政府未设立专项资金和专门的机构。但借鉴上海的发展，政府设立了专项的资金和专门的机构来支持国际航运中心的建立。第四，政策环境较为保守。以航运金融为例，严格的利率、汇率管制和金融监管制度限制了航运金融市场的发展，约束了金融机构在航运金融市场的产品创新能力。

四、小白楼国际航运服务集聚区的建设

（一）理论模型

天津市建设北方国际航运核心区对小白楼航运服务集聚区的总体定位——建立航运与金融产业基地，推动金融、法律、咨询、研发等航运产业链高端要素汇聚，促进业务交流和拓展，打造国际航运信息交流、高端航运服务功能集聚区。和平区建设小白楼国际航运服务业集聚区的发展目标——具体打造“三个聚集”：一是国际国内航运龙头企业聚集，二是航运金融企业（融资租赁、保理、保险、担保）聚集，三是航运相关服务产业聚集。

小白楼国际航运服务业集聚区建设在上述定位和目标的指导下，同时从伦敦、上海航运服务业的发展模式中汲取成功经验，将打造以航运服务核心企业为中心，以金融平台、信息平台、咨询平台、培训平台、研发平台为支撑的航运服务集聚区。集聚区将从资金融通、信息交流、业务咨询、人才培养、设计研发等多方面综合发展航运服务业，通过五个平台间的联动作用，为航运服务核心企业的发展提供强大的推动力。理论模型如图 2 所示：

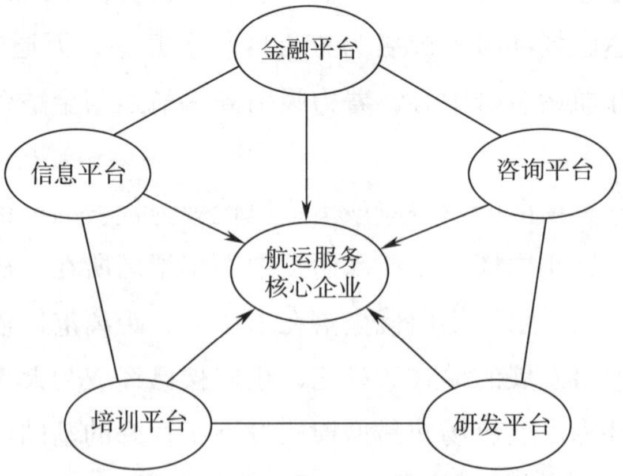

图 2　小白楼国际航运服务集聚区建设的理论模型图

航运服务核心企业（以下简称核心企业）——主要是指航运产业核心层的企业，即承担货物运输的船公司和为船舶运输提供代理、仓储、供给等无船承运业务的企业，如（国际）货代、（国际）物流企业，这些企业承担货物运输的主体工作。作为理论模型的中心，这些企业是五个平台的服务对象，是航运服务业的重要载体。

金融平台——主要是指为核心企业提供金融服务的企业。平台构成的主体有银行、保险公司、投融资公司等，主要经营借贷、投资、结算等业务。平台的主要作用是为核心企业提供资金结算和融通，为核心企业的运营和扩张提供经济保障，不断向其发展注入经济活力，推动核心企业的发展。该平台是小白楼国际航运服务集聚区重点打造的平台，也是其核心职能。

信息平台——主要是指为核心企业提供信息服务的企业。其主要形式是通过线上线下等多种渠道打造信息发布场所，为核心企业获取有用信息提供便利，促进业务信息交流和核心企业间的合作交流。线上信息平台以网站的形式为主，提供商品信息、核心企业信息和信用评价、运价指数、船舶交易信息等。线下信息平台以会议和实体显示的形式为主，包括产品推介会、全球物流峰会、电子屏幕展示等。该平台也是小白楼国际航运服务集聚区重点打造的平台，为金融平台提供信息支持。

咨询平台——主要是指为核心企业提供咨询服务的企业、高校和科研机构。其主要作用是发挥引导作用，针对核心企业面临的税务、会计、法律等各类问题，经过专业咨询企业的评估或采用产学研合作的方式提供解决问题的方案，为核心企业的决策和业务发展提供理论支撑。

培训平台——主要是指为核心企业提供培训服务的企业、高校和科研机构。该平台的作用主要有两点：一是提高核心企业的管理水平和员工能力素质，通过对岗位所需的专业知识进行讲解，让管理者和员工都能提高自身的能力，更快适应岗位要求。二是为核心企业培养和输送优秀人才的主要场地，可采取外聘导师、联合培养、合作办学等多种方式，通过专业化的培养不断满足航运产业对人才的需求。

研发平台——主要是指核心企业自我管理和自我完善的行业协会组织和为企业提供技术开发、研创服务的企业、高校和科研机构。该平台的主要作用既是航运产业自主研发创新的源泉，又是航运产业实现自我管理、提升竞争力的动力。

（二）整体发展思路

“双管齐下”，实现综合发展。航运服务核心企业（以下简称核心企业）与五个平台的企业是相互依存、相互促进的关系，两者的发展要同时进行，不可重部分而失整体。若五个平台企业的发展较大程度落后于核心企业，平台企业就不能为核心企业的发展提供帮助，从而会降低核心企业的发展速度。若平台企业的发展程度超越核心企业较多时，平台企业提供的业务帮助不再适用于核心企业，这会降低平台企业发展业务的信心，所以只有核心企业与五个平台企业的发展程度相互匹配时，才能形成不断向前发展的良性循环。

“由点及面”，逐步推进五个平台的建设。由于航运服务业发展不同阶段的需求特征不同，五个平台的建设要有先后顺序。初期，航运服务核心企业的发展目标是提高业务办理的便利性和稳固现有的业务，因此对金融服务和信息服务的需求较为强烈。中期，航运服务核心企业的发展目标是拓展业务范围或做强做细现有的业务，因此就需要专业的咨询服务和人才培训服务。长期，航运服务核心企业的关注点是最大限度保持自己的发展优势，因此就会强烈需要行业协会组织的力量形成自我管理和完善，或进行技术研创，为自身的发展注入新的活力。

利用各类型媒体，打造知名度。利用传统的媒体形式，特别是党媒加大政策的宣传力度，同时结合网络媒体和微信、微博、公众号等新兴媒体共同宣传小白楼国际航运服务集聚区的服务理念和特色业务，增加集聚区的曝光度。将传统的宣传方式作为网络宣传的辅助，在各大交通枢纽地带投放宣传海报以及广告宣传片，充分采用线上线下相融合的宣传方式增加集聚区的知名度。

（三）发展路径

航运服务集聚区的发展可分为形成、成长、成熟、进化四个阶段，其发展路径如图3所示：

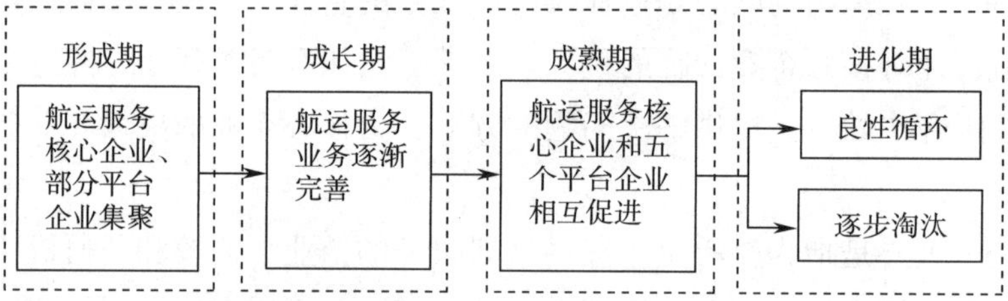

图3　航运服务集聚区发展路径

1. 形成期。在政府政策推动和市场机制运行的双重作用下，通过建设万通中心、万达广场等商务楼宇，形成良好的航运服务业发展环境，吸引航运服务核心企业和五个平台的企业在小白楼地区集聚。形成期内，核心企业具有以下特点：一是国内外龙头航运企业数量少，二是种类单一，多为（国际）货代、（国际）物流企业。五个平台的企业以金融平台企业为主，主要开展金融服务，能够满足核心企业在支付结算及资金融通等方面的基本需求。

2. 成长期。在核心企业和平台企业集聚过程中，随着核心企业的发展和企业间合作关系的不断建立，集聚效益逐渐显现。随着核心企业数量不断地增加、质量不断地增强，其对航运服务的需求大幅增加，这样大大增加了对五个平台企业的吸引力，促使这些企业的数量、种类和规模迅速地扩大，其开展的业务种类也逐渐完善。

3. 成熟期。该时期下，核心企业和五个平台企业的业务和种类相对齐全。核心企业的发展带动五个平台企业不断丰富业务，用于满足其发展和扩张需求。同时，五个平台企业的发展推动核心企业不断进步，使其享受更完备的服务内容。核心企业和五个平台企业之间相互促进，形成良性循环。

4. 进化期。当政策变更、技术更新和集聚区结构调整等内外部环境要素发生改变时，航运集聚区的发展进入进化阶段。集聚区进化伴随着企业个体的进入、转型与退出以及服务内容的兴起与衰落。在进化过程中，无法快速适应发展环境变化的企业个体或服务功能逐渐被淘汰，而适应能力较强的则得以继续生存。优胜劣汰的结果是，五个平台的主导企业发生变化，甚至某个平台整体消失。

基于上述的理论模型和发展路径，通过分析航运服务核心企业和五个平台企业之间的密切联系，探索出航运服务集聚区建设的运行机制，五个平台的建设与航运服务核心企业的发展相互促进，形成良好的互动关系。

参考文献

[1] 崔园园，宋炳良．上海航运产业集群发展的问题分析与政策建议［J］．企业经济，2014（3）．

[2] 庄佩君，马仁锋，赵群．欧洲港口海运产业集群发展模式［J］．中国航海，2013（6）．

[3] 高伟凯．国际航运中心发展趋势与实证研究——以天津北方国际航运中心建设为例［J］．现代经济探讨，2012（7）．

[4] 陆军荣．现代航运服务体系构建的国际经验及启示［J］．经济纵横，2014（10）．

[5] 陈扬，王学锋．基于产业链的国际航运产业再认识：一个新的分析框架［J］．现代管理科学，2014（6）．

[6] 张颖华等，港航产业成长与国际航运中心建设关联研究［J］．华东经济管理，2011（2）．

区域房地产市场协同发展研究

——以京津冀城市群为例

◎ 王振坡　王营营　王丽艳[①]

〔**内容摘要**〕随着京津冀协同发展战略深入推进，区域内房地产市场联系日益紧密，城市群效应逐渐显现。本文梳理总结了城市群不同发展阶段的房地产市场规律及城市群中不同级别城市的房地产市场发展特征，厘清区域协同与房地产市场发展的耦合关系。在此基础上，深入剖析京津冀地区房地产市场发展困境，并从发展目标、发展动力以及利益主体权责三方面探讨区域房地产市场发展的驱动机制。最后，提出京津冀区域房地产市场协同发展实践路径：尊重城镇化发展规律，转变房地产市场发展理念；打破区域行政管理界限，促进区域房地产市场协同发展；以区域视角统筹制度体系建设，提升区域房地产协同效应。

〔**关键词**〕京津冀协同发展　区域房地产市场　城市群　房地产调控政策

一、引言

十九大报告提出，建立更加协调有效的区域发展新机制，同时“以城市群为主体构建大中小城市和小城镇协调发展的城镇格局，加快农业转移人口市民化”。城市群成为房地产的“新平台”和“新载体”，无论是未来房地产市场的发展，还是房地产政策的实施，都要跳出单一城市的传统框架，应立足于城市群这个新框架全面统筹。《京津冀协同发展规划纲

---

① 作者简介：王振坡（1967 年— ），男，河南开封尉氏县人，经济学博士，天津城建大学经济与管理学院教授、副院长，美国康奈尔大学和美国内华达大学（里诺）访问学者，研究领域为城市与区域经济；王营营（1992 年— ），女，河南濮阳人，天津城建大学经济与管理学院硕士研究生，研究方向为城市与区域经济；王丽艳（1967 年— ），女，河北唐山人，天津城建大学经济与管理学院教授，研究领域为房地产经济。

本文为国家社科基金项目“我国城市‘可支付住房’供给体系构建、实现机制与政策组合研究”（17BJY056）；国家社科基金项目“新型城镇化进程中我国城镇规模分布及其演进机理研究”（13BJY054）；“十二五”天津市高等学校创新团队培养计划“新型城镇化与城市可持续发展”（TD12－5063）阶段性研究成果。

要》（以下简称《纲要》）也明确提出要“合理确定功能定位、产业布局和空间发展，妥善处理房地产业发展与城市建设、生态保护的关系”。房地产业作为助推和促进城镇化建设的重要组成部分，直接关乎京津冀城市群建设的成效和水平。当前京津冀地区房地产市场呈现出较为典型的区域分化特征，市场风险不断积累。突出表现在一线和热点二线城市房价持续攀升、供需格局偏紧的同时，部分二线城市和绝大部分三四线城市却面临去库存压力。京津冀协同发展战略为房地产市场带来了前所未有的机遇和挑战，机遇是京津冀城市群的建设和发展势必将带来更高层次的房地产需求，从而为房地产行业发展提供有力支撑；挑战在于房地产市场在目标定位、发展趋势等方面与京津冀协同发展目标尚不协调，部分城市在缺乏规划约束的前提下，直接进行大规模房地产开发，出现盲目造城的“被城镇化”问题。因此，如何抓住机遇、应对挑战，处理好房地产市场发展与京津冀城市群建设的关系，是当前京津冀协同发展战略推进过程中亟须解决的现实问题。

国内外对于区域房地产市场的研究，主要包括以下几个方面：一是将城市化与房地产市场研究相结合。有学者研究发现房地产市场是助推和促进城市化发展的重要组成部分，直接关乎城市化发展的成效和水平[1]，并且房地产市场对城市化发展的作用与房地产开发商和消费者密切相关[2-3]。Feagin 和 Robert（1990）研究发现，在美国郊区化进程中，地产开发商顺应了大都市区发展需要，充分利用交通技术带来的便利，通过引入新的现代居住模式和理念，将城市人口吸引到郊区，推动美国大都市区化发展[4]。此外，消费者对于房地产市场的预期将引导其投资行为，并通过房地产价格、抵押贷款等渠道影响城镇化建设进程[5]，房地产市场对就业的拉动作用或人口吸纳能力被部分学者描述为提升城镇化建设质量的主要方面[6-7]；但也有部分学者[8-9]认为，房地产政策的制定要比房地产市场自身对城镇化建设的影响更大，这使得部分学者从政策层面出发，分析了快速城镇化进程中房地产政策的合理性和有效性[10]。二是区域房地产市场空间布局的研究。房地产市场空间布局本质上是房地产商品在区域或城市空间区位上的选择。吴璟、王璞（2017）对典型房地产开发企业跨区域扩张路径进行了提炼和比较分析，并总结出影响各企业城市选择行为的主要因素[11]。张家瑞（2011）分析了北京市房地产空间布局演变规律，并从土地、经济基础、社会分化及政府经济政策等方面探讨了造成房地产空间格局变化的动力机制[12]。张红、于渤、鞠立新（2016）研究了经济增长、产业升级、基础设施投资、人口城市化等对房地产投资空间聚集水平变动的影响[13]。三是基于城市群视角实证分析区域房地产市场。温雅（2013）通过分析东京、伦敦和纽约三大都市区的发展经验，发现构建区域层面的住房协同发展机制是解决大都市区住房问题的重要途径[14]。此外有学者对长三角[15]、珠三角[16]、辽宁中部[17]等城市群内部房地产投资的空间溢出效应进行研究。

综上所述，诸多学者针对城市化与房地产市场关系、房地产空间布局及其影响因素等方面的研究为本文提供了理论及实践指导。然而，区域房地产市场协同发展机制研究还需进一步系统探讨。因此，本文通过梳理总结城市群不同发展阶段的房地产市场规律及城市群中不同级别城市的房地产市场发展特征，厘清区域协同发展与房地产市场的耦合关系，剖析京津冀地区房地产市场发展困境，并进一步探讨未来区域房地产市场的目标与定位、发展动力以及利益主体权责等，为京津冀区域房地产市场可持续发展提供理论依据与实践指导，也试图为全国其他城市群房地产市场研究提供参考。

二、区域协同与房地产市场发展耦合关系研究

（一）城市群不同发展阶段的房地产市场发展规律

根据人口流动的主导方向，城镇化进程及城市群的形成可进一步细分为四个阶段：人口城市化阶段、大城市郊区化阶段、郊区城镇化并形成城市群阶段、城市群成熟阶段。在城市群形成的不同阶段，与人口、产业和交通等紧密相关，房地产发展体现出不同的特征。

1. 人口城市化阶段：人口流入带动房地产业发展

在人口城市化阶段，人口从农村流向城市，城市人口快速增加，新增人口住房需求带动房地产市场发展。本阶段一般又可细分成两个阶段：一是城市化率从30%提高到50%，人口迁移以农村人口迁入城市为主；二是城市化率从50%提高到70%，人口迁移以城市之间的相互移动为主，其基本特征还是以小城市人口迁入大城市为主。从各国房地产市场发展的经验来看，房地产市场发展及走势与人口规模关系明显。日本大城市群的人口规模处于不断增长的态势，1965—1990年为人口高速增长时期①。快速的城市化必然导致对各类房地产需求的增加，并刺激房地产供应量的增加，从而推动了房地产业的发展。

2. 大城市郊区化阶段：产业转移和交通发展促进郊区化房地产市场发展

当城市化率超过70%之后，大城市成为国家城市的主要呈现形式，人口迁移以大城市城区人口迁入大城市郊区为主，大城市郊区人口逐渐超过城区人口。美国是典型的郊区化国家，1970年，郊区人口占比已经超过中心城市，各种经济社会活动随之进入郊区化，随着小汽车与高速公路的发展，城市人口大量外迁，加快了郊区城镇的开发力度，使得制造业、零售业、服务业，甚至金融机构也纷纷迁往郊区。外迁人口和企业的房地产需求转移到郊区，带动郊区住宅、工业地产以及商业地产需求增加。日本东京都市圈形成过程中，轨道交通发展也发挥了重要作用，住宅、工业区主要是沿轨道周围呈辐射状向周边扩散。

3. 城市群形成阶段：房地产市场逐渐步入存量房时代

该阶段的基本特征是郊区功能由居住扩展至工商业，郊区演变为中小型城市。这些中小型城市与原中心城区形成功能互补、相互促进的城市群。这一阶段的城市化率基本趋于稳定，房地产市场逐步进入存量房时代，新建住宅减少，住房市场以存量房交易为主，住宅租

① 1965年总人口为2 696万人，到1990年约为3 939万人，25年人口增长了46.11%，年均提高1.84个百分点。

赁市场更加活跃。2012 年美国新房销售在整个美国房地产销售市场上所占比重仅为 7%。日本东京自 1978 年以来，租赁住房占住房市场的比例逐渐升高。

4. 城市群成熟阶段：房地产供需在不同城市间溢出与承接效应明显

随着成本进一步下降，核心城市与周边中小城市相互融合，人口在小城镇、中小城市和大城市之间的迁移趋于稳定。这一阶段城市群不同城市之间联系更加紧密，房地产供需关系在不同城市间的溢出与承接效应更加明显。对于世界级城市群的核心城市，除城市群内以及国内跨城市群人口流动外，世界范围内的人口流动（移民）对房地产需求的影响十分明显。

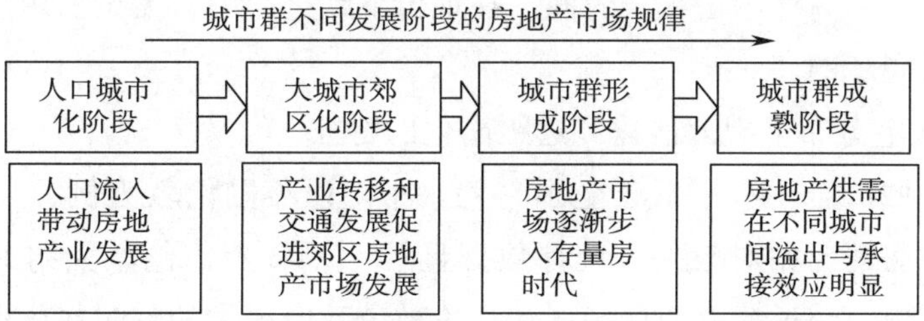

图 1　区域协同与房地产市场发展关系分析框架

此外，不同阶段房地产市场发展还受经济增长和政府政策的影响。其一，20 世纪中期以后，美国房地产业年施工完成量价值额与 GDP 总值之间呈正相关关系，房地产发展与经济发展水平保持一个稳定的比例。巴曙松（2012）曾根据美国 1947—2007 年 60 年内共 10 次经济繁荣与萧条周期进行分析，发现经济周期来临时，房地产投资最早发生变化。其二，由于住房物品的社会保障属性，政府通常会利用政府政策规范和管理房地产业的发展，反过来政策对住宅业发展会起到推波助澜的作用。政策因素主要包括行业政策法规如土地政策、住宅政策及相关法规等，宏观金融政策如信贷规模、贷款利率等，财税政策如流转税、收益税、财产税、资源税等，保障政策如提供公共住房等。其三，从国际经验来看，在城市群兴起和发展过程中，规划实施引发核心城市及周边城市和地区功能定位的调整，进而影响房地产市场。以英国伦敦为例，20 世纪 40 年代以来，政府对伦敦都市圈编制和实施了两次规划，主要是以疏散过度集中在大城市的人口和建设卫星城为目的，使部分产业在都市圈内调整和转移，同时利用相对密集的交通网络将都市圈内的大部分城市聚集于一体，有效缓解了中心城区压力，促进城市群房地产市场的发展。

（二）城市群中不同级别城市的房地产市场发展特征

1. 越靠近核心地区房价和地价越高

城市群核心城市的房价通常是高于全国的平均水平。例如，2013 年，伦敦的房价是整个伦敦城市群周边其他城市房价的 5 倍左右。而纽约市房屋套价也达到了全美平均水平的 3 倍，与此同时，纽约大都市区的居民房价收入比在 10 倍左右，如按照美国平均房价收入比 3 ~ 6 倍的范围，纽约的房价相对于居民的收入偏高，因此形成了纽约市存量房中租赁和购买的结果比例关系，即60%以上的居民通过租赁，而不是购买来解决居住问题。核心区有限的城市空间是其房价居高不下的主要原因。此外，城市群周边的城市房价随与中心城区距离的加大而递减。如东京都市圈，地价呈现出从核心向边缘城市明显下降的趋势。

城市群中各城市房地产价格的变动有关联性。以日本地价上涨过程为例，可从用途和地域两个角度来进行分析。从用途的角度来看，地价的上涨过程是从商业用地开始，然后波及住宅用地；从地域角度来看，地价的上涨过程是从大都市圈开始，然后波及到地方圈，即东京都中心—东京圈—大都市圈（如大阪、名古屋等）—地方圈。在波及过程中，伴随着时间滞后，达到地价高涨高峰用了很长时间。在地价下跌过程中，无论从用途上看，还是从地域上看，几乎都是同步的。

2. 核心城市住宅分布呈现郊区化和远距离化的特征

城市群的核心城市居住水平低于全国平均水平。以英国伦敦为例，与英国其他地区相比，伦敦居民的住房情况相对较差。统计数据显示，2002 年，伦敦大约 1/3 的住户居住在面积较小的出租屋里，超过 5 万户居民居住在伦敦市政府提供的临时住房里。这些临时住房条件较差，约有六分之一只能容纳床和饭桌等简单设施。只有大约 4% 的住户居住在独栋住房里，远低于英国的 20% 的比例。随着人口的不断增加，近年来，伦敦市居民住房条件呈恶化趋势。2002 年，伦敦市居住在政府提供的临时住房里的居民人数比 1997 年增加了近一倍。

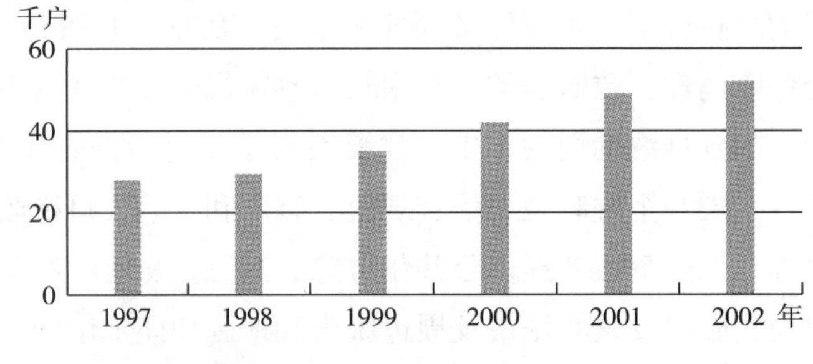

资料来源：2004 London Housing Capacity Study, Greater London Authority. July, 2005.

图 2　1997—2002 年伦敦市居住临时住房的居民户数变化情况

住宅建筑用地占比随与中心城区距离的增加而提高。以日本东京都市圈为例，在东京圈内住宅用地供求总数中，离东京城市中心区 50 公里以上的用地比例，从 1985 年的 10.7% 猛增到 1990 年的 45.7%，而在年出售住宅总数中，距离城市中心 20 公里以上的住宅比例也表现出明显的增长趋势，可以说，住宅分布的变化在 1980 年前后表现得尤为显著，并且已经形成了十分明显的居民郊区化和远距离化的特征。另外，随着距离圈变大，共同分割住宅比例减小，独立住宅比例增加①。

① 2012 年，70 公里圈独立住宅开工户数占比为 58%，而在 10 公里圈，共同分割住宅开工户数占比为 50.6%。

公寓住宅用地所占比例从内向外逐渐增加。同样以日本东京都市圈为例，随着时间推移，日本共同住宅（公寓）所占比例增加，且东京都市区比例高于首都圈，首都圈高于全国。究其原因，随着东京房价的快速上涨，传统的独栋、连排住宅因户型面积较大，总价较高，超过了大多数居民家庭的购房支付能力，在建设总量中所占比例逐步减少。近十几年来，高层公寓发展迅速，因面积小，不论是房价还是租金都相对较低，受到社会青年群体的青睐。

3. 商业地产在城市群内分级布局

通过合理规划在城市群内分级布局商业设施。以伦敦为例，伦敦作为文化、旅游、购物、金融中心，在城市中心集中发展休闲业和零售业设施，通过合理规划和建设城市的国际商业中心、城市商业中心、主要商业中心、街区商业中心和邻里商业中心五级商业层次，对不同商业设施进行合理布局，有效利用城市空间，这五级层次中的每一级都有自己的商业和服务范围①。

商业写字楼主要集中在 CBD。随着经济发展和第三产业的壮大，作为承载现代服务业及先进制造业的商业写字楼，其数量不断增加。由于写字楼有着显著的集聚特征，往往集中在都市 CBD 区域。以纽约曼哈顿为例，作为全美重要的金融商业中心，其房地产市场交易额占据美国同类交易较大的比重。1969—1983 年，曼哈顿房地产价值增长了约 58%，该地区商业金融业的兴盛及其衍生和聚集效益促进了纽约市房地产市场长期的繁荣，并成为纽约市经济发展持续的动力。

住宅建设呈现有机融入核心商业区的发展趋势。在核心商业区的规划中，通过对住宅规模、位置、密度以及相关配套设施的合理控制，将住宅建设有机融入核心商业区的发展中——核心商业区的住宅建设与商业发展相结合，住宅或镶嵌于商业中，或在商业场所附近。以伦敦为例，伦敦市在核心商业区的密集发展区域和提高发展区域，一方面，规划鼓励适当规模住宅社区的开发；另一方面，规划鼓励高密度的居住发展。另外，考虑交通的便利性，特别在公共交通节点附近，主要进行公寓和复式住宅的建设。住宅尽量靠近就业、学校和公共交通。

4. 房屋空置周期与城市群中心距离呈正相关

城市群外围空置率普遍高于中心区域。以日本为例，随着城镇化进程和住房供需关系逐渐稳定，住宅空置率逐渐提高。但同一时点比较，东京及周边地区空置率仍低于全国平均水平（见表 1）。此外，距离城市群中心越远空置期越长②。

---

① 目前，伦敦市共有 2 个国际商业中心、10 个城市商业中心、35 个主要商业中心、156 个街区商业中心、超过 1200 个邻里商业中心。

② 2009 年，东京都空置期 1 年以内占 59.5%，空置 2 年以内占 22.2%；而东京 40 公里圈以外，空置期 1 年以内的只占 47.5%，空置 2 年以上占比高达 49%。

表 1　　东京都及周边地区不同年份空置户数及空置率　　单位：户，%

年份		1938	1943	1948	1953	1958	1963	2005	2010	2015	2020
埼玉县		14 500	40 930	83 900	118 500	138 900	157 900	197 900	257 400	273 100	322 600
		2.5	4.7	6.7	7.6	7.9	7.8	8.5	9.9	9.7	10.7
千叶县		14 600	33 680	78 700	119 900	154 400	159 800	203 900	294 700	321 900	355 900
		2.7	4.4	7.1	8.7	9.7	9.0	10.0	12.7	12.7	13.1
神奈川县		24 100	58 550	105 000	154 200	182 300	195 700	271 200	349 100	39 100	428 600
		2.6	4.3	5.8	7.2	7.7	7.2	8.8	10.2	10.4	10.5
东京都	特别区	52 000	1 013 500	165 800	267 400	310 030	309 820	398 200	457 800	491 500	544 800
		2.5	4.0	5.7	8.4	9.2	8.8	10.5	11.4	11.2	11.3
	都下	15 000	23 040	47 600	74 400	85 170	101 280	128 900	166 600	173 900	205 500
		3.6	3.6	5.5	7.2	7.4	7.7	8.5	10.0	9.8	10.4
全国（平均空置率）		2.5	4.0	5.5	7.6	8.6	9.4	9.8	11.5	12.2	13.1

注：上段：空置户数总数；下段：空置率。

资料来源：由日本国土交通省都市局根据《住宅土地统计调查》制作。

此外，美国大都市区外围的租赁房屋空置率高于大都市区内部，且越靠近核心地区，房屋租赁比例越高。根据 2011 年美国统计局调查结果，纽约的住房拥有率为 31.3%。虽然比 1980 年增长了接近 10%，但是总体水平明显低于其他大城市群，仅接近全国水平的二分之一。

5. 轨道交通的高效高速运行是拓展住宅空间的基础

完善的轨道交通是城市群周边卫星城镇形成的重要推动力，同时也是都市圈内房地产发展和繁荣的重要保障。轨道交通发展带动沿线及周边卫星城房地产市场发展。住宅的空间布局是与高速高效的轨道交通发展密切结合的。住宅郊区化的发展前提是轨道交通的先行发展。20 世纪 70 年代以来，东京都及其周边地区加强了区域综合交通网络的建设。这一交通网络的骨架主要是以东京外围环状道路、东京湾沿岸道路、首都圈中央连接道路、北关东横贯道路等环状方向的道路建设为主。1986 年的"第四次首都圈规划"之后，东京都市圈的交通网络建设的重点转移到机场、港湾、主要国家级高速公路、新干线等基础交通设施，以及东京中心城区与商务核心城市间的轨道交通和道路交通上来。

日本鼓励轨道交通公司投资铁路沿线的房地产促使周边卫星城市房地产市场的兴盛。一是大量工薪阶层居住在东京核心区外围的千叶、埼玉和神奈川等县郊，密集的轨道交通保障，使得他们有积极性购买远郊有升值潜力的廉价房。二是政府在鼓励轨道交通公司修建轨道交通的同时也支持轨道交通公司开发沿线的房产，以推动新城的建设，吸引居民入住。在东京都政府的主导下，小田急公司和京王公司就参与了东京西部多摩新城的开发。三是东京核心区内拥挤程度的加剧也促使部分东京居民从大城市搬往周边郊县，从而推动都市圈内卫星城市房地产市场的发展，特别是居住环境和交通俱佳的地区。可见轨道交通是东京都市圈形成和圈内房地产市场繁荣不可或缺的硬件设施。

（三）区域协同与房地产市场发展耦合关系

近年来，随着新型城镇化战略的逐步推进，我国城市群快速崛起，成为房地产业发展新的支撑与契机。区域协同发展与房地产市场之间存在相互促进、相互影响的耦合关系（图3）。区域协同发展是城市之间相互开放、经济交往日益密切、区域分工趋于合理，最终达到资源在城市群内部的优化配置及区域整体利益的最大化。区域协同发展主要从以下四方面推动房地产市场转型：（1）各城市之间要素流动更加通畅，区域市场一体化程度不断提高，经济联系日益紧密，为房地产市场发展奠定坚实基础。（2）区域产业分工和专业化，核心城市疏解部分功能，逐渐形成区域次中心城市、功能型中心城市、功能增长型城市等城市等级，带来多元化、多层次的房地产需求，从而为房地产市场转型升级提供支撑。（3）区际经济社会发展差距逐渐缩小并收敛，一方面，区域间基本公共服务逐渐呈现均等化态势，促进人口自由流动；另一方面，区域间交通联系更加紧密，交通一体化带动产业转移及人口流动，拉动交通沿线城市房地产市场发展。（4）机制创新与区域政策是政府对区域发展的目标、格局和路径等进行调控的政策手段，为城市群房地产系统调控体系建设提供依据，进而促进区域房地产市场的整体性和有机结合。

同时，房地产市场发展也为区域协同提供了条件：首先，房地产业的发展为城镇化建设提供了物质基础和保障，健康的房地产市场能够满足居民住房需求，进一步推动人口城镇化；其次，除满足人们居住功能外，一些工业、商业以及服务业等也需要房地产作为载体；最后，房地产经济作为国民经济的重要组成部分，直接关乎城镇化建设的成效和水平，而房地产市场的理性投资是保障城镇化资金和金融市场资金流动性的重要方面，能够极大地推动区域经济的有效发展。

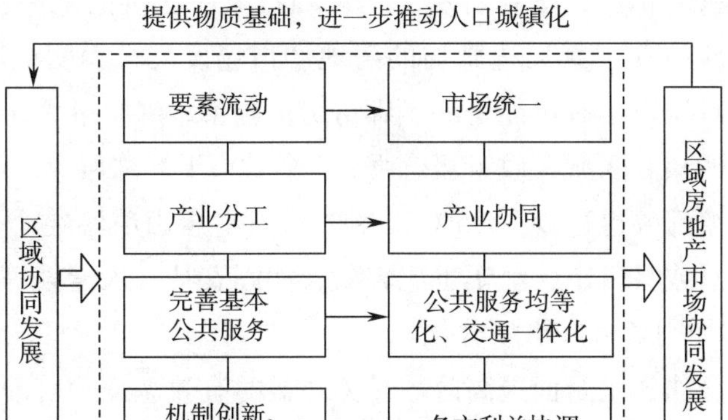

图3　区域协同发展与房地产市场发展耦合关系

三、京津冀区域房地产市场发展困境

（一）市场分割：房地产资源配置效率低下

1. 房地产供给与人口流动规律背离

住房供应应与人口流动带来的住房需求相一致。但是从房地产需求与供给来看，京津冀地区人口流向与城市房地产开发存在背离现象。由表 2 可知，京津冀三地均出现了人口增长与土地出让面积增长相背离的现象，其中北京、天津相差程度较大。总体而言，京津冀地区房地产开发与人口城镇化方向不协调。

表 2　2010—2015 年京津冀三地常住人口年增长率与土地出让面积增长率　　单位：%

年份	北京		天津		河北	
	常住人口增长率	土地出让面积增长率	常住人口增长率	土地出让面积增长率	常住人口增长率	土地出让面积增长率
2010	11.79	18.88	5.34	-7.22	2.26	14.04
2011	2.89	18.04	4.73	17.80	0.65	1.19
2012	2.50	-51.96	4.28	-18.17	0.65	8.33
2013	2.22	57.81	4.18	-13.84	0.62	15.28
2014	1.75	-20.90	3.06	-20.06	0.70	-28.96
2015	0.86	-48.11	1.97	-33.27	0.56	-13.97

资料来源：国家统计局。

从经济学角度来讲，价格是供求矛盾的反映。京津冀地区房地产市场的供需失衡导致该地区房地产价格的两极分化。如图 4 所示，北京和石家庄房价的涨幅都在 40% 以上，中心城市高房价的溢出效应拉动了其周边廊坊的房地产市场发展，表明核心城市的龙头带动作用，北京涨了其他环京城市才有可能上涨；廊坊房价翻番，涨幅最大。廊坊位于北京和天津之间，是京津冀规划的核心区域，政策概念强；8 个城市平均涨幅为 40%，即使区位优势不太明显的张家口和承德涨幅也达到了 35% 和 14%；只有唐山涨幅在个位数，老工业城市疲态尽显；环京周边的县或县级市，涨幅也比较猛，如固安县、永清县等。

2. 产业梯度落差加剧房地产市场分化

地区间的分工与合作，是全面提高区域整体效益的有效途径。目前，京津冀城市群产业差距大，经济发展水平落差较大，不利于区域房地产市场协同发展格局的形成。首先，京津冀三地经济发展水平落差较大，河北和京津两地经济发展水平存在“断崖式”落差。三地人均 GDP 差距较大，2015 年北京和天津的人均 GDP 分别为河北省的 2.64 倍和 2.70 倍，城镇居民人均收入分别为河北省的 2.7 倍和 1.7 倍（见表 3）。其次，从产业结构来看，三地

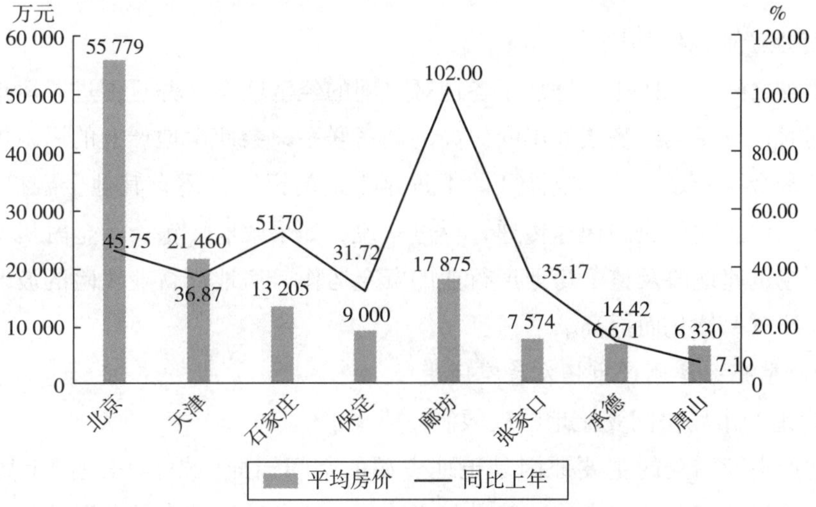

数据来源：中国房价行情网。

图 4　2016 年京津冀城市房价涨幅对比

间三次产业结构差距较大，而且近年来一直呈现不断加大的趋势，区域产业联系和协作不紧密，没有形成较好的产业梯度转移。地区间产业发展差距的不断扩大，导致京津冀地区房地产市场分化加剧。

表 3　　　　2016 年京津冀城市群发展现状数据比较

地区	人口（万人）	城镇化率（%）	管辖面积（万平方公里）	地区生产总值（万亿元）	人均地区生产总值（元）	一、二、三产业占 GDP 比重（%）
北京市	2 114. 80	86. 30	1. 64	2. 30	106 751. 25	0. 63∶21. 55∶77. 82
天津市	1 546. 95	78. 28	1. 19	1. 65	109 032. 71	0. 82∶47. 18∶52. 00
河北省	7 332. 61	46. 51	19. 00	2. 98	40 367. 16	11. 57∶56. 73∶40. 20

资料来源：中国统计局。

3. 房地产业态差距明显

总体来说，我国房地产市场业态经历了“住宅地产——商业地产——新型地产”的发展路径，不同城镇化阶段房地产业态有着不同的特征。2015 年，北京、天津以及河北全年房地产开发投资同比增长分别达到了 12. 4%、10. 11% 和 5. 56%，其中，北京和天津的办公楼及商业地产投资增长比例较高，而河北省的房地产增长仍是以商品住宅为主。究其原因，北京、天津城镇化率相对较高，以第三产业发展为主，而第二产业仍然是河北省的主导产业，存在工业产品缺乏多样性、产业结构不合理、环境污染严重等问题。随着京津冀协同发展战略的深入落实，天津、河北作为产业的主要承接方，产业的转移势必进一步激发企业的活力，带动写字楼及商业地产的发展。从市场的需求来看，京津冀地区产业地产的未来发展将大有可为。

4. 区域房地产业风险加剧

由于京津冀之间的一体化，增加了各地区之间的经济联系，并且促进了房地产业的迅速发展，与此同时，京津冀经济之间不断提高的紧密联系，会使房地产业的风险加剧。如果一个地产企业的资金链断裂，这影响涉及的不只是本地的银行，还有其他金融机构或者政府，还会引起京津冀地区间风险的快速传递；反过来说，如果政府、银行等金融机构运转出现问题，也会越来越迅速地波及整个房地产行业的资金运作，房地产行业风险的波及程度和破坏程度都会因京津冀一体化而提高。

（二）行政壁垒：房地产市场发展空间受限

1. 区域房地产市场协同受土地财政限制

造成房地产空间错配的主要原因是土地资源的空间错配。根据房地产市场调研报告显示，我国过去在房地产业与城市快速建设的影响下，地方政府的大部分财政收入都过度地依赖土地与房地产业发展。通常土地出让金净收入占政府预算外收入达到60%以上，而由土地直接税收及城市扩张带来的间接税收仅占地方预算内收入的40%。且近年来，土地出让收入占地方政府财政收入比重呈现不断上升趋势。目前在缺乏产业支撑的影响下，过度的房地产开发导致许多“鬼城”、“睡城”等现象出现，这造成资源配置的严重浪费，从而引发了城市管理等许多问题。究其原因，一方面，自1998年全国开始停止住房实物分配，一些地方政府和地产开发商把房地产业简单地认为是商品住宅的开发与销售，完全曲解了房地产的本质含义，导致土地资源的快速出让与快速消耗，形成目前“房价持续攀升、库存居高不下”的现象；另一方面，我国地方政府官员绩效考核侧重于官员对当地经济发展起到的作用。城市基础设施建设进程越快，需要资金越多，官员举债进行土地开发的动力越大，缺乏打压房价的激励，各地方政府以土地开发为核心的发展模式受到广泛诟病，相应的房地产开发缺乏协同性。

2. 公共服务落差阻碍市场一体化形成

目前京津冀区域社会保障及其相关公共服务在现实中存在着严重的区域分割和区域壁垒。北京、天津等大城市教育、医疗等优势明显，就业机会更多，人口不断导入，导致房价高涨。有学者以北京为例，研究地铁、学校、绿地和空气质量等公共品能够解释房价的空间差异。北京的“重点小学”和“三甲医院”在所有小学和医院中的比重均低于10%，并且超过60%的集中在三环以内（郑思齐，2016）。由于我国等级化的城镇管理体制使得优质资源高度集中在几个大城市，尤其是一线城市，而三四线城市医疗、教育、交通便利性等公共服务资源则相对稀缺。

3. 区域交通不完善限制房地产市场协同

目前，京津冀协同发展交通运输一体化存在问题主要有：交通设施建设各自为政、城际铁路发展相对滞后、综合交通运输网络亟待完善等。与东京都市圈比较，北京人口并不多，但人口空间分布过于集中在五环以内，其重要原因是北京没有建成与房地产开发紧密结合的通勤铁路，没能提供疏解人口和城市功能到五环之外的便捷通道。2014 年北京五环内有轨道交通车站 192 个，占北京轨道交通车站数量的 72%；而东京 23 区内有 470 个轨道交通车站，占东京大都市区轨道交通车站数量的 30%。北京轨道交通每日发送人次超 1 000 万，而东京大都市区每日地铁发送人次 1 100 万，通勤铁路每日发送人次达 2 800 万。轨道交通路网的空间结构在一定程度上决定了大都市区的房地产空间分布。

4. 房地产“因城施策”难以长期为继

现有房地产调控政策的顶层设计，把“因城施策，分类调控”作为政策之纲。各地纷纷出台限贷、限购、限地价等调控措施，一时之间，“一城一策”成为楼市宏观调控的主流措施，河北省有些地区甚至形成了“一县一策”。此次房地产顶层设计上的“一城一策，分类而治”，看起来是“对症下药”，实际上却忽略了房地产市场的整体性和有机结合，缺少全面系统的治理章法。许多政策虽然起到短期甚至阶段性的效果，但由于频繁变化，既没有形成稳定预期的房地产市场调控长效机制，也没能构建稳定可持续的房地产调控政策体系框架。从目前实施效果来看，房地产市场“高房价”和“高库存”的两大矛盾，不仅没能从根本上得以解决或缓解，甚至还有加剧恶化之势。“因城施策”的楼市调控政策的作用，由此可见一斑。

四、京津冀区域房地产市场协同发展驱动机制分析

目前，发展城市群已成为城镇化的重点战略，人口和产业向中心城市和大城市群集聚的特征愈加明显，与此同时，其衍生的巨大住房需求是房地产市场未来主要发展空间。要实现区域房地产市场均衡发展，避免投资低效造成局部的“市场失灵”，需要强化城市功能，通过产业转移升级来吸引人口流入，加大基础设施投资力度来完善城市配套，有效扩大住房市场需求，最终实现京津冀城市群房地产市场协同发展（见图 5）。

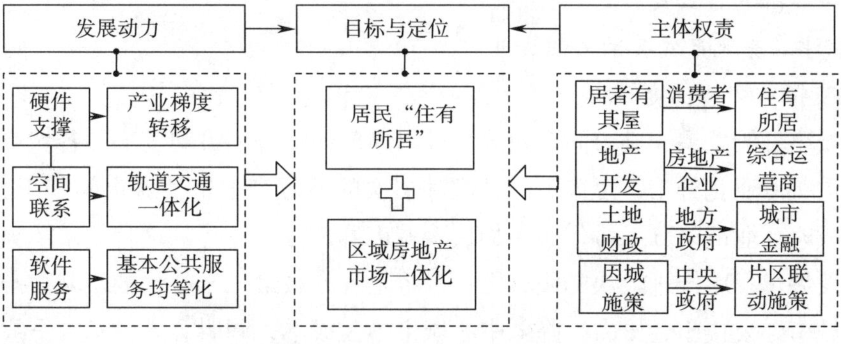

图 5　京津冀区域房地产市场协同发展驱动机制分析

(一)京津冀房地产发展的目标与定位

1. 发展目标:保障居民“住有所居”

2014 年 3 月,中共中央、国务院印发的《国家新型城镇化规划(2014—2020)》中提出“建立市场配置和政府保障的相结合的住房制度,推动形成总量基本平衡、结构基本合理、房价与消费能力基本适应的住房需求格局,有效保障城镇常住人口的合理住房需求”;2016 年 4 月,中央政治局会议提出“要加快形成促进房地产市场稳定发展的长效机制”;2017 年 10 月,习近平总书记在十九大报告中提出,“坚持房子是用来住的、不是用来炒的定位,加快建立多主体供给、多渠道保障、租购并举的住房制度,让全体人民住有所居”。一系列政策意味着决策层进一步明晰了我国房地产市场的定位,强调房地产发展的首要目标是实现“住有所居”,让住房回归其居住属性。在京津冀协同发展推进过程中,外来人口大量涌入,我们不仅要面对城市外来人口导入和“市民化”过程中的住房问题,还要解决城市中低收入群体的住房问题,住房需求已集中体现在住房的“可负担”性上。为此,我们应完善住房供应体系,通过增加商品房有效供给、保障性住房“应保尽保”以及加快培育和发展住房租赁市场等,努力践行所有城市常住人口“住有所居”、“住有宜居”、“人人享有适当住房”的目标。

2. 发展趋势:区域房地产市场协同发展

区域市场一体化,是建设统一开放、竞争有序市场的重要内容,也是发挥市场资源配置决定性作用,更好地服务于区域经济转型发展的重要举措。目前,房地产市场两极分化的现象,一方面是人口大量涌入一二线城市导致供求关系严重失衡;另一方面是人口不断从三四线城市流出,供求过剩需求不足。暴露出城镇化战略出现了偏差,违背了人口迁移规律以及工业化规律。随着京津冀协同发展战略的深入推进,北京非首都功能逐步外迁,天津、河北积极承接产业及人口转移,形成功能互补、多圈层联动的城市群。区域房地产市场协同发展既能够提高京津冀地区房地产资源的配置效率,同时也为产业与劳动力转移等提供了物质基础和保障,进一步推动人口城镇化,并且,房地产经济作为国民经济的重要组成部分,能够极大推动区域经济的有效发展。

(二)京津冀房地产发展动力的提升

1. 硬件支撑:产业梯度转移

伴随着城市群的发展,城市间产业分工开始向产业链分工方向发展。各城市按照产业链的不同环节进行专业化分工,形成不同类型和层次的城际产业链,城市间基于城际产业链,尤其是城际战略产业链的分工协作关系加快了城市群产业一体化的进程。京津冀产业发展一体化是协同发展过程中推进最快的领域之一,也是各区域最乐于合作的领域。产业的转移可以减缓中心城市办公楼租金压力,降低中心城市办公成本,同时会导致对二三线城市办公写字楼的需求扩大,提升整个区域的竞争力。中心城市的产业升级改造对周边地区的产业辐射作用较大,促使周边房地产市场快速发展。城市群内的产业转移主要是从大城市向中等城市、小城市、小城镇转移。例如，北京作为京津冀城市群内最大的经济载体，产业及资源的外迁是大势所趋。由此带来的工业地产需求和办公物业需求，以及产业园区带来的大量就业人员的居住需求和商业服务需求，都促使周边中小城市房地产市场蓬勃发展。目前，受益于北京产业外移影响较大的有唐山、廊坊、保定、张家口等城市。

2. 空间联系：轨道交通一体化

区域轨道交通是京津冀协同发展的重要纽带。《纲要》确定了京津冀“一核、双城、三轴、四区、多节点”总体空间布局，力求形成多层次、全覆盖的综合交通网络，实现区域内快速铁路覆盖所有地级及以上城市，高速公路覆盖所有县城，形成京津石中心城区与新城、卫星城之间的“1 小时通勤圈”、京津保唐“1 小时交通圈”，相邻城市间基本实现 1.5 小时通达。完善的轨道交通会缩小区域内的时空距离，消除区际障碍，实现人才、资金、技术、信息等要素在都市经济圈内的自由流动，推动产业、就业、人口居住和城镇在空间上的结构性调整，加快中心城市引领的都市圈内各城市的融合和共促共赢，推进沿线城市规划的重新布局，并带动沿线城市房地产市场的发展，从而加速区域房地产市场“同城效应”。十余年间，燕郊镇的常住人口由 3 万迅速增长到 75 万，相当于北京一个远郊区县人口的 2 倍，每天有 30 万人通勤到北京中心城区上班，通勤依赖高铁已经成为许多北漂的日常。

3. 软件服务：基本公共服务均等化

近年来，我国城市住房价格的变化除受宏观经济和政策的直接影响外，公共服务供给短缺和布局失衡也使得占有较多公共资源优势的大城市及城市中的优势区位房价明显偏高。公共服务一体化可以在一定程度上缓解人口向公共服务资源丰沛的城市流动聚集，促进劳动力的空间分布更加均匀化，从而减轻大城市公共服务供给压力和拥挤效应。公共服务水平在劳动力流动决策中的重要导向作用在一些国家和地区已经得到普遍认同，公共服务一体化可减少劳动力流动障碍，促进区域城市均衡发展。推进基本公共服务一体化作为京津冀协同发展的长期任务，是促进三四线城市房地产市场发展的重要手段。按照《纲要》提出的总体目标，到 2020 年，河北与京津的公共服务差距明显缩小，区域基本公共服务均等化水平明显提高，公共服务共建共享体制机制初步形成。并且，随着收入提高人们对“宜居性”城市的偏好不断增强，公共服务水平提升能够增强京津周边城市对人口的吸引力，人口自由流动使得原先无法通过“用脚投票”体现出来的资本化效应逐渐显现，助力于区域房地产市场一体化的形成。

（三）京津冀房地产市场利益主体权责的厘定

房地产市场主要涉及到中央政府、地方政府、开发商、消费者等诸多利益主体（见图 6）。在不同利益目标的追求下，房地产市场的诸多利益主体也表现出各种各样的行为特点与方式。

1. 消费者：由“居者有其屋”向“住有所居”转变

随着北京非首都功能的有序疏解，区域间流动人口大幅增加，如何保障流动人口“住

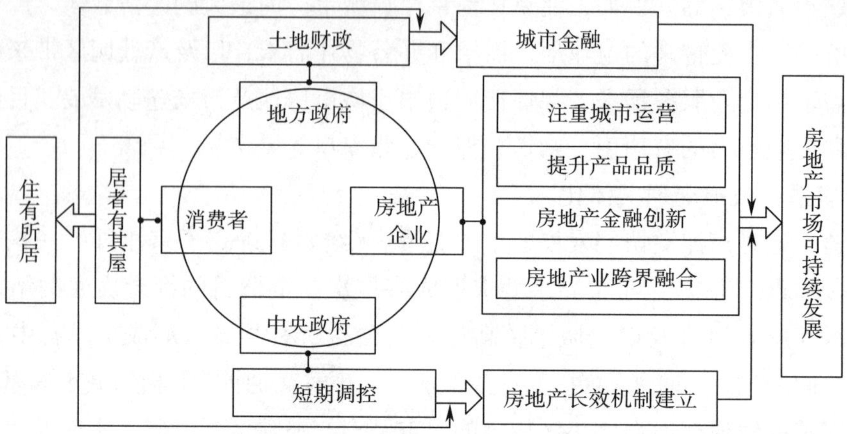

图 6　我国房地产市场利益主体权责厘定

有所居”是关键。“住有所居”与“居者有其屋”含义不同，“居者有其屋”强调房屋所有权，其消费模式是购买全产权的商品房或共有产权的保障性住房；“住有所居”强调房屋使用权，其消费模式是租住他人房屋或廉租房、公共租赁房。居民逐渐抛弃拥有产权才算住有所居的传统观念，向适度合理的住房消费理念转变。

2. 房地产企业：由“地产开发”向“城市综合运营”转型

我国房地产市场发展经历了两个大的发展阶段。一是普遍的城市化，人口从农村进入城市，各城市房地产遍地开花；二是大城市化，即房地产开发从全国城市进入到一二线城市。未来房地产市场将逐渐进入存量市场，房地产市场发展不能仅仅追求过去的规模、速度，还要更具创新性。目前，京津冀协同发展为该地区房地产行业提供了新机遇，众多房地产企业应将“造楼”升级为“造城”。例如，房地产企业除开发住宅外，还可参与住区公共服务配套的建设，满足居民生活需求；围绕核心城市周边的小城镇，大型房地产开发商可以向特色小镇开发运营转型。

3. 地方政府：由“土地财政”向“城市金融”转型

地方政府过度依赖土地财政，不断追求土地收益最大化，通过提高地价来增加土地财政收入，直接导致土地价格上涨。这种行为无疑是炒高了作为房地产重要生产要素的土地资源的价格，从而在源头上推高了房地产价格。鉴于土地财政的不确定和不可持续，地方政府对土地财政的依赖在长期上存在收敛趋势。因此，可积极参与城市金融，即利用担保以及金融集团等方式，为城市经济尤其是民营经济提供金融协助。通过整合财政补贴资金、引入社会资本，集中力量扶持城市的公共基础设施建设、社会福利保障、支柱产业发展以及新兴战略产业的成长，进而最终促进城市发展模式的转型。

4. 中央政府：由“因城施策”向“片区联动施策”转变

政策调控逐步深化，区域联动性增强，积极稳定市场预期。中心城市政策强化，周边三四线城市政策同步跟进，市场将在政策集中收紧趋势下更快回归理性。北京调控进一步升级，限购方面，非京籍纳税年限调整为连续60个月，同时将商住纳入限购范围；信贷方面，不但认房又认贷，并将离婚一年以内的购房者也视做二套房需求，首付比例也上调为购买普通自住房不低于60%，购买非普通自住房不低于80%。北京出台调控政策后，环京周边县市也集中出台调控措施，廊坊、张家口崇礼限购升级，保定市区、涿州、涞水、沧州、石家庄、天津、青岛等地开启限购限贷。因城施策的“城”不再是一个城市，而是一个“城市群”。此次调控的联动更好地契合了市场发展特点，将有效抑制投资投机需求，也将促使京津冀区域房地产市场发展更快回归理性。

五、京津冀区域房地产市场协同发展的路径思考

区域市场协同发展，是建设统一开放、竞争有序的全国统一大市场的重要内容，也是发挥市场资源配置决定性作用，更好地服务于国家供给侧改革、推动中国经济转型发展的重要举措。京津冀协同发展对于三地整体经济、产业、人口均将带来利好，基于此，三地房地产业也将有新一轮飞跃式结构性发展。特别是河北作为北京非首都职能外迁的主要承接省市，将直接提升其人口吸附能力与经济发展水平，吸纳周边人口及京津人口回迁共同促进河北城镇化发展，带动楼市总体需求进一步扩大，房地产结构、规模均将有明显提升。

（一）尊重城镇化发展规律，转变房地产市场发展理念

1. 发挥市场资源配置作用，转变房地产发展方式

人口、产业等向大城市集聚是市场进行资源空间配置的结果。发挥市场在资源配置中的作用，让市场在劳动力、土地、资本的空间配置中起决定性作用，促进城市间生产要素和产品的自由流动，建立公平公正的统一市场，而不能简单地用行政手段限制人口流动和土地供给。随着京津冀协同发展的深入推进，三地间人口流动加快，为满足流动人口的住房基本需求，应积极发展租赁市场，采用“共享经济”的模式，包括住房、办公设施等，不采取私有产权、销售的模式，而采取公有权、租赁的模式，从而有助于回归住房居住属性。

2. 把握不同城市发展阶段，优化区域房地产空间布局

城市群已成为我国城镇化推进过程中的重要空间形态，把握城市群中不同城市房地产市场发展阶段，制定差异化的房地产空间布局优化策略。一方面，随着北京、天津等大城市步入存量房市场，房地产企业应紧抓城市更新和旧改带来的房地产市场二次发展机遇；另一方面，充分发挥中小城市的扩散效应，把握具有特色产业和人口支撑的二线城市，差异化布局三四线城市，同时应注重房地产开发规模与实际需求规模相匹配。依据各城市功能定位，形成区域房地产市场发展新格局。

（二）打破区域行政管理界限，促进区域房地产市场协同发展

1. 加快推进产业梯度转移，推进产城融合建设

有效疏解北京非首都功能是整个京津冀协同发展战略的核心，平稳快速的产业结构变迁，同样是未来京津冀区域经济持续增长的关键。总体来说，应根据区域资源环境承载力和发展潜力，统筹考虑长远发展需要、区域分工协作与提升区域总体竞争力，实施差异化产业发展战略。一方面，加快产业转移升级，缓解北京人口、土地、资源等压力，力促房地产市场“降温”；另一方面，各承接地应以产业发展为核心，严禁没有产业支撑的房地产开发模式，围绕“地产+产业”的战略布局理念，促进房地产市场转型升级。

2. 完善城市群综合交通体系，拓展区域房地产发展空间

完善的综合交通网络是城市群形成和发展的重要推动力，同时也是城市群房地产发展和繁荣的重要保障。因此，区域房地产市场协同发展应以城际轨道交通的先行发展为前提，并且房地产开发应与高速高效的轨道交通发展密切结合。打造京津冀“一小时通勤圈”，加速自由贸易资本交换和企业集聚效益，一方面，疏散中心城市人口、产业，降低跨城通勤族的时间成本，缓解中心城市房地产市场的压力；另一方面，伴随着区域交通网络的不断完善，城市群内可达性较低的区域不断得以填充，逐步构成均质性的地域活动区域，带动沿线及周边卫星城房地产市场发展。

3. 加快完善新型公共服务体系，缓解房地产区域分化格局

城市公共服务是城市生活质量的基本决定要素，已成为城市吸引高质量人力资本和高端产业的关键优势。一方面，推进京津冀三地基本公共服务一体化，提高区域基本公共服务均等化程度，建立教育、医疗、养老保障一体化，覆盖面广、公平均等、人本化为特征的公共服务体系，提升中小城市吸引力，缓解房地产库存压力；另一方面，有序推进差异化公共服务布局，基于产业分工与转型升级，打造一批各具特色的小城镇，如文旅小镇、养老小镇、教育小镇、科技小镇等，满足居民多样化住房需求。同时，推进公共服务市场化改革，厘清政府与市场关系，政府坚守基本公共服务职能，扩大市场服务边界，鼓励各种社会组织、市场主体以及社会公众参与基本公共服务，从而提升公共服务供给质量和效率。

（三）以区域视角统筹制度体系建设，提升区域房地产协同效应

1. 推进社会福利与户籍制度脱钩，逐步剥离房地产附加功能

户籍制度改革困境的核心在于嵌套了多种社会福利制度，而房地产也承载了教育、资产保值增值等附加功能，回归房地产“居住”核心功能，推进房地产市场健康可持续发展。其一，在推行居住证和积分制度的渐进时期，逐步减少跟户籍挂钩的福利和特权，推动基本公共服务常住人口全覆盖由“选择性”走向“普惠性”，例如教育、医疗、住房等基本公共服务应该逐步属地化，并通过属地化和均等化来淡化和户籍的联系。其二，剥离房地产承载的过多金融功能，确保房地产的居住功能始终处于核心地位，而消费抵押、政府财政税收（房地产税）等功能仅作为补充功能，从而抑制居民对房地产过度投资和投机的需求。

2. 建立区域统一建设用地市场，推动供地主体多元化

土地一级市场的垄断引致供需错配是房地产市场“冷热不均”两极分化的重要原因。结合京津冀协同发展功能定位，建立区域统一建设用地指标市场，全面落实人地挂钩政策，根据人口流动情况分配建设用地指标，合理增加热点城市建设用地供应，适当提高住宅用地比例。其一，积极探索京津冀地区“地票制度”，将农村空闲土地与城市建设用地指标挂钩，解决城市建设用地不足问题，实现农村闲置土地资源的经济价值：一方面，促进资金向农村地区流动，增加农民财产性收入，使农民享受土地增值的收益；另一方面，增强进城农民解决住房能力，增加城市房地产市场需求。其二，进一步厘清中央与地方的事权财权，尽快改变地方政府对土地财政过度依赖的局面，将土地出让程序和出让金账户从地方政府逐渐剥离出来，建立区域性的土地公开交易平台，将土地转让信息公开，接受各方监督，将收来的土地出让金放入中央专设的区域出让金账户，由中央财政暂作保管，然后根据各地方申请的保障房项目、安居工程和符合土地出让金使用的项目再专款专用。

3. 构建有效衔接的城市群房地产调控政策，联动促进房地产市场平稳发展

我国房地产宏观调控的政策选择多为相机抉择式的逆周期调控手段，政策的临时性和短期性特征明显。这种“分类调控、一城一策”的短期调控措施往往是为了应对短期发生的市场波动，以控制房价过快上涨或防止房价暴跌为目的。一方面，以城市群房地产系统调控论，重新引导和整合各种要素，强化城市间协同，稳定市场预期，促进市场参与各方回归理性；另一方面，建立具有长效机制的房地产政策，涉及土地、财政、金融、税收等方面，从根本上解决高库存和高房价问题。

六、结语

城市群已经成为我国未来城镇化发展的主体形态，房地产业作为助推和促进城镇化建设的重要组成部分，直接关乎城市群建设的成效和水平。促进京津冀区域经济一体化发展是我们国家实施区域发展总体战略的重要组成部分，它能够促进合理的生产要素的流动，充分发挥京津冀地区之间的比较优势，这进一步促进京津冀地区的经济区域合作和区域良性互动发展，也逐步缩小京津冀地区区域经济发展的差距。推动区域房地产市场协同发展，提高住房资源配置效率，使外来人口及城市原有户籍中低收入人群等能够“住有所居”，并通过构建区域间有效衔接的房地产调控政策，提升城市间房地产市场协同效应，推进京津冀地区房地产市场可持续发展。

参考文献

[1] 朱庄瑞，藏波．房地产市场促进城镇化建设的作用机理与协调发展研究［J］．中国人口·资源与环境，

2016 (09): 116 - 122.

[2] Kristine K. Econometric estimation of the impact of the Latvian real estate market on the state economy [J]. *Baltic Journal of Economics*, 2010, 10 (02): 8788.

[3] 王雨飞，冷志明，丁如曦．中国新型城镇化道路与房地产市场发展转型——“新型城镇化与房地产发展学术论坛”综述［J］．经济研究，2016（02）：181 - 185.

[4] Adrian C and Erik B. The housing market and the monetary transmission mechanism in the UK, in and out of EMU [J]. *Economic Outlook*, 2003, 27 (03): 10 - 22.

[5] Feagin J R. and Parker R. Building American Cities: The Urban Real Estate Game [M]. Englewood Cliffs: Prentice - Hall, 1990.

[6] 吕江林．我国城市住房市场泡沫水平的度量［J］．经济研究，2010（06）：28 - 41.

[7] 张占录，张远索．我国房地产市场现状与可持续发展研究［J］．经济问题探索，2011（08）：1 - 6.

[8] 龙胜平．房地产结构性风险亟待化解［J］．探索与争鸣，2016（05）：45 - 47.

[9] 倪鹏飞，晋海博，吴伯磊．中国城市房地产市场健康标准及实证研究［J］．城市发展研究，2008（02）：46 - 53 + 67.

[10] 吕萍，丁富军，马异观．快速城镇化过程中我国的住房政策［J］．中国软科学，2010（08）：25 - 36 + 60.

[11] 吴璟，王璞．中国上市房地产开发企业跨区域扩张的城市选择规律研究［J］．工程管理学报，2017（01）：140 - 145.

[12] 张家瑞．北京市房地产空间布局现状及成因分析［J］．城市发展研究，2011（07）：11 - 13.

[13] 张红，于渤，鞠立新．中国住房开发投资空间聚集变动及影响因素研究［J］．运筹与管理，2016（02）：197 - 202.

[14] 温雅．日、英、美都市圈住房规划体系特征及其启示［J］．规划师，2014（12）：30 - 37.

[15] 郝前进，陈杰．长三角房地产市场的价格差异及决定因素［J］．经济地理，2007（06）：985 - 989.

[16] 杨元梅，谭术魁．珠三角一小时城市圈房地产价格影响因素对房价及其波动的影响程度研究［J］．中国土地科学，2011（06）：54 - 59.

[17] 李红，张平宇．一体化背景下的辽宁中部城市群房地产业发展趋势研究［J］．现代城市研究，2009（09）：92 - 95.

[18] 陈杰，郝前进．快速城市化进程中的居住隔离——来自上海的实证研究［J］．学术月刊，2014（05）：17 - 28.

[19] 住房和城乡建设部政策研究中心．城市群发展规律及其对房地产市场影响研究［M］．北京：中国金融出版社，2015.

[20] 顾朝林．城市群研究进展与展望［J］．地理研究，2011（05）：771 - 784.

[21] Zheng S Q and Kahn M E. Land and Residential Property Markets in a Booming Economy: New Evidence from Beijing [J]. *Journal of Urban Economics*, 2008 (02): 743 - 757.

[22] 孙久文．京津冀协同发展的目标、任务与实施路径［J］．经济社会体制比较，2016，（03）：5 - 9.

[23] 郑思齐．公共服务资源短缺与空间失衡：房价问题与城市效率损失［J］．探索与争鸣，2016，（05）：38 - 40.

京津冀城市群破解发展与保护矛盾的路径思考

◎ 牛桂敏[①]

〔内容摘要〕京津冀城市群在发展与保护的关系上存在着“因发展而破坏环境、因保护环境而限制发展”两类突出矛盾。坚持协同绿色发展，是破解这两类尖锐矛盾、建设世界级城市群的必由之路。解决因发展而破坏环境的难题，实际是解决经济要环保问题，路径是：产业协同绿色转型，建立绿色低碳循环发展的产业体系；能源协同低碳转型，建设清洁低碳、安全高效的现代能源体系。解决因保护环境而限制发展的难题，实际是解决环保要经济问题，路径是：协同张承[②]发展绿色生态产业，实现绿色富城、破除生态贫困。

〔关键词〕京津冀　城市群　发展　矛盾及破解

一、发展与保护：京津冀城市群面临的尖锐矛盾

京津冀城市群包括北京、天津两个直辖市以及河北省所辖11个地级以上城市（石家庄、唐山、秦皇岛、邯郸、邢台、保定、张家口、承德、沧州、廊坊、衡水等），共13个城市，土地面积21.8万平方公里，常住人口约1.1亿，2015年地区生产总值69 312.9亿元，占全国的10.2%。

按照《京津冀协同发展规划纲要》的定位，作为我国的三大城市群之一，京津冀城市群要逐步建设成为以北京为核心的世界级城市群。京津冀区域是全国环境污染的重灾区，经济发展与生态环境保护的矛盾异常尖锐。从城市群的视角分析：京津冀区域生态环境形势之所以严峻，除了生态环境承载力先天脆弱外，也与发展方式密不可分。京津冀城市群在发展与保护的关系上，主要存在两类突出的矛盾。

---

① 作者简介：牛桂敏（1963年—　），女，天津社会科学院经济社会预测所研究员，研究方向为生态经济、环境经济，发表论文近百篇。本文为天津社会科学院京津冀及城市群发展研究中心研究项目“京津冀城市群的绿色发展路径思考”（JJJCSQ201601）的阶段性研究成果。

② 指张家口、承德。

（一）部分城市因发展方式不合理而破坏了环境

一些城市发展方式粗放，产业结构、能源结构不合理，造成环境污染严重。

1. 城市发展对能耗和污染排放强度高的第二产业和重化工业依赖程度较高

依据京津冀各主要城市2016年政府工作报告及2010年、2015年国民经济和社会发展统计公报。“十二五”时期，13个地级以上城市的产业结构均有所优化（见表1），但三次产业中二产占大头、二产中重化工业占大头，产业结构整体较重的局面并未根本扭转。

从产业结构来看，多数城市仍以能耗和污染排放强度高的第二产业为主导。

表1　京津冀各城市三次产业占地区生产总值的比重（2010年、2015年）

城市	2010年			2015年		
	第一产业	第二产业	第三产业	第一产业	第二产业	第三产业
北京市	0.90	23.60	75.50	0.6	19.6	79.8
天津市	1.60	53.10	45.30	1.28	46.70	52.20
河北省	12.60	52.50	34.90	12.0	48.1	39.9
石家庄市	10.90	48.60	40.50	9.40	45.00	45.60
承德市	15.70	51.00	33.30	17.30	46.90	35.80
张家口市	15.80	43.00	41.20	17.90	40.00	42.10
秦皇岛市	13.60	39.40	47.00	14.20	35.60	50.20
唐山市	9.40	58.20	32.40	9.40	55.20	35.40
廊坊市	11.60	53.60	34.80	8.60	44.30	47.10
保定市	14.80	51.90	33.30	11.80	50.00	38.20
沧州市	11.50	50.70	37.80	9.90	49.50	40.60
衡水市	19.70	50.70	29.60	13.80	46.20	40.00
邢台市	15.70	55.60	28.70	15.60	45.00	39.40
邯郸市	13.00	54.20	32.80	12.80	47.70	39.50

13个城市中，除了北京已经进入服务经济时代，天津以及河北省的石家庄、张家口、秦皇岛、廊坊基本形成了“三二一”的产业格局外，其他7个城市仍处于工业化、重工业化阶段，产业结构仍是“二三一”格局。7个城市中，唐山的第二产业比重最高，为55.20%，其次依次为保定50%、沧州49.50%、邯郸47.70%、承德46.90%、衡水46.20%和邢台45%。13个城市中，仅有北京、秦皇岛和张家口3个城市的第二产业比重低于全国平均水平（40.5%），其余10个城市均高于全国平均水平。其中：最高的唐山高出14.7个百分点，最低的廊坊高出3.8个百分点。河北省第二产业占生产总值的比重为48.1%，也高于全国平均水平7.6个百分点①。

① 依据京津冀各主要城市2016年政府工作报告及2010年、2015年国民经济和社会发展统计公报。

从工业结构来看，多数城市能耗和污染物排放强度高的重化工业比重仍较高。2014 年，天津重工业占规模以上工业增加值的比重高达 79.11%。2015 年，河北省重工业占规模以上工业增加值的 75.2%，其中：邯郸占 75.5%；沧州占 84.41%；衡水占 67.5%；邢台钢铁、煤化工等高耗能行业仍是主导产业；唐山钢铁、焦化、水泥等传统重化工业增加值占 37%；张家口矿山、钢铁、化工、水泥四大高耗能产业占 36%；承德的“两黑”产业（钢铁、水泥和矿山产业）占 66.3%；秦皇岛玻璃、钢铁、水泥等产业占 23%……这从一定程度上反映出河北省一些主要城市产业结构偏重的现实。

2. 城市发展对高污染排放的煤炭能源依赖程度较高，能源利用效率较低

据 2015 年 12 月 14 日环保部的通报：除北京、天津外，华北地区煤炭在能源消费结构中占比近 90%。2014 年，河北省能源生产总量中，原煤占 75.42%，能源消费总量中，原煤占 88.46%；天津能源消费总量中，煤炭和焦炭占 73.43%，均远超过全国平均水平（66%）。

与此同时，京津冀城市群的能源利用效率整体来看仍不高（见表 2）。2014 年，13 个城市中，除了北京、天津和保定外，其余 10 个城市的单位 GDP 能耗均高于全国平均水平（0.80 吨标准煤/万元）。其中，能源消耗强度最高的唐山是全国平均水平的 1.62 倍。由表 1 和表 2 的对比可以看出：13 个城市中，第二产业比重最高、高耗能行业（钢铁、焦炭、水泥等）比重较大的唐山市，单位 GDP 能耗也是最高的。

表 2　　2014 年各城市单位 GDP 能耗排序　　单位：吨标准煤/万元

序号	城市	单位 GDP 能耗
1	唐 山	1.295
2	邯 郸	1.127
3	张家口	1.065
4	邢 台	1.052
5	承 德	1.051
6	沧 州	0.829
7	衡 水	0.826
8	石家庄	0.819
9	廊 坊	0.805
10	秦皇岛	0.803
11	保 定	0.699
12	天 津	0.540
13	北 京	0.360

3. 城市不合理的产业结构与能源结构对环境的污染严重

据环保部通报：由于规划布局不合理，“一钢独大”“一煤独大”“产业围城”等现象

在华北地区一些城市比较普遍，产业和燃煤对环境的污染较重。京津冀区域的首要污染源是燃煤①。

尽管京津冀各主要城市的首要污染源存在着差异，但产业和燃煤污染无疑都在其中占有较大的比重。

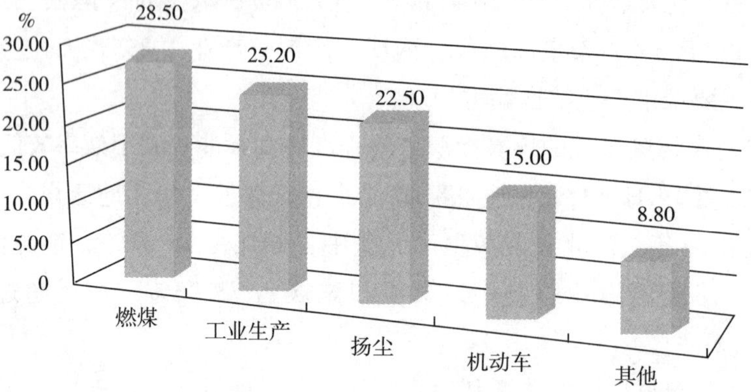

图 1　石家庄污染源贡献率

河北省主要城市的首要污染源是燃煤。其中：石家庄 PM2.5 中，燃煤占 28.5%，工业生产占 25.2%，两者合计占 53.7%；廊坊污染物贡献率中，燃煤占 50%，工业气溶胶占 18%，两者合计占 68%；唐山污染物贡献率中，冶金行业占到了 20.67%，燃煤锅炉占 10.26%，电力行业占 7.47%，水泥建材行业占 6.72%，产业和燃煤污染共占 45.12%。

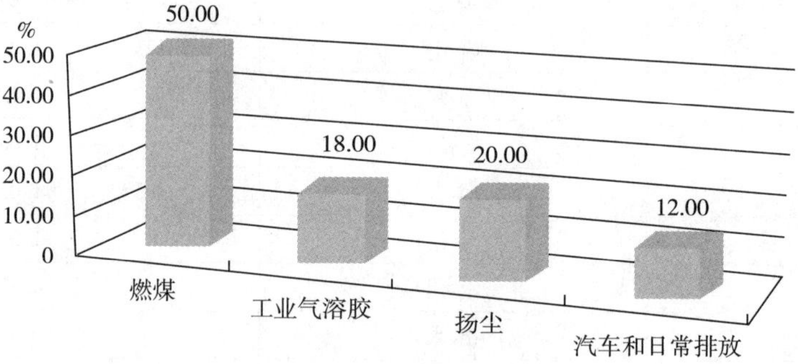

图 2　廊坊污染物贡献率

尽管北京和天津的首要污染源分别为机动车排放（31.1%）和扬尘（30%）。但是北京 PM2.5 中，燃煤占 22.4%，工业生产占到 18.1%，两者合计占到 40.5%；天津 PM2.5 中，燃煤占 27%，工业生产占 17%，两者的贡献约为 44%。可见，燃煤和产业污染也是其中的大头。

---

① 张田勘学者 . 主要污染源找到了，下一步如何走？［EB/OL］. http：//toutiao. com/i6229782846991499778/？tt_ from = weixin_ moments & utm_ campaign = client_ share & from = groupmessage & app = news_ article & utm_ source = weixin_ moments & isappinstalled = 0 & iid = 3309573678 & utm_ medium = toutiao_ ios & wxshare_ count = 24，2015 - 12 - 19.

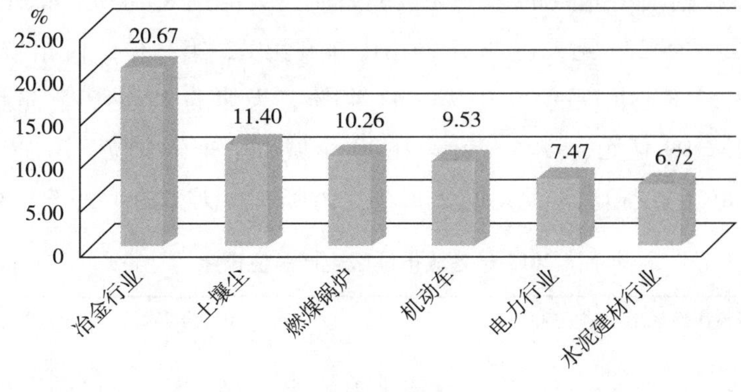

图3　唐山污染源贡献率

（二）部分城市因生态环境保护与建设而限制了发展

京津冀城市群中，有部分城市承担着区域生态功能区建设的重要责任。如：张家口、承德（以下简称张承）两市兼具京津“水源涵养重要区”和“防风固沙重要区”两个极重要的生态功能[1]。2014年，两市被列入国家主功能区建设试点示范[2]。2014年2月，习近平总书记明确提出将张承地区定位于“京津冀水源涵养功能区、同步考虑解决京津周边贫困问题”。这既明确了张承生态功能区的重要定位，也指出了两市在保护与发展方面的矛盾尖锐，生态贫困问题突出。

1. 生态环境保护限制了城市经济发展

张承两市地处河北北部，总人口845万，国土总面积763.3万公顷。国家实行分税制、财政分灶吃饭后，张承两市既要履行生态环境保护、生态功能区建设的职能，又须自己解决财政吃饭问题。

为维护京津冀生态安全，张承两市大力调整产业结构，关停企业近2 000家，直接影响近70万个就业岗位。同时，一大批两市产业项目受环境政策制约不能上马，而符合环境政策的风电产业，也因输电线路短缺和电力体制等因素制约，“弃风”现象严重，不仅影响了已建装机的经济效益，更制约了风电等新能源产业的进一步发展。给两市的经济发展、产业壮大、人口就业造成了较大的影响。

2007年以来，承德利税呈减少趋势，2015年实现财政收入163.5亿元，比上年下降16.8%。其中，公共财政预算收入97.4亿元，下降9.5%。税收收入69.7亿元，下降16.1%①。

张承两市在城市群中的经济发展水平偏低（见表3、表4）。2015年全市地区生产总值分别为1 363.54亿元、1358.60亿元，在13个城市中排在第10、第11位，占河北省总量的

① 承德市统计局国家统计局承德调查队．承德市2015年国民经济和社会发展统计公报［EB/OL］. http://tech.gmw.cn/newspaper/2016－02/16/content_111078620.htm，2016－02－16.

4.57%、4.56%，仅相当于北京的5.93%、5.91%，天津的8.24%、8.21%。人均生产总值分别为30 837元、35 533元，在13个城市中排在第8、第9位，仅相当于河北省平均水平的76.82%、88.52%，北京的29.01%、33.43%，天津的28.84%、33.24%。一般公共预算收入分别为132.99亿元、97.4亿元，在13个城市中排第9位、第12位，占河北省总量的5.02%、3.68%，仅相当于北京的2.82%、2.06%，天津的4.99%、3.65%。

表3　　2015年各城市地区生产总值排序

2015年各城市地区生产总值排序			2015年各城市人均生产总值排序		
序号	城市	地区 生产总值（亿元）	序号	城市	人均 生产总值（元）
1	北京市	22 968.6	1	天津市	106 908
2	天津市	16 538.19	2	北京市	106 284
3	唐山市	6 103.10	3	唐山市	78 354
4	石家庄市	5 440.60	4	廊坊市	53 769
5	沧州市	3 240.60	5	石家庄市	50 839
6	邯郸市	3 145.40	6	沧州市	41 847
7	保定市	3 000.30	7	秦皇岛市	40 689
8	廊坊市	2 473.90	8	承德市	35 533
9	邢台市	1 764.70	9	张家口市	30 837
10	张家口市	1 363.54	10	邯郸市	29 965
11	承德市	1 358.60	11	保定市	29 000
12	秦皇岛市	1 250.44	12	衡水市	27 506
13	衡水市	1 220.00	13	邢台市	24 256

表4　　2015年各市一般公共预算收入排序

序号	城市	一般公共预算收入（亿元）
1	北京市	4 723.9
2	天津市	2 666.99
3	石家庄市	375.00
4	唐山市	335.00
5	廊坊市	303.40
6	沧州市	210.90
7	保定市	196.90
8	邯郸市	190.60
9	张家口市	132.99
10	秦皇岛市	114.36
11	邢台市	102.70
12	承德市	97.40
13	衡水市	88.50

数据来源：各城市2015年国民经济和社会发展统计公报。

2. 生态保护加剧了相对或绝对贫困

为保障京津水源、生态安全，张承两市实施了“舍饲禁牧、退耕还林还草、稻改旱、禁止使用化肥农药以及逐步取缔水库投饵网箱养殖”等一系列措施，虽按一定标准予以补偿，但仍造成当地农牧民收入下降。

如：稻改旱，农民每亩减少收入近千元；舍饲禁牧，农民人均减少收入 3 000 元以上；取缔水库投饵养殖，使许多“靠水”为生的家庭失去主要收入来源等。因生态保护致贫返贫问题比较突出。

2015 年，张承两市城镇居民人均可支配收入分别达到23 841 元和22 885 元，在13 个城市中分别排第 9 位和第 11 位，分别为全省的 91. 16% 和 87. 51%，仅相当于北京的 45. 10%、43. 29%，天津的 69. 91%、67. 11%。农村居民人均可支配收入差距更大。2015 年，张承两市农村居民人均可支配收入分别为 8 341 元、7 923 元，在 13 个城市中分别排在倒数第 2 位、第 1 位，分别为全省的 75. 48%、71. 69%，仅相当于北京的 40. 55%、38. 52%，天津的 45. 13%、42. 87%。

表 5　　2015 年各城市人均可支配收入排序

序号	城市	城镇居民人均可支配收入（元）	序号	城市	农村居民人均可支配收入（元）
1	北京市	52 859	1	北京市	20 569
2	天津市	34 101	2	天津市	18 482
3	廊坊市	31 925	3	唐山市	13 935
4	唐山市	31 272	4	廊坊市	13 159
5	石家庄市	28 168	5	石家庄市	11 442
6	秦皇岛市	28 158	6	邯郸市	11 247
7	沧州市	26 350	7	秦皇岛市	10 782
8	邯郸市	24 630	8	保定市	10 558
9	张家口市	23 841	9	沧州市	10 389
10	保定市	23 663	10	邢台市	9 152
11	承德市	22 885	11	衡水市	9 030
12	邢台市	21 895	12	张家口市	8 341
14	衡水市	21 615	13	承德市	7 923

据了解，截至2015 年5 月底，张承两市 21 个县中仍有 16 个国家级贫困县和 3 个省级贫困县；贫困人口分别为 94. 76 万和 60. 35 万，占全市农业总人口的比重分别为 30. 32% 和 22. 82%。

二、绿色发展：破解发展与保护难题的必由之路

“绿色发展”是党的十八届五中全会提出的五大科学的发展理念和发展方式之一。其核心要义至少涵盖了两个方面的内容：

1. 经济要环保。任何经济行为都必须以节约资源、保护环境和生态健康为基本前提，它要求任何经济活动不仅不能以牺牲环境为代价，而且要有利于环境保护和生态健康。

2. 环保要经济。即从环境保护的活动中可以获取经济效益，将维系生态健康作为新的经济增长点，实现“从绿掘金”，破除生态贫困的魔咒。

因而，坚持绿色发展，是京津冀城市群解决因发展而破坏环境、因保护环境而限制发展等尖锐矛盾的必然选择。

解决因发展而破坏环境难题，实际是解决经济要环保问题，主要路径是：产业协同绿色转型，建立绿色低碳循环发展的产业体系；能源协同低碳转型，建设清洁低碳、安全高效的现代能源体系。

解决因保护环境而限制发展难题，实际是解决环保要经济问题，主要路径是：协同张承发展绿色生态产业，实现绿色富城、破除生态贫困。

（一）产业协同绿色转型：建立绿色低碳循环发展的产业体系

1. 协同发展现代服务业，提升产业结构层级

服务业是三次产业中资源能源消耗最少、环境污染最小的产业，京津冀各城市都已将加快发展现代服务业、提高第三产业比重，作为产业绿色转型升级的重要举措。对13个地级以上城市2016年政府工作报告进行梳理分析发现，各城市“十三五”时期拟重点发展的服务业重叠度较高，如：13个城市中有11个城市要加快发展现代物流业，10个城市要重点发展旅游业，分别有8个城市要加快发展金融业和健康养老产业，7个城市要加快发展商务与电子商务产业，分别有4个城市要加快发展大数据信息服务业、科技服务业、服务外包业……

京津冀城市群协同发展现代服务业，可重点选择城市发展意愿高、重叠度高、带动作用大、合作共生前景较好的重点产业，加大协同对接力度，加快构建“大物流”、“大旅游”、“大健康”、“大数据”产业发展格局，将其打造成京津冀城市群新的经济增长点和支柱产业，协同推动现代服务业发展上规模、上水平、升比重，提高城市群产业结构的层级，支撑产业的绿色转型。

“大物流”：协同打造天津（大宗商品交易所、交割库和海外仓等物流平台，跨境电子商务综合试验区）、石家庄、唐山（国家级物流枢纽）、秦皇岛（东北亚物流枢纽）、邯郸（冀中能源国际物流）、邢台（冀南物流中心）、保定（国家级现代物流创新发展试点城

市)、张家口（京张奥物流基地)、承德（连接京津冀辽蒙的重要物流枢纽)、沧州、廊坊、衡水（冀中南区域性物流枢纽）等服务京津冀、辐射全国乃至“一带一路”沿线国家和地区的现代物流枢纽和基地。

“大旅游”：协同推动“旅游+”全产业融合，形成城市群全区域、全要素、全时段、全品种的旅游形态，打造国际化的文化旅游、生态旅游、休闲旅游、运动旅游目的地。依托龙头企业、整合各城市的旅游资源，共同打造若干个精品旅游线路，如：京、津、秦（八达岭—黄崖关—老龙头）长城精品线路；津、秦（航母—北戴河）海滨休闲度假精品线路；京、津、唐、承（故宫—盘山—东陵—避暑山庄）皇家精品线路；京、张（草原天路、崇礼滑雪）冬奥会精品线路；京、津、承（冰雪温泉、狩猎马术、低空飞行、房车露营等）高附加值旅游精品线路；邯郸、邢台（东太行、大峡谷、云梦山等）太行精品线路等。

“大健康”：充分发挥京、津的健康诊疗优势，廊坊、保定紧邻京津的区位优势，张、承的生态优势，秦、唐、邢、邯等市相对较好的产业基础和自然环境优势，协同发展医疗+养老、保健、康复、娱乐等健康养老产业新型业态，探索跨区域季节式居住养老、候鸟式度假养老等健康养老新模式；协同打造廊坊燕达、保定涿州码头、北戴河生命健康产业创新示范区等一批集度假、疗养、保健、养老、娱乐于一体的京津冀大健康产业聚集区。

“大数据”：张、承是距离京、津最近的适宜大规模建设数据中心、发展数据储存产业的城市。京、津、张、承可以“中关村数据研发服务——天津数据装备制造、数据分析应用——张、承数据存储”为主线，共同发展大数据的核心产业、关联产业和衍生产业，努力打造“中国数坝”、“京津冀大数据走廊”。

此外，京津冀大城市群，还要以北京的金融业创新发展——天津的新型金融——石家庄、唐山、邢台、保定、沧州、廊坊等城市的金融服务业为链条，相互融通，协同发展大金融服务业，为城市群的产业绿色转型升级提供金融服务支撑。

2. 协同疏解过剩产能，减轻产业结构重量

京津冀城市群之间的产业转移，应该严格执行京津冀三省市发布的产业负面清单，严禁超出各城市资源环境承载力的项目再落地建设。共同实施企业转型升级行动，坚决淘汰落后产能和僵尸企业。加速“腾笼换鸟”，为优势企业腾出发展空间。

京津冀城市群化解过剩产能任务较重，如：唐山 2016 年就要压减炼铁产能 578 万吨、炼钢产能 450 万吨；邯郸到 2017 年，要完成压减炼铁产能 1614 万吨、炼钢产能 1204 万吨任务，规模以上重工业占 GDP 比重下降到 25% 以下。而经过前期各级政府主导的强力压减后，继续强行压减的阻力增大、风险增高。城市群可通过协同向外疏解，提高化解实效。城市群的政府有关部门、产业协会、行业协会，应借“一带一路”契机，整合城市群钢铁、水泥、玻璃等传统优势产业的过剩产能，抱团儿参与国际产能合作，推进过剩产能向“一带一路”沿线国家和地区疏解。

3. 协同实施绿色、智能制造行动，减少产业消耗和排放

京津冀城市群应积极协同对接国家“绿色制造工程”，协同组织实施一批绿色专项技术改造项目，协同推广清洁型生产方式，改造提升传统优势产业。

协同对接国家“智能制造工程”，实施京津冀城市群联网智能制造示范行动，建设城市群工业云平台，加快运用“互联网 + 协同制造”，选择城市群产业链衔接较好的重点行业，协同构建建立在竞合基础上的城市群智能制造系统。降低传统优势产业的资源能源消耗强度和污染排放强度。

4. 协同构筑现代制造产业体系，减轻产业的资源能源依赖

战略性新兴产业是现代产业体系的核心。对各城市 2016 年政府工作报告进行梳理分析发现，各城市均计划在“十三五”时期要加快发展战略性新兴产业，且拟重点发展的战略性新兴产业交叉度较高，如：13 个城市中有 11 个城市要加快发展高端装备制造，分别有 9 个城市要重点发展电子信息、新能源、新材料产业，分别有 7 个城市要加快发展生物医药、节能环保产业，6 个城市要加快发展新能源汽车产业。

京津冀城市群应围绕落实《京津冀协同发展规划纲要》，依据《京津冀产业转移指南》确定的产业发展格局，对接《中国制造 2025》战略部署，协同实施京、津、冀行动纲要，重点选择城市群发展意愿交叉度较高、产业链衔接前景较好的战略性新兴产业的重点领域，加强产业链上下游不同环节的对接合作力度，加快构建跨城市战略性新兴产业链和现代制造产业体系，提升产业技术含量，降低产业资源能源依赖度。

如：京—津—保—秦—邢等协同发展新能源汽车产业链，京—津—石等协同构建高端软件、集成电路、高性能服务器、导航终端等高端电子信息技术产业链，京—津—石—唐等协同发展运载火箭、空间站、空客等航天航空产业链，京—津协同发展传感器、智能机器人 3D 打印等高端智能装备产业链，京—津—石—唐—秦等协同发展轨道交通产业链，津—石—唐—秦—邢—张—廊等协同发展工程与专用装备产业链，津—秦—唐—沧等协同发展海洋工程装备产业链，津—唐—保—张等协同发展新能源与环保设备产业链，京—津—石—承—沧—廊等协同发展生物医药产业链，京—津—石—唐—邯—保—廊—邢等协同发展新材料产业链……提升产业技术含量，降低产业资源能源依赖度。

5. 协同发展节能环保产业，提升产业的环境友好度

借京津冀区域环境污染联防联控、生态环境共建共享之机，搭建区域节能环保产业平台，促成三地处于上下游的节能环保技术开发与咨询，节能环保工程设计、施工、运营、管理，节能环保监测、治理装备制造等，尽快结成几条可以提供整体解决方案的优势产业链，把节能环保产业技术优势尽快转化为产业优势和竞争优势。为企业创造更多参与区域节能环保工程建设的机会，加快企业和产业的成长壮大。

协同加强对现有资源的“二次开发”，让“沉睡”的财富“苏醒”过来、“零散”的财富“整合”起来。完善资源综合利用产业链，支持再生资源综合利用重点企业做大做强，协调建立京津冀区域报废汽车、废旧电子信息产品等工业固体废物回收体系，建立不同城市

间一体化、规模化的回收网络，形成资源综合利用产业的供应链；协同推广尾矿资源的综合利用；协同推进电力、钢铁等领域的粉煤灰、脱硫石膏、磷石膏、冶炼废渣等大宗工业固体废物的综合利用。促进天津子牙循环经济产业园、邢台节能环保产业园和桑德循环经济产业园、承德全国工业固体废物（尾矿）综合利用基地等真正形成环渤海、中国北方地区、京津冀地区的“城市矿山”基地。共同推进津冀（涉县·天铁）等循环经济产业示范区建设。

（二）能源协同低碳转型：建设清洁低碳、安全高效的现代能源体系

针对“一煤独大”的能源结构，加快京津冀城市群能源协同低碳化进程。加大太阳能、风能等可再生能源利用力度，鼓励发展分布式能源系统；提高接受外输电比例，加大天然气、煤制气等清洁能源比重。

1. 协同推动清洁和可再生能源的规模化开发利用

将京、津的科技、人才、资本优势与河北省的清洁和可再生能源的产业及资源优势相结合，加大研发和联合攻关力度，解决清洁和可再生能源开发、存储、长途传输、利用中的核心和关键技术以及资金问题。协同加强光伏、风电、生物质能、绿色电池、抽水蓄能等新能源的开发与利用。

协同加强风电基地建设。充分开发利用风能资源，在张承坝上地区开发建设千万千瓦级的集中式风电基地。协同解决张承地区风电产业发展中的“弃风”问题。加快张承—京津特高压输电线路、国家风光储输示范项目、风电基地配套电网工程、张承至京津电网送出工程等项目的规划与建设，加大张承地区的风电对京津冀城市群的供应量。

协同加强光伏发电基地建设。坚持集中式与分布式并重，上网销售与就地消纳相结合，在资源丰富区集中布局地面光伏发电站，建设张承地区千万千瓦级光伏基地。

协同加强水电调峰电源基地建设。根据京津唐电网对调峰容量的需求，充分利用张承地区优越的地形地质条件和水资源条件，为风电、太阳能发电等新能源电力的消纳提供保障，加快丰宁抽水蓄能电站建设，积极推进张家口尚义、赤城和承德庙宫、松树口、雾灵山抽水蓄能电站项目的规划与建设。

协同发展生物质能源。根据片区生物质可利用资源量，结合各市县资源的分布特点和收储运的难易程度，发展生物质能源。协同推进张家口市涿鹿华达秸秆生物热电二期、沽源县生物质热电、下花园生物质热电机组工程和承德市宏森木业、平泉奥科木煤生产及丰宁、承德、滦平、兴隆、平泉县生物质发电项目建设。

协同推进其他清洁能源建设。积极发展地热、油母页岩等清洁能源。

2. 协同推进新能源示范城市和重点项目建设

协同建设天津、保定全国首批低碳试点城市。协同建设保定国家新能源与能源设备产业基地。协同建设张家口国家级可再生能源示范区，通过规模化、多元化、创新式、链条式开发应用，建设全形式、全过程、高技术、高聚集、智慧化、可复制的示范基地。协同建设承德全国新能源示范市，重点抓好丰宁抽水蓄能电站、围场光伏发电、致城生物质燃料等重点

项目建设，增加清洁能源装机量。协同促进石家庄抓好井陉太阳能发电、生物质燃料等新能源项目建设。协同秦皇岛薄膜太阳能电池组件等项目建设。协同邢台加快太阳能光伏电站、太阳能电池等项目建设，进一步巩固太阳能电池产能、转换率全球领先地位。提高非碳能源的比重。

3. 协同解决高碳能源低碳化利用中的核心和关键技术问题

协同加强煤炭提质加工技术、高效燃煤发电技术、工业锅炉洁净燃煤技术、新型煤化工技术（包括煤炭液化，煤制醇醚、烯烃，煤制天然气等）等的研发与应用，加大天然气、煤制气等清洁能源比重，为城市群经济社会发展提供低碳能源支撑。

4. 协同鼓励发展分布式能源系统

近年来，分布式能源的发展十分迅猛，在能源系统中的比例不断提高，正在给能源工业带来革命性的变化。特别是随着户用分布式能源系统的发展（如屋顶太阳能光伏发电和燃料电池发电技术等），家庭已不再单纯是能源的消费者，同时也成为能源的生产者和销售者。分布式能源系统由于靠近用户端，输送损失小，加之安全性能好，日益受到发达国家的重视，成为发达国家节约能源；提高能效的重要措施。有专家预计，正如个人微型计算机进入家庭，并逐渐取代巨型计算机的统治地位一样，在不远的将来，分布式能源有可能取代集中式能源，成为能源工业发展的主力军之一。风力发电、太阳能光伏发电、生物质能发电等可再生能源发电系统，是分布式能源的重要组成部分。

京津冀大城市群可以协同鼓励发展分布式能源系统，对于规模较小的城市郊县、村镇，结合秸秆等生物质资源的利用，支持生物质为燃料的热电联产机组的发展；在风资源较好的张承接坝地区以及坝下地区，适度开发建设低风速、分布式风电项目，鼓励发展分布式风电、风电供热、风电制氢；在城镇中心区及产业聚集区利用公共设施布局分布式光伏发电；支持沼气发电、太阳能光伏发电、风力发电等小型分布能源系统发展，充分有效利用清洁能源资源，替代散煤燃烧，促进京津冀大城市群能源结构的低碳化。

（三）协同张承发展绿色生态产业：实现绿色富城、破除生态贫困

京津冀大城市群要针对张承地区因保护而限制发展、导致生态贫困的问题，加大对张承两市的产业帮扶力度。除了前面提到的在协同构建现代产业体系、低碳能源体系中的内容外，还要注重引导绿色生态产业项目向张承生态功能区布局，共同打造沿张承线的绿色生态产业带，帮助张承地区逐步建立起支撑自我发展的绿色生态产业体系，支持和帮助张承两市立市富民。

1. 协同发展绿色主导产业

在资金、技术等方面对张承地区高端旅游、文化创意、清洁能源、高新技术、新材料、先进装备制造、食品医药、养老康复、现代物流等主导产业予以重点扶持；支持张承地区打造文化旅游胜地、京津地区休闲度假目的地、京津绿色有机农产品生产加工基地、京津地区产业转移重要承接地、绿色产业发展集聚区、国家级清洁能源产业发展基地和京津科研成果

转化基地。

2. 协同建设绿色产业聚集区

针对张承地区产业布局分散、园区集中度低、污染治理难的问题，在园区水、电、路、讯及管网等配套设施建设方面给予资金支持，在金融信贷方面予以政策倾斜。

3. 协同建设重大绿色产业项目

支持和帮助张承地区落地一批立市富民的大项目，重点支持承德钒钛资源综合利用、大数据产业园、比亚迪承德新能源汽车及零部件生产基地、尾矿资源综合利用基地等项目建设。支持张家口张北—南昌 1 000 千伏特高压交流、婴幼儿奶粉、航空产业园、云计算、沃尔沃汽车生产基地等项目建设。

4. 协同做大做强绿色生态产业链

京、津及其他城市政府可以引导企业，加大对张承两市绿色生态产业的投入力度，协同做大做强绿色生态产业链。如：

——生态农业（牧业、林业）—绿色食品加工产业链

依托特殊的气候条件以及京津水源地等金字招牌，扩大高档马铃薯、燕麦、杂粮、食用菌、林果种植规模，做大做强鲜薯深加工、高档燕麦杂粮产品、食用菌制品、林果产品的深加工等区域特色产业链。加快建成京津绿色有机食品直供地、中国北方最大的食用菌生产销售集散地。

扩大饲用玉米、紫花苜蓿、黑麦草、燕麦、春箭舌豌豆等高产优质饲草作物种植面积，提高人工饲草料供给能力，缓解天然草场的生态压力，加快实现草畜平衡。根据草原载畜量标准，加快转变草原畜牧业发展方式，发展规模化、标准化、清洁化舍饲圈养，扩大牲畜暖棚、青贮窖、贮草棚面积，增加饲草饲料机械。通过堆肥处理、大中型沼气建设等措施对粪污进行无害化处理。做大做强高产牧草种植——集约化养殖——高档肉、奶等畜牧产品深加工产业链。

——生物医药产业链

扩大中药材种植面积，做大做强中药饮片、中成药、营养保健品制造产业链。加快建设燕山中药材经济核心示范区。

——生态资源产业链

扩大植树造林规模，减少毁林，增加森林碳汇、清新空气、清洁水等生态资源产品生产量、蓄积量，提高生态资源产品质量和价值量，做大做强生态资源产品产业链。

——清洁能源产业链

利用张承地区风能、太阳能资源丰富的优势，发展集中式风电光电基地、分布式发电、光伏扶贫项目，建设清洁能源电池生产基地，提高风能、太阳能等清洁能源就地消纳能力，将其转化成新能源汽车动力电池等，做大做强风能、太阳能—动力电池产业链，解决弃风、弃光、扶贫等问题。

通过协同张承发展绿色生态产业，提高张承两市的经济实力，增加财政收入，扩大就业规模，实现绿色富城、破解生态贫困难题。

参考文献

[1] 王安顺．北京市人民政府2016年《政府工作报告》，2016-02-03.

[2] 张庆伟．河北省人民政府2016年《政府工作报告》，2016-01-15.

[3] 陈一诺．京津冀GDP占全国10.2% PM2.5平均浓度降10.4%，2016-03-04.

[4] 环保部．环境保护部发布2015年全国城市空气质量状况，2016-02-04.

[5]［8］张田勘．主要污染源找到了，下一步如何走？2015-12-19.

[6] 天津市统计局，国家统计局调查总队．《天津统计年鉴》（2015年）[Z]（表13-1）．2015-09.

[7] 佚名．钢铁“去产能”各省基数面临“一刀切”．2016-04-12.

[8] 周迎久．河北11市完成PM2.5源解析　污染源各不相同．2015-05-15.

[9] 张航．北京空气污染源解析：PM2.5污染源三成来自京外．2014-04-15.

[10] 韩爱青．天津市颗粒物源解析结果公布　扬尘是最大污染源．2014-08-23.

京津冀经济圈财政合作的逻辑与横向财政转移支付制度构建研究

◎段　铸[①]　程颖慧

〔**内容摘要**〕财政竞争必然走向财政合作，竞争之中的合作理当成为政府间财政关系的基本态势。应该在鼓励和保护政府间开展有序财政竞争的同时引导和促进有序化的财政合作。基于此，本文从理论上分析了京津冀政府间财政合作的必要性及现实约束性，并探究了京津冀三地财政竞争行为的经济效应，最后构建了适合京津冀经济圈财政合作的横向财政转移支付制度。

〔**关键词**〕财政合作　财政竞争　横向财政转移支付

一、现实背景及既有研究

必须充分认识到，区域经济一体化的制度框架并不必然带来区域经济协调发展这一诱人愿景。存在多年的环首都贫困带就足以证明这点。本文认为，在既定的制度框架下，各地政府财政策略性行为的存在及演进，将影响甚或加剧京津冀经济圈三地之间的发展差距。此间的财政行为包括财政竞争和财政合作。

地方政府间财政竞争是地方各级政府为了吸引更多的稀缺或优质经济资源流入本辖区。政府间财政竞争在促进地方经济快速增长的同时，也拉大了区域发展的差距。从竞争走向合作是现代政府行为的基本趋势，这个转变过程将深刻影响着区域经济发展格局。为此，学者对财政竞争与财政合作进行了多角度的研究。

1. 政府间财政竞争及其相关研究。（1）财政竞争必要性研究。Bretion（1998）认为地方政府间的财政竞争提高了辖区居民的福利，从而提供了有效的公共服务[1]。（2）财政竞争

① 作者简介：段铸（1976.01—），男，汉族，山西繁峙人，经济学硕士，河北金融学院保险系，副教授。研究方向：区域财政理论。

形式研究。钟晓敏（2004）、伍文中（2010）等认为财政支出竞争将逐步取代税收竞争而成为地方政府间财政竞争的主要手段[2][3]。（3）财政竞争效应研究。Brueckner（2000）从不同角度实证了财政竞争所带来的负面效应[4]。傅勇、张晏（2007）认为中国的财政竞争是典型的“为增长而竞争”，无法促进中国经济的可持续发展[5]。（4）财政竞争存在问题及发展方向研究。Oates（1985）认为应该限制财政竞争行为[6]。Marchand（1997）则认为应该鼓励和引导财政竞争行为[7]。

2. 政府间财政合作及其相关研究。（1）财政合作及其效应研究。成为杰（2011）通过系统耦合理论验证了财政合作能促进区域市场一体化进程[8]。赵明刚（2011）进一步发现财政合作在促进民族团结、社会稳定等方面有独到作用[9]。（2）财政合作路径研究。Elinor、Ostron（1990）基于多中心治理理论视角对公共事务的财政合作的行动逻辑进行了卓有成效的研究[10]。杨龙（2008）探析了地方政府之间财政合作的动力及过程，探索式提出我国地方政府财政合作的三种模式[11]。付承伟（2012）以京津冀经济圈为例，探讨了大都市经济区内政府间财政竞争与合作机制。发现京津冀三地虽有财政合作意愿，但各自需求并不完全契合[12]。首都经济贸易大学课题组（2014）的研究发现，政府间财力差距导致京津冀财政协同难以维持。

综上研究，结合京津冀经济圈的发展，本文认为未来研究必须在政府间财政行为演进规律基础上，探究财政竞争和财政合作的耦合，以更好地实现京津冀经济圈的协调发展。

基于此，本文以京津冀经济圈政府间财政行为的协调性为研究的切入点，以财政竞争和合作行为的有机耦合为研究的落脚点，目的是在协调财政行为的前提下实现京津冀经济圈的和谐发展。

二、京津冀三地财政能力的比较分析

（一）京津冀历年人均财政收入比较分析

京津冀三地由于种种原因，三地财力差距高居不下，从表1数据不难看出，2006年北京市的人均财政收入为河北省的7.8倍，天津市为河北省的4.3倍；近年来，河北省财政实力有了较大提高，但与北京市和天津市相比还相差甚远，至2015年北京市的人均财政收入仍为河北省的6.1倍，而天津市为河北省的4.8倍。

表1 **京津冀经济圈人均财政收入对比表** 单位：元

年份	北京市	天津市	河北省
2006	698	388	90
2007	891	485	114
2008	1 038	575	136
2009	1 090	670	152

续表

年份	北京市	天津市	河北省
2010	1 200	823	186
2011	1 489	1 074	240
2012	1 603	1 246	286
2013	1 731	1 413	313
2014	1 872	1 576	332
2015	2 176	1 724	357

数据来源：北京市、天津市、河北省国民经济统计年鉴（2007—2016 年）。

（二）京津冀历年人均财政支出比较分析

人均财政支出代表了政府实际实现的财政能力。如果各地区人均财政支出差异过大，就将导致各地投资环境、教育投入等方面的差距，进而导致区域间经济社会发展差异进一步扩大。从表 2 可以看出，2006 年北京市的人均财政支出为河北省的 4.7 倍，天津市则为河北省的 2.9 倍；近年来，京津冀协同发展给河北省财政支出带来了较快的增长空间，但 2015 年北京市人均财政支出仍为河北省的 3.5 倍，天津市人均财政支出仍为河北省的 2.8 倍，京津冀协同发展势在必行。

表 2　　京津冀经济圈人均财政支出对比表　　单位：元

年份	北京市	天津市	河北省
2006	810	506	172
2007	985	605	217
2008	1 107	738	270
2009	1 247	916	334
2010	1 385	1 060	392
2011	1 608	1 326	489
2012	1 782	1 517	560
2013	1 974	1 732	602
2014	2 103	1 902	634
2015	2 643	2 090	759

数据来源：北京市、天津市、河北省国民经济统计年鉴（2007—2016 年）。

三、京津冀财政竞争存在性的检验

（一）财政竞争检验方法简介——空间计量模型

空间数据分析（Spatial Data Analysis），是用于分析地理事件的一系列技术的总称。经典统计学在分析空间数据时建立在大样本和样本彼此独立两个基础之上。但这两个假设通常都得不到满足。空间分析技术正是在这种背景下应运而生的。

尽管地方财政的执行范围限于特定地区，但现实中某一地方政府的财政会对其他地区的财政行为造成空间外部效应。最为明显的是，如果某个地区通过扩大财政支出而建立了更为完善的发展环境，那经济资源就有可能被吸引到该地区，从而相邻地区之间的经济和社会发展差距就有可能拉大。这就是财政竞争的经济效应。

使用空间相关性标准检验财政竞争性的存在其实等同于对地方财政的空间外部效应进行经验研究，本文建立财政竞争的基本经验模型：

$$y = \beta x + \varepsilon \tag{1}$$

其中，y 是由 n 个地方政府财政行为构成的因变量向量，x 为 k 个解释变量构成的 $n \times k$ 阶矩阵，β 为待估计系数，ε 为误差项。如果 $\beta < 0$，则说明地方政府间存在财政的竞争行为，即一个地区财政诱发了其他地区财政行为的策略性跟进。

（二）京津冀经济圈财政竞争的检验——基于财政支出角度的分析

随着社会的进步，财政支出竞争将逐渐成为政府间财政竞争的主要手段。而财政支出的竞争手段主要包括以改善基础设施状况的“硬”竞争和改善民生服务的“软”竞争两种，两者的效应各不相同。“硬”竞争往往是财政支出竞争的初级阶段，以“抢”资本为主。“软”竞争往往处在财政支出竞争的高级阶段，以“抢”人才为主。

根据前文的空间相关性标准的基本原理，本文把传统的收敛模型加入空间因素，具体分析了京津冀三地 1995—2015 年财政支出的空间相关情况①。

表 3　　京津冀财政支出总量竞争情况（1995—2015 年）

模型	β	λ	ρ	*Logl*	*LR*	R^2
OLS	-0.2977**			7.28		0.690
SLM	-0.3201*	0.1057**		6.42	0.547	0.786
SEM	-0.1078	0.2256**	0.321*	6.78	0.628	0.839

注：***、**、*分别表示在 1%、5%和 10%水平上显著。

不难看出，京津冀经济圈政府间 1995—2015 年存在着显著的财政支出竞争行为。当然，分权财政体制下，政府间财政竞争是政府财政行为的常态。问题在于，从京津冀一体化这一宏观背景下，难免导致市场分割、基础设施重复建设、产业结构趋同、盲目引进、地方保护等问题，不利于京津冀经济圈一体化进程。

在证实了京津冀经济圈财政竞争性的前提下，更进一步，本文对京津冀三地财政支出竞争进行结构性解析，探究其竞争策略及手段。财政“硬”竞争检验主要检测政府基础设施建设支出的空间相关性情况，财政“软”竞争检验主要检测政府基本公共服务支出的空间

① 资料来源：北京市统计年鉴 1996—2016 年，天津市统计年鉴 1996—2016 年，河北省统计年鉴 1996—2016 年

相关性情况。

表 4　　京津冀财政硬竞争情况（1995—2015 年）

模型	β	λ	ρ	*Logl*	*LR*	R^2
OLS	-0.954 **			-16.221		0.442
SLM	-0.871 *	0.552 **		-14.282	5.044	0.306
SEM	-0.540 **		0.487 **	-13.773	6.779	0.719

注：＊＊＊、＊＊、＊分别表示在1%、5%和10%水平上显著。

表 5　　京津冀财政软竞争情况（1995—2015 年）

模型	β	λ	ρ	*Logl*	*LR*	R^2
OLS	0.3416 **			7.24		0.814
SLM	-0.0448 *	-0.1492		7.15	0.461	0.757
SEM	0.4976 **		0.2201 *	6.89	0.4865	0.597

注：＊＊＊、＊＊、＊分别表示在1%、5%和10%水平上显著。

可以发现，京津冀三地之间财政“硬”竞争十分显著。而“软”竞争不显著，只有在SLM模型中存在。这说明，京津冀三地之间竞争尚处在以基础设施的便利和完善来吸引资本流入的初级阶段。这也从另外一个角度证明了京津冀经济圈政府间财政支出竞争没能给公众带来福利水平的提高，倒是给资本提供了长足或者过剩的公共服务。

四、京津冀经济圈财政竞争的效应分析

财政竞争效应传递路径一般是：财政能力差异—财政竞争力差异—经济资源流向差异—区域经济差距。学者对此已做了证明①。本文将基于资本流动性角度验证京津冀经济圈财政竞争的经济效应。

（一）京津冀经济圈资本流向的比较分析

财政竞争必然导致资本朝向政策“洼地”流动，以可利用外商直接投资（FDI）为例，2006 年北京市人均利用外资是河北省的12.2 倍，而天津市与河北省相比更是高达17.8 倍，近年来河北省利用政策优势加大了招商引资的力度，河北省人均利用外资有了一定的提高，但仍然与京津相比有较大的差距，并且在2015 年差距进一步地拉大。2015 年北京市人均利用外资达到了河北省的17.8 倍，天津市人均利用外资达到了河北省的11.8 倍。

① 伍文中．政府间财政支出竞争的经济效应研究［D］，山东大学，2010－06.

表 6　　京津冀历年人均利用外资情况表　　单位：美元

年份	北京市	天津市	河北省
2006	4 353.6	6 381.4	358.1
2007	5 228.0	7 433.9	419.4
2008	5 550.3	7 977.4	484.2
2009	5 731.2	7 956.1	526.1
2010	6 075.8	8 439.1	560.9
2011	6 655.0	8 599.7	631.2
2012	7 218.7	8 415.7	671.8
2013	8 373.8	8 656.5	743.8
2014	9 341.4	9 502.1	841.5
2015	17 547.9	11 721.3	991.6

（二）京津冀经济圈财政竞争引致经济差距的实证检验

对区域经济差距程度的评估一般使用区域各单元经济发展趋同程度来衡量。在经济分析中，“趋同”代表着地区间的差距随着时间的推移而缩小。这种趋势又叫收敛性，反之则是发散性。一般而言，经济收敛可以分为β收敛、σ收敛和俱乐部收敛。本文使用β收敛方法（包含绝对β收敛和相对β收敛）来检验京津冀区域经济差距程度。

1. 京津冀经济圈经济差距情况分析

不妨选取人均地区生产总值来管窥京津冀三地经济发展水平的差距。

表 7　　京津冀经济圈经济差距对比表　　单位：元

年份	北京市	天津市	河北省
2006	50 710	41 520	16 630
2007	58 760	47 110	19 600
2008	62 770	57 140	22 910
2009	65 340	61 260	24 510
2010	71 940	71 020	28 400
2011	80 500	83 450	33 860
2012	86 420	91 260	36 470
2013	93 620	98 000	38 790
2014	99 120	103 680	39 850
2015	106 010	106 910	40 150

数据来源：北京市、天津市、河北省国民经济统计年鉴（2007—2016）。

从表7可以看出，北京和天津的人均地区生产总值基本逼平，但都远高于河北省。2006年北京市人均地区生产总值是河北省的3.1倍，天津市人均地区生产总值是河北省的2.5倍；到了2015年，北京市人均地区生产总值是河北省的2.6倍，天津市人均地区生产总值是河北省的2.7倍。虽有进步，但差距仍然很大。这给京津冀经济圈经济一体化带来了整合的难度。

2. 京津冀经济圈经济差距的收敛性判定

根据国内外对区域经济收敛判定的基本做法，本文选取人均地区生产总值（rgdp）、人均收入水平（rincome）、人均消费水平（rexpend）对京津冀三地1995—2015年经济发展水平趋同趋势进行OLS回归分析①。得出如下结果：

表8　　京津冀经济圈经济水平收敛性检验

	β绝对收敛				β条件收敛			
	经济圈	北京	天津	河北	经济圈	北京	天津	河北
$\lambda(rgdp)$	0.011	0.077*	-0.070	-0.030	-0.021*	-0.048**	0.018	-0.022*
$\lambda(rincom)$	0.0035	-0.046	0.016	0.034*	0.044**	0.051*	0.011	-0.030*
$\lambda(rexpend)$	0.055*	0.238**	0.022	-0.025**	0.057	0.022	0.014	0.041
Adj R2	0.847	0.904	0.825	0.899	0.808	0.89	0.90	0.93
see	0.0224	0.036	0.016	0.025	0.212	0.22	0.191	0.14

注：* 表示10%水平上显著，* * 表示5%水平上显著。

可以看出，人均国内生产总值、人均收入、人均消费水平在经济圈内斗不存在绝对收敛。控制了一些条件变量之后，人均生产总值在经济圈内条件收敛，而人均收入、人均消费水平仍然发散。

3. 京津冀经济圈财政竞争引致经济差距效应的实证检验

财政行为倾向势必影响各地方经济发展差距，尤其是政府间财政竞争行为。就中国而言，前些年的财政竞争的核心是围绕地区生产总值而展开的政绩性竞争。考虑到现实生活中，经济增长是多因素作用的结果。所以我们将财政竞争行为与经济增长差距相关分析的回归方程设定为

$$GRW_{it} = \beta_0 + \beta_1 fcs_{it} + \beta_2 fcp_{it} + \beta_3 fcg_{it} + \beta_4 fdi_{it} + \beta_5 lab_{it} + \varepsilon_{it} \qquad (2)$$

其中，GRW为地区经济增长率，$\beta_0 \sim \beta_5$为相关系数，fcs_{it}、fcp_{it}、fcg_{it}分别表示财政支出中的经济性支出竞争度、民生性支出竞争度、维持性支出竞争度，分别用各类支出相对财政收入增长速度表示；fdi_{it}、lab_{it}分别表示资本和劳动力的流入速度；ε_{it}为干扰项。根据统计数据，进行面板数据回归，得出如下结果：

① 计算条件收敛时候，考虑了区位优势、转移支付、政策等要素。

表 9　　京津冀经济圈财政竞争与经济增长相关性分析

变量	经济圈	北京	天津	河北
fc	0. 0754 ** (0. 90)	0. 759 ** (1. 66)	0. 3014 * (1. 76)	0. 01247 (1. 45)
fcs	0. 0457 *** (0. 81)	0. 1724 (0. 21)	0. 617 (−0. 51)	0. 02690 ** (1. 79)
fcp	0. 01426 * (0. 88)	0. 02147 * (1. 51)	−0. 03549 ** (−1. 36)	−0. 2059 *** (−0. 43)
fcg	−0. 05504 (−0. 20)	−0. 07456 ** (−1. 63)	−0. 02544 ** (−0. 304)	−0. 06501 *** (−0. 46)
fdi	0. 0648 * (2. 32)	0. 2163 * (2. 74)	0. 2136 (2. 01)	0. 0654 (0. 55)
mlab	0. 02105 (1. 01)	−0. 02267 * (−0. 88)	0. 03649 (1. 66)	0. 02199 * (0. 36)
常数项	6. 47 *** (4. 55)	−6. 05 ** (−5. 78)	−3. 009 ** (−5. 96)	−0. 781 ** (−5. 03)
R^2	0. 884	0. 895	0. 721	0. 806
$Adj.\ R^2$	0. 816	0. 820	0. 554	0. 703
DW	2. 74	2. 66	1. 90	1. 62
F 检验 P 值	2. 031 0. 0020	5. 009 0. 0000	4. 117 0. 000	1. 008 0. 202
H 检验 P 值	12. 245 0. 0000	29. 028 0. 0000	26. 555 0. 0021	

注：(1) 括号中数值为 *t* 值。(2) ＊＊＊、＊＊、＊分别表示在 1%、5%、10% 的水平上显著。

可以发现：总体上，财政竞争有利于京津冀经济圈单个经济体的经济增长，但是不利于经济圈整体经济的协同发展，导致了“因患寡而患不均”的窘境。与此同时，无论是财政的维持性支出竞争还是民生性财政支出竞争都给三地政府带来了日渐增加的财政压力。客观地说，未来三地政府理当在“共赢”的视角下进行财政合作。因此，京津冀经济圈必须鼓励和保护政府间有序的财政竞争，同时要积极引导和促进政府间制度化的财政合作，也即在“作对激励”的同时“作对协调”。

五、京津冀经济圈财政合作的横向财政转移支付制度构建

（一）京津冀经济圈财政合作的必要性

1. 应对区域竞争的需要。中国目前已有三大经济圈：珠三角、长三角、京津冀，这三

大经济圈是中国经济最富活力的地区，也是未来中国经济社会创新的主体。为能在未来竞争中胜出，三大经济圈正在进行着或明或暗的角逐。为此，京津冀经济圈必须加快财政行为的整合，减少内耗，增强其凝聚力，方能有自己的立足之地。

2. 产业转移的需要。优化产业结构和提升产业竞争力是京津冀经济圈的“命门”。京津冀经济圈内不仅存在明显的产业梯度落差，也存在日渐扩大的科技落差。因此，京津冀三地基于各自的比较优势进行区域产业转移，是今后较长时期内经济协作重点。京津两地迫切需要转出相对落后产业，为高新技术产业腾出发展空间。而河北省需要承接京津两市相对高端产业，以达到三方互相优化产业结构的目的。

3. 跨区公共服务供给的需要。跨区公共事务呼唤着政府间的财政合作。京津冀之间跨区公共事务很多，最为紧迫和现实的是跨区基础设施建设和跨区环境保护两个方面。就交通基础设施建设而言，目前京津冀之间仍存在着“对而不接、近而不通”的窘态。这造成区域间要素流动成本上升，其将影响京津冀经济圈的投资环境和产业布局。例如京张铁路、涿州—北京新机场城际铁路、曹妃甸—天津—黄骅滨海通道、京津冀两小时经济圈等项目急需三地政府之间的财政合作。就环境合作治理而言，京津冀经济圈三地政府更应该通力合作。随着城市不断扩张，尤其是近年来经济圈高速发展所带来城市空间饱和、环境污染等问题日渐严重，影响了经济圈的可持续发展和对外声誉。

4. 城市化发展的需要。十八大以来，推进新型城市化成为未来我国经济和社会发展的支撑点之一。就京津冀而言，新型城市化发展面临三大问题：第一是城市空间扩展问题，尤其是北京和天津日益遭受到城市发展空间狭窄的瓶颈。第二是城市群的功能定位问题，对北京和天津而言，如何在狭隘的城市空间进行多功能定位已经日渐困难。第三是城市经济带的可持续发展。相比以广州为核心的珠三角和以上海为龙头的长三角，京津周边大多是穷“邻居”，这导致北京、天津很难做到可持续发展。因此，三地财政合作扶贫是大有可为的。

5. 历史成本补偿的需要。长期以来，为支援首都建设，环京津经济资源尤其是河北省优先甚至无偿供应给北京、天津。而京津两地经济发展之后，对河北产生了强烈的“虹吸效应”，使得河北省多年来实质性对北京市和天津市进行变相的财政补贴和财政输出。

（二）京津冀经济圈横向财政转移支付制度构建

公民基本财政权利的均等实现，是中央政府与各地方政府的共同责任。就基本财力均等而言，中央政府的责任在于通过纵向财政转移支付实现“筑基”。地方政府的责任在于通过财政努力实现“补强”。但由于各地方政府财政实力的差距，富裕的地方政府具有补强的能力，而贫穷的地方政府则没有。所以，京津冀协同发展战略背景下必须通过横向财政转移支付制度将富裕地区的部分财力转移到贫穷地区，以均衡各地方政府的履责能力。这在国际上有先例可循。

德国的横向财政转移支付是当今世界最为成功的。德国实施的横向财政转移支付是在增值税预先平衡基础上通过对州人均收支水平进行评估，然后全盘考虑财力基数与公共支出需求等因素，最后通过建立长效机制，使得相对财力强的州按照一定的级数对财力弱的州进行财政性转移支付，实现州之间的协同发展。

我国已有的对口援建本身就具有横向财政转移支付的特性，发达地区通过对欠发达地区在资金、人力资源以及科学技术等方面的资助以实现辖区间的基本财力平衡，其愿景是协同发展。当前，京津冀三地财力上的不均衡使得其过于重视自己辖区的经济效益，而忽略经济圈区域整体效益，既不利于经济圈内资源的优化配置，也阻碍了经济圈内的生态共赢、空气治理以及经济圈内的公共设施的协同建设。为此应从顶层设计，由国家支持，京津冀共同构建区域性的横向财政转移支付制度，构建一个制度更科学、财力有保障的财税体系来协同解决辖区内关乎民生的基础设施、美丽生态、均等公共服务的建设资金需求，使得京津冀协同发展取得实质性的推进。

1. 京津冀协同发展视阈下横向财政转移支付制度的内容体系

科学的横向财政转移支付内容对京津冀协同发展的顺利实施有着至关重要的作用，借鉴德国的成功经验，笔者认为，京津冀经济圈横向财政转移支付制度的内容体系应包括以下几个方面：

（1）基础产业发展资本类的横向财政转移支付

京津冀经济圈协同发展过程中，很容易产生一个明显的资本“门槛效应”，也就是如果经济圈内人均收入和积累到了一定的“临界值”，辖区内政府具有提供基础设施建设相匹配的财政积累，这个时候资本市场便能发挥其独有的功能，与辖区内的经济增长达成一种相互增长的互动关系，辖区内的经济为此能够在较高的水平上运行，资本市场也能顺利地将优质资源配置到市场最需要的区域和效益较高的项目上，从而推动资本生产率与经济圈经济增长率的提升。

相关理论证明，市场经济下的经济圈的开发，资本市场应占据主导地位，但辖区内政府财政应起到先导的作用。这个先导也就意味着要求经济圈内政府通过科学的财政安排，建立“京津冀协同开发专项基金”。在基金的来源上，鉴于目前京津冀三地的财力差异，建议从顶层设计，可以选择由国家开设特别税种筹集，也可统筹安排，由京津冀三地政府按比例提取，更可选择在资本市场发行“京津冀协同发展债券”的方式来募集。这样一来，京津冀经济圈基础产业发展过程中的资本“临界值缺口”便能够得到较好的解决，有助于京津冀的协同发展。

（2）京津冀经济圈扶贫类的横向财政转移支付

贫穷是当今世界首要的三大难题之一，对人类的经济和社会发展产生着巨大的阻碍作用。消灭贫穷也是京津冀经济圈协同发展下共同解决的重要目标之一，是京津冀经济圈横向财政转移支付内容体系中的灵魂。结合我国实施多年的对口援建，笔者认为，京津冀经济圈扶贫类横向财政转移支付由以下两方面组成：

①区域共赢，从救济式扶贫到开发式扶贫的横向财政转移支付。过去一段时间内，京津

冀经济圈内政府间实行的更多的是一种简单的救济式“兄弟支援模式”，这种授之以“鱼”的方式并不能够有效地利用京津冀经济圈内不发达地区的自然资源优势，解决其技术和知识上的短板，使其辖区内的居民真正实现脱贫致富。而开发式的扶贫则能通过向不发达辖区进行资金、技术、人力、教育培训相结合的综合转移，充分挖掘不发达地区的自然资源优势，实施全面的开发性建设，带动不发达地区形成自我发展的能力，真正实现京津冀经济圈的协同发展。我国多年实施的地区扶贫开发证明在目前京津冀经济圈内实施开发式的扶贫是三地协同发展的重要保证，是经济圈内不发达地区脱贫致富的有效途径，开发式扶贫横向财政转移支付应包括京津冀三地政府间以自然资源开发和市场开拓为重点的所有资金、物资、技术、人力等的支出和转移，该项转移在现阶段是京津冀扶贫类横向财政转移支付的重点，直至不发达地区完全脱贫才能完成其历史使命。

②重点特困地区扶贫类横向财政转移支付。重点特困地区扶贫是指政府有预算的统筹调配财政扶贫转移支付资金，统一安排，以物质帮助的方式对重点特困地区进行的扶贫财政转移支付，我国现阶段实施的援藏、援疆属此范围。从京津冀经济圈当前发展的现状来看，由于经济发展上的差距，河北省存在着一些特困地区，京津冀的协同发展需要从顶层设计，统筹安排，依靠京津发达地区对其进行针对性的脱贫援助，挖掘河北省特困地区的自身潜力，在中央“父爱”和京津“兄助”的财政转移支付下最终达到脱贫的目的。而这种顶层设计，统筹安排的横向转移支付是一种针对特殊地区的转移支付方式，有其存在的历史背景，实施科学能够对特困地区的发展起到“四两拨千斤”的倍数效应，而该项横向财政转移支付的存废应视京津冀地区经济圈发展的地区落差而定。

（3）产业结构协同横向财政转移支付

产业结构协同是指在经济发展水平不同的经济辖区间进行产业科学转移，经济发达地区的企业顺应辖区优势的转变，通过经济圈辖区内的投资区域转变，把部分产业的生产和加工转移到欠发达区域进行，从而在产业的空间分布上表现出经济圈内产业科学转移，一种经济圈内产业化对口援建的产业协同发展现象。其主要是经济圈内以发达地区的优质企业为依托，借助不发达地区的自然资源优势，以市场为导向，建立自然资源深加工基地，通过“引进来，走出去”联合起来闯市场的创新体制，逐步形成“贸易—加工—资源提供一体化、生产销售一条龙”的产业化经营体系，为不发达地区的产业结构升级形成长效机制，从而带动不发达地区的市场竞争力。

产业结构协同横向财政转移支付是在经济圈发展过程中，由于人工成本，环境成本，自然资源成本等不断地加大，政府间为了产业结构的协同发展，产业顺利转移，一般由转移方政府实施的为保障产业转移之后的经济和社会效益等目标所付出的政策资金等支出。

产业结构协同横向财政转移支付是加强不发达地区居民增收功能和提高自我发展能力的一种可行方式，同时也为经济圈内不发达地区在脱贫基础上实现快速致富提供了有力的保障。鉴于京津冀三地的资源成本差距，产业结构协同横向财政转移支付理应成为是未来京津冀经济圈横向财政转移支付体系中的重点和支点。

（4）生态补偿类横向财政转移支付

优美的生态环境是一种外部性比较强的公共产品，其受益者不单单是辖区内的居民，还包括辖区外的居民，如果仅仅从辖区的角度要求河北省维护其生态环境，由于京津冀三地的财力差距必然会导致其付出巨大的经济代价而京津地区却免费享受，其本身就不够公平，同时更将进一步拉大京津冀三地的财力差距，严重打击河北省保护生态环境的积极性。为此京津冀协同发展背景下，应从顶层设计，建立生态补偿类横向财政转移支付，以维护生态环境，促进京津冀辖区内居民宜居为目的，根据生态系统服务价值、生态保护成本、发展机会成本，由北京和天津生态受益者向河北省生态保护责任者、生态建设者承担经济损失而进行补偿。这样的转移支付是科学的，也是合理的，能有效激励辖区内政府保护生态环境的积极性，真正实现跨区域的利益共享机制。

（5）辖区间政府税收共享类横向转移支付

地方的税收收入决定着辖区政府提供公共产品和公共服务质量和数量，辖区经济的发展有助于税收的增长，税收与辖区的经济发展有着密切的关系，当前我国的分税制主要是中央税、地方税以及中央和地方的共享税，而地方与地方之间的税收共享却为空白。以个人所得税为例，根据我国现行的个税法规定，在中国境内任职、受雇的个人所得税纳税地点一般为任职、受雇单位所在地的税务机关，也就是属于收入来源地的政府。由于京津冀特殊的地理位置，现阶段出现了大量在京上班而居住河北燕郊的缴纳个税的工薪族，一方面，根据收入来源地的原则，其个税上交北京；另一方面，又在其居住地河北免费享受着辖区内政府提供的公共服务和公共产品，这对河北省来说是一种不公平的税制分配。为此应改革现有税制，建立京津冀辖区政府税收共享机制，从而推进京津冀协同发展。

2. 多渠道解决京津冀横向生态补偿转移支付资金的需求

实现京津冀政府间财政合作的重要保障是要有强有力的资金储备，目前依靠当前的政府财力和正在运行的投融资方式是唯一的资金获取渠道，显然资金来源很难实现京津冀三地的产业、交通、环境、公共服务等协同，尤其是在“搭便车”现象非常明显的生态环境上，其补偿资金就更显匮乏。在当前京津冀协同发展的战略背景下，应结合我国国情，创新思维，多渠道地开拓横向生态补偿转移支付资金的来源途径：

（1）征收生态补偿累进税，提升地区财政能动性

生态补偿累进税是根据保护生态的辖区为改善生态环境而付出的成本以及得益于生态环境改善的辖区量化后的生态受益水平计算出的超额累进税，这样的累进能够较大程度地提高环境保护的积极性，该部分税收收入可以用于因保护生态而放弃经济发展而遭受损失地区的财力返还。这部分税收的开征既可以提升京津冀各地区的财政能动性，又能很好地补充生态类横向财政转移支付的资金来源问题。

（2）立足顶层设计，实施专项预算列支

当前，我国地方政府都是采用政府间协商这种方式，通过政府间博弈确定横向财政转移支付的资金规模。京津冀协同发展已上升到国家的战略地位，为此，应中央挂帅，顶层设计，从国家角度颁布京津冀横向生态补偿法律法规，以立法的形式，确定出京津冀三地需要资金补偿地区所需的额度，在三地的政府预算里实施专项财政预算列支。

（3）发行生态保护彩票，提高公众环保意识

生态保护彩票的发行可以借鉴体育彩票、福利彩票的成功经验，彩票的最终收益除部分返还于彩民外，其余充盈于生态保护类横向财政转移支付资金。在有效拓展生态保护类横向财政资金渠道的同时，还可以提高公众的生态保护意识和生态保护热情。

3. 建立和完善相关法律法规，为横向生态补偿保驾护航

（1）顶层设计，尽快出台横向生态补偿财政转移支付相关法律

横向生态补偿财政转移支付属于省际间“兄弟式互助”的一种财政转移支付方式，当前我国还没有横向财政转移支付法律法规来约束和规范省际间的横向生态补偿财政转移支付。京津冀区域分属于不同的行政区划，受制于各自辖区财力和地方公共需求的差异，没有法律约束，单靠三地自发自愿的互惠补偿，很难有效实现互助协同。为此应顶层设计，尽快出台横向生态补偿财政转移支付相关法律，为京津冀建立横向生态补偿机制提供有力的法律保障，让京津冀协同发展这个战略目标能得以顺利实施。目前，国际上实施横向财政转移支付非常成功的国家是德国，在横向财政转移支付制度的助力下，德国有效快速地实现了东西德合并后的公共均等化，其成熟的法律法规为我国实施横向财政转移支付提供了有益的借鉴。

（2）健全和完善京津冀横向财政转移支付协调机制

京津冀特殊的地理位置，特别是北京作为国家的首都，辖区内过多的中央单位，优质的教育、科研、医院等公共资源如果没有中央的支持和配合，没有一个强有力的协调组织，京津冀横向财政转移支付很难实施，协同发展也很难实质性地推进，为此应尽快出台《京津冀区域协同发展法》。当前，我国并没有针对区域协同发展制定专门的经济发展法律法规，也没有一部针对特定地区的开发法案。为此，应从顶层设计，建立科学的《京津冀区域协同发展法》，通过法律来解决京津冀三地辖区利益问题，解决京津冀三地政府因体制和机制带来的财政保障问题，从而实质性地推进京津冀协同发展。

参考文献

［1］Breton. A Competitive Governments：An Economic Theory of Politics and Public Finance［M］. Cambridge：Cambridge University of Press，1998.

［2］钟晓敏．市场化改革中的地方财政竞争［J］．财经研究，2004（1）.

［3］伍文中．财政支出竞争存在性检验——基于变异系数的分析［J］．财经论丛，2010（4）.

［4］Brueckner，J. 1998，Testing for Strategic Interaction Among Local Governments：the Case of Growth Controls［J］.

Journal of Urban Economics, 44.
[5] 傅勇，张晏．中国式分权与财政支出结构偏向：为增长而竞争的代价［J］．管理世界，2007（3）．
[6] Oates. W. Searching for Leviathan：An Empirical Analysis［J］．*American Economic Review*，1985（75）．
[7] Marchand. M Fiscal Competition and the Pattern of Public Spending［J］．*Journal of Public Economics*，1997（66）．
[8] 成为杰．区域合作的系统耦合模型及现实分析［J］．华北电力大学学报（社会科学版），2011（12）．
[9] 赵明刚．中国特色对口支援模式研究［J］．社会主义研究，2011（2）．
[10] Ostron，Elinor，1990，Governing the Commons：The Evolution of Institutions for Collective Action，Cambridge University Press.
[11] 杨龙．地方政府合作的动力、过程与机制［J］．中国行政管理，2008（7）．
[12] 付承伟．产业集群理论对我国城市规划建设的启示［J］．城市规划，2012（12）．

自贸区金融改革创新视角下
京津冀金融协同发展动力机制研究

◎ 王学龙　舒　鑫　杨　帆①

〔**内容摘要**〕天津自贸区的发展离不开京津冀共同资源的支持，而京津冀区域一体化进程的推进，也离不开天津自贸区这个重要的对外开放平台。本文从天津自贸区开放与京津冀一体化发展两方面出发，在考察两者在战略方面具有重要关联性的基础上，分别探析了以天津自贸区为依托的京津冀协同发展的试验载体与开发开放问题，明确天津自贸区金融发展的金融定位以促进京津冀金融一体化发展，激发自贸区金融改革创新动力，寻找出一个协调两者之间战略目标衔接、提高经济资源在京津冀区域的高效配置的合理路径。

〔**关键词**〕天津自贸区　京津冀协同发展　改革创新

2015 年 4 月 30 日，中央政治局召开会议，审议通过了《京津冀协同发展规划纲要》，旨在创造一个以疏解非首都核心功能、解决北京“大城市病”为基本出发点，调整优化城市布局和空间结构，构建现代化交通网络系统，推进产业升级转移，推动公共服务共建共享，加快市场一体化进程，打造现代化新型首都圈，努力形成京津冀目标同向、措施一体、优势互补、互利共赢的协同发展新格局。在金融领域规划中重点强调了要实现京津冀金融市场一体化这一核心目标。而 2015 年 4 月，中国（天津）自由贸易试验区获批成立，其战略意义不仅在于对上海自贸区发展的复制与推广，更在于作为京津冀地区的重要对外窗口，为京津冀协同发展提供核心推动力。天津在落实《京津冀协同发展规划纲要》的过程中提出自身建设规划方案，特别是对天津自贸区的规划时，明确指出充分利用自贸试验区、自创示范区和滨海新区先行先试的政策优势，形成营商环境与国际接轨、投资贸易高度便利、示范引领作用强劲的改革开放先行区。

---

① 作者简介：王学龙，天津财经大学金融系主任，教授；舒鑫，天津财经大学金融学硕士研究生；杨帆，中国滨海金融协同创新中心助理研究员。本研究得到天津财经大学中国滨海协同创新中心课题的资助。

一、京津冀发展：新战略与新布局

京津冀三大城市群及其所直接影响的经济区域来构建应对全球竞争的国家竞争力，是国家发展规划和区域性规划的重要关注点。京津冀协同发展目标是成为世界性的“资金流”、“信息流”、“物流”、“人才流”等“流”的重要节点，成为影响乃至控制世界性经济体系的大城市群之一。

（一）京津冀协同发展新定位

2015年11月《京津冀协同发展规划纲要》中明确规定京津冀在区域经济中的定位。在关于“城市性质”中指出北京是中华人民共和国的首都，是全国的政治中心、文化中心，是世界著名古都与现代国际城和科技创新中心市。关于北京城市副中心通州，将打造成为国际一流的和谐宜居之地，创建新型城镇化示范区。天津是中国华北地区的经济中心城市，《纲要》确定其“一基地三区”的定位，即全国先进制造研发基地、北方国际航运核心区、金融创新运营示范区、改革开放先行区。围绕深化京津冀协同发展、推进城乡一体化发展、城市规划、绿化城市等方面提出建议。旨在把天津建设成为经济发达之都、创新创业之都、绿色宜居之都、魅力人文之都、和谐幸福之都。河北拥有丰富的矿产和自然资源，加强服务业的建设，着力创建全国现代商贸物流重要基地、产业转型升级试验区、新型城镇化与城乡统筹示范区、京津冀生态环境支撑区。

2017年4月1日，由中共中央、国务院下发通知，确定了以雄县、荣城和安县以及周边区域为整合的“雄安新区”，这是一个具有全国重大发展战略的新区。国家对雄安新区这片“白纸”描绘出发展蓝图，将该新区建设成为以下四种新城区：绿色生态宜居新城区、创新驱动发展引领区、协调发展示范区、开放发展先行区。雄安新区的建立势必会大力影响京津冀协同发展，推进人口资源环境相协调，也是探究生态文明建设的有效过程，拉动环渤海经济区域的快速进步。

京津冀协同发展还有较长的一段路要走，需要解决三地经济分工合作问题，三方应当是互利共赢、共同发展的关系，积极主动地抓住机遇、转型升级是协同发展战略的关键所在，应大力推进三地区域协调创新机制的发展，打造世界超级城市群。

（二）天津自贸区总体建设方案

2013年12月底，国务院总理李克强在天津滨海新区考察时提出，天津需打造一个与上海不一样的自贸区，以投资和贸易便利化综合改革为核心，辐射整个滨海新区。对于天津的发展历程而言，这是一个全新的提法，这也使得天津在各地申报自贸区的热潮中脱颖而出。

2015年4月8日，《国务院关于印发中国（天津）自由贸易试验区总体方案的通知》（国发〔2015〕19号）下发，4月21日天津自贸试验区正式挂牌运行。天津自贸试验区

《总体方案》中明确：天津自贸区占地面积119.9平方公里，主要由天津港片区、滨海新区中心商务片区和天津机场片区三大区域构成。其中，天津机场片区占地43.1平方公里（含天津港保税区空港部分1平方公里和滨海新区综合保税区1.96平方公里），重点发展航空航天、装备制造、新一代信息技术等高端制造业和研发设计、航空物流等生产性服务业。天津港片区占地面积约30平方公里（含东江保税港区10平方公里），重点发展航运物流、国际贸易、融资租赁等现代服务业。滨海新区中心商务片区占地46.8平方公里（含天津港保税区港湾部分和保税物流园区4平方公里），其重点发展以金融创新为主的现代服务业。

天津自贸区以制度创新为核心任务，以可复制可推广为基本要求，努力成为京津冀协同发展高水平对外开放平台、全国改革开放先行区和制度创新试验田、面向世界的高水平自由贸易园区。自贸区的建设顺应经济新常态，进一步挖掘开放红利、改革红利和制度红利，在金融改革工作上紧靠三个方面：一是扩大对外开放程度，实施外资准入前国民生活待遇和负面清单的管理模式。二是简政放权，用政府的减法换得市场上的加法。三是加强事中事后监管，完善风险防范体系。

（三）天津自贸区与京津冀金融协同发展的战略对接

区域经济协同发展在很大程度上必然离不开金融在这中间的核心支撑作用。无论是在带动经济飞速发展还是促进产业结构调整，金融体系都在其中起到了催化剂与润滑剂的作用。金融作为提高市场资源配置效率的重要载体，必然在京津冀协同发展过程中有着自己特殊的地位。

天津自贸区的成立不仅仅是一个强调投资与贸易便利化的经济活动区，更是中国经济金融体制改革的桥头堡。作为我国北方首个自由贸易试验区，天津自贸区在发挥辐射带动作用、推动区域经济发展方面起到关键作用。经国务院批准的《中国（天津）自由贸易试验区总体方案》中，有16处提到了“京津冀”。在总体要求部分，指导思想作出了努力打造京津冀协同发展对外开放新引擎的阐述。而在《中国人民银行关于金融支持中国（天津）自由贸易试验区建设的指导意见》中也有一大重点内容强调自贸区金融建设对京津冀协同发展的对接。

自由贸易试验区是推动新一轮开放的重要探索，京津冀协同发展是新时期我国推动区域发展改革、培育经济新增长点的重要国家战略。充分发挥自贸区制度创新的政策优势，加快天津自贸区金融改革创新以促进京津冀区域协同发展。

二、天津自贸区金融改革开放创新重点

金融改革创新是天津自贸区发展的核心任务，为了支持天津自贸区在金融领域的改革创新，中国人民银行发布《中国人民银行关于金融支持中国（天津）自由贸易试验区建设的

意见》（“金改30条”），涉及金融领域的外汇管理制度改革、投融资便利化、利率市场化和人民币跨境使用改革试点等多项国家战略目标内容。在“金改30条”的指导下，天津自贸区按照“三个原则”，不断推进金融改革创新探索，特别是在扩大人民币跨境使用、深化外汇管理改革、促进租赁业发展和支持京津冀协同发展多方面实现了重要突破。

（一）天津自贸区金融改革的目的

2016年6月20日，天津市召开对外开放工作会议，指出天津市发展应深入推进对外开放工作，树立新发展理念，建设高水平自由贸易试验区，勇当改革创新“运动员”和先行先试“主攻手”，推进京津冀金融协同发展，以金融改革促发展，主要从政策的法制化、投资的市场化、贸易的便捷化以及金融的国际化四大内容逐一实现金融改革创新。

第一，加强法制化政策的实施。天津自贸区不仅为企业提供更为便捷的投资渠道，更为企业在区内展开各项业务奠定法律制度基础。此模式的核心亮点主要在于，对负面清单外的外商投资领域进行制度松绑，使外商投资项目由原先的核准制转变为备案制。

第二，提高投资的市场化。通过完全放开的市场化制度优势，为企业投资提供更为宽松的投资市场制度，提高企业开展事务的便捷性。施行资本项下限额内可兑换的政策，并逐步扩大可兑换额度。降低区内企业境外发债门槛，将债务融资的资金用于区内使用。

第三，加速贸易便捷化发展。金融账户方面，实行“一线放开，二线管住”的管理原则。充分利用先进的信息技术，设立起一套完整的网上办公系统平台。把原先的海关监管、检验检疫、跨境支付、出口退税等部门的串联办公关系改为并联办公关系。

第四，促进金融国际化进程。自贸区对达到要求的民营资本与外资金融机构均开放，且鼓励在区内设立外资与中外合资银行。允许期货、股权及再保险等行业在自贸区内建立国际交易平台。鼓励金融改革及产品创新。

（二）自贸区金融改革创新的重点领域

天津自贸区在服务京津冀区域发展进程中，强调金融改革创新是其重要推动力，由此自贸区更加关注离岸金融市场、租赁业的发展、科技金融以及监管领域的创新。

1. 完善离岸金融市场

以“一带一路”为契机，加强天津自贸园区金融业对外交流的力度，使天津自贸园区、滨海新区乃至天津市成为中国北方对外开放的金融门户是天津自贸园区金融改革中的重要内容。加强国内金融机构的外部竞争强度、提高金融资源在境内外之间的流通频率、构建人民币海外流通的回流渠道，是天津自贸园区离岸金融市场的主要目标。要想提高自贸园区内金融服务运行效率，必须构建一个完备的离岸金融市场，为自贸园区内货物贸易、资金清算以及投融资行为提供高效服务。

2. 促进租赁业发展

基于天津作为各类试点获得的政策优势，天津大力支持融资租赁公司的发展创新，创造租赁业的良好发展环境，吸引更多租赁公司在津设立分部，形成产业聚集地，形成租赁业比较优势。在天津自贸园区设立、京津冀区域发展以及“一带一路”倡议规划逐步明朗的契机下，金融租赁公司更应当大胆创新、提升服务质量，强调金融租赁对自贸园区内各产业的支持和带动作用，发挥金融租赁的集聚效应，提高资源配置效率，逐步将天津打造成全国金融租赁的中心集聚城市。

3. 强化科技金融功能

在以智能制造为主导的第四次工业革命引领下，无论是“智能工厂”的建设还是“智能生产”的实现，都离不开高科技产业的研发与应用。未来天津自贸园区在多产业经济齐头并进的同时，更应当注重科技型企业对自贸园区乃至京津冀区域经济增长模式转变所起到的作用，构建一个以平台化金融运作模式为核心、以内外结合的管理模式为依托，强调资源与信息的共享、强调政府和市场的协调，促进科技创新、金融创新以及两者互动发展的“滨海金谷”。通过构建“滨海金谷”，形成一套完整的金融服务支持实体经济特别是科技型企业的运营模式，为其他地区的金融改革提供可借鉴模板。

4. 加强监测与管理

在经济增速进入换挡期条件下，如何选择合理的监管区间从而释放金融市场活力成为当前国家金融改革所面临的攻关难题。天津自贸园区在金融监管体制改革过程中要注重行政体制改革与业务方向改革，一方面在李克强总理提出的“三个清单”的基础上尝试推出金融监管的“三个清单”；另一方面在金融体系隐性风险显性化、显性风险敞口扩大化、外部风险持续渗透的趋势逐步显现环境下更应当在监管模式上勇于创新，在提高监管效率的基础上形成改革经验，并推广到其他区域，起到真正的示范带头作用。

（三）天津自贸区金融改革开放创新的主要成就

天津自贸区成立以来，围绕着金融服务和贸易投资便利化的建设目标，不断加快推进金融先行先试，在金融政策顶层规划、金融体系建设和金融制度设计方面开展了多方面探索，并取得了显著成绩，为天津建设金融创新示范区，服务区域金融协同发展，提高金融资源的配置效率奠定了扎实的基础。

第一，金融政策顶层规划完善提升服务质量。

作为天津自贸区金融改革的顶层规划，《关于金融支持中国（天津）自由贸易试验区建设的指导意见》对天津自贸区金融改革的具体路线进行详细规划，共7个部分，30条政策，细化为60项具体措施。截至目前，天津“金改30条”具有核心内容的21条54项政策措施，已推动落实超过70%，其中23项措施成效显著。

天津自贸区在跨境人民币业务发展、外汇管理改革领域取得显著成就。其中跨境人民币业务主要强调的是投资便利化、放松境外融资限制、支持开展人民币结算平台交易等。

人民币跨境使用方面进一步扩大。截至2017年3月末，自贸试验区内银行累计发放境外人民币贷款135亿元。同时，自贸试验区内工作或居住的境内个人可开展个人直接投资项下跨境人民币业务，提升了市场主体投资便利化程度。由图1可直观看出近两年天津自贸区企业办理跨境收支（含人民币业务）的走势，主要在2016年第二、第三季度收支规模更强烈，截至2016年9月累计办理跨境收支达到717.6亿美元，随后第四季度增速放缓，累计办理跨境收支753.1亿美元。

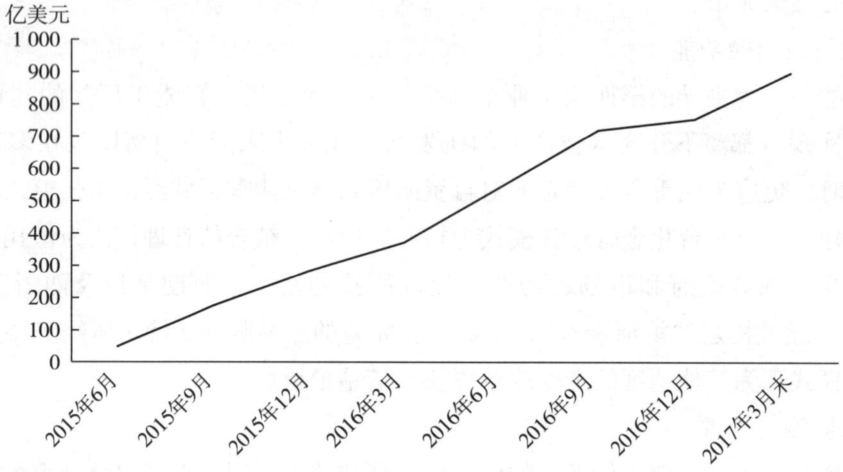

资料来源：中国人民银行天津分行。

图1　2015—2017年季度办理跨境收支

截至2016年末，自贸区内累计开立本外币结算账户达到近3万个，同比增加了近2.2万个。至2017年4月末，区内主体累计新开立本外币账户3.6万个；办理跨境收支931.6亿美元，分别占全市和滨海新区跨境收支的24.3%和84.2%；结售汇365.2亿美元；跨境人民币结算2 085.1亿元人民币，分别占全市和滨海新区跨境人民币收支的36.9%和49.3%。

表1　**2015—2017年季度本外币账户**　单位：个，亿美元

时间	开立本外币结算账户	办理跨境收支
2015年6月	1 442	47.9
2015年9月	7 210	173.6
2015年12月	8 329	280
2016年3月	1.7万	370.4
2016年6月	2万	544
2016年9月	2.7万	717.6
2016年12月	3万	752.1
2017年4月末	3.6万	931.6

资料来源：中国人民银行天津分行。

外汇管理改革加强深化。主要强调的是实行限额内资本项目可兑换、推动外债宏观审慎

管理和支持银行发展人民币与外汇衍生品服务等。截至2017年3月末，区内企业开展全口径跨境融资宏观审慎管理业务，累计借用外债16笔、金额2.8亿美元，实现了中外资企业跨境融资政策的平等化。外汇管理行政服务能力和水平不断提升，试验区实现了外汇业务“一站式”综合服务，审批效率提高75%，畅通区内企业开户“绿色通道”，最大限度缩短办理时间。放宽跨国公司外汇资金集中运营管理准入条件，进一步简化资金池管理。截至2017年3月末，推动区内7家跨国公司开展外汇资金集中运营管理，区内跨国公司国际、国内外汇资金主账户归集外汇资金7710.6万美元。

第二，金融体系发展促进融资结构优化。

以滨海新区金融发展为依托，天津自贸区目前拥有多样化创新型金融要素市场：目前已经建立了包括排放权交易市场、股权交易所、渤海商品交易所、铁合金交易所、贵金属交易所、金融资产交易所和矿业权交易所等11个资本要素市场，引领我国区域性金融要素市场建设；市场交易辐射能力逐步提高，以天津股权交易所为例，目前在交易所中挂牌企业规模突破900家。其中，A板挂牌企业697家，B板挂牌企业270家。覆盖全国28个省市，其中河北、山东和天津地区的挂牌企业超过总数的70%以上。

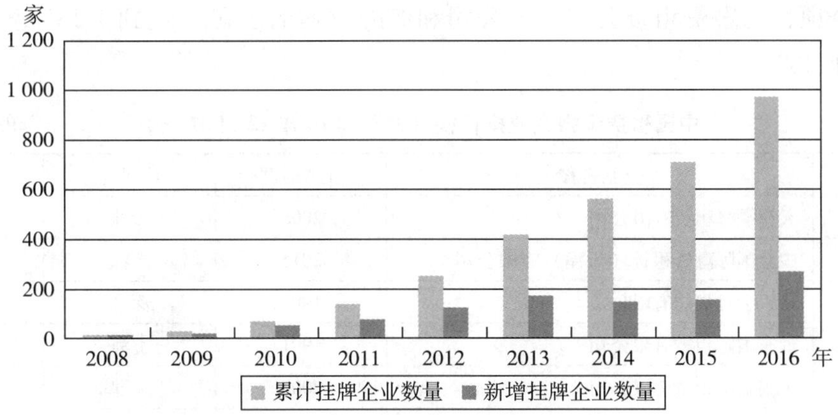

数据来源：天津股权交易所官方网站。

图2　天津股权交易所挂牌企业数据统计

交易模式不断改进以提高企业融资效率，以国际知识产权交易所为例，作为国内首家专业化、市场化和国际化的公司制知识产权交易服务机构，通过吸纳国内外资金和政府基金对科技型企业进行支持，促进知识成果向现实生产力转化，目前已形成超过2 500项项目资源库，且外省项目占比超过35%，对区域企业融资的辐射效应初现。

天津自贸区呈现新金融业态集聚。其中，互联网金融企业迅速崛起，集聚了酷贷网、北方贷、轩辕财富等大批互联网金融企业。有完整的私募基金产业链：产业投资基金、创业投资基金、股权投资基金、对冲基金等私募基金。金城银行、富邦华一银行、东亚银行等多家银行入驻自贸区；自贸区融资租赁企业纷纷入驻，有中信租赁、顺诚租赁等；该区还是全国商业保理之都，现已注册商业保理公司430家，注册数量在全国排名第三，其中包含大都会人寿、渤钢集团等。

表2　　天津自贸区新金融业态集聚

互联网金融企业	酷贷网、北方贷、方橙式、中唐财富、蜜蜂财富、爱银承等
私募基金	产业投资基金、创业投资基金、股权投资基金、对冲基金等
银行	金城银行、富邦华一银行、东亚银行等
融资租赁	顺诚融资租赁、奇龙航空、华运金融租赁、中信租赁等
保理公司	渤钢集团、渤海人寿保险、大都会人寿等

数据来源：中国人民银行天津分行官网，笔者整理。

第三，融资租赁支持实体经济发展。

天津融资租赁行业是天津经济发展的一大特色行业，是自贸区改革创新的亮点之一。据中国租赁联盟和天津滨海融资租赁研究院公布，以注册资金为排名准则的2016年全国融资租赁企业前十名中，共有天津市的3家名列前十（详见表3）。其中，天津渤海租赁有限公司以221.01亿元人民币位居首位。且在2016年底，已在天津市有总部的各种融资租赁公司（不包括单个项目的融资租赁公司、分公司和海外收购的公司）达到1 185家，比年初的697家增加了488家。

表3　　中国租赁十强企业排行榜（截至2016年12月31日）　　单位：亿元

名次	企业名称	注册时间	注册地	注册资金
1	天津渤海租赁有限公司	2008	天津	221.01
2	中金国际融资租赁（天津）有限公司	2016	天津	147.62
3	国银金融租赁有限公司	1984	深圳	126.42
4	远东国际租赁有限公司	1991	上海	125.35
5	工银金融租赁有限公司	2007	天津	110.00
6	郎丰国际融资租赁（中国）有限公司	2016	珠海	103.50
7	平安国际融资租赁有限公司	2012	上海	93.00
8	建信金融租赁有限公司	2007	北京	80.00
9	山东晨鸣融资租赁有限公司	2014	济南	77.00
10	浦航租赁有限公司	2009	上海	76.60

注：外资租赁企业注册资金按1:6.9的平均汇率折算为人民币。

数据来源：中国租赁联盟、天津滨海融资租赁研究院。

天津自贸区融资租赁行业发展迅猛。2016年，自贸区融资租赁企业进出口总额达122.97亿美元，同比增长50.68%；跨境收支总额达242.13亿美元，同比增长17.48%。东疆金融租赁总部公司实现了零的突破，中铁建金融租赁开业运营，中煤科工金融租赁获准筹建，中车金融租赁等多个金融租赁公司正在积极筹备；专业化子公司也迎来实质性突破，建信金融租赁交通运输专业子公司已完成核名，正在申请筹建；内资试点企业迎来大发展，除今年获批的7家内资试点企业外，还有近10家租赁公司正在申请内资租赁试点资格。2016年民航产业实现利润超过600亿元，预计同比增长超过10%，未来加快低成本航空产业发展，将进一步扩大对飞机的需求，预计飞机租赁行业在一定时期内将持续保持良好发展势头。

自贸区有效拓宽投融资渠道。首先，支持区内企业与金融机构在境外发行人民币债务，或按照宏观审慎原则从境外融得本外币资金等渠道。截至2017年3月末，区内各类租赁公司开展全口径跨境融资宏观审慎管理试点业务，共借用外债1405万美元，有效拓宽了租赁企业境外融资渠道。其次，自贸区放宽金融租赁公司开展外汇资金运营管理准入条件，简化对资金池的管理。区内已有1家金融租赁企业作为主办企业取得开展跨国公司外汇资金集中运营管理试点业务资格，提高了资金运转效率，使得资金运营更加灵活。最后，区内各类租赁公司办理外商直接投资（FDI）和境外投资（ODI）项下各类外汇登记210笔、金额174.1亿美元，租赁企业投资便利化明显提升。同时，进一步加大创新力度，在开展联合租赁和外汇资金集中运营等方面，实现了多个全国“首单”和“第一”，充分发挥了天津租赁特色产业的辐射带动效应。

第四，金融服务的效率和水平显著提高。

行政服务能力和水平不断提升，天津自贸试验区实现了外汇业务“一站式”综合服务，审批效率提高75%，畅通区内企业开户“绿色通道”，最大限度缩短办理时间。货物贸易支出与收入指标可由图3看出，2016年，天津自贸区货物贸易收入96.6亿美元，货物贸易支出243.2亿美元，货物贸易收支季度变动并不明显，总体保持平稳。

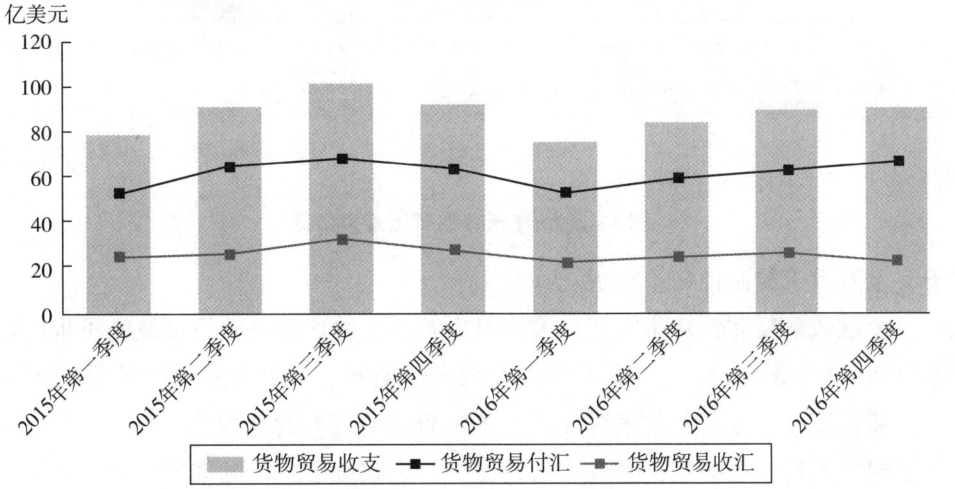

图3　2015—2016年季度自贸区货物贸易收付汇趋势

简政放权力度不断加大，自贸试验区内货物贸易A类企业的贸易收入无须开立待核查账户，直接投资外汇登记业务下放银行办理。截至2017年3月末，区内A类企业办理贸易收汇134.3亿美元，均未经过待核查账户，区内企业直接到银行办理外商直接投资和境外投资项下各类外汇登记580笔、涉及金额447.8亿美元，简化贸易投资的行政审核程序提高了金融服务效率。2016年自贸区汽车进口、离岸转手买卖付汇分别为30.12亿美元、43.21亿美元。受飞机进口付汇大幅增长影响，自贸区货物贸易支出并没有明显下降，天津自贸区作为飞机租赁集聚区，承载了全国绝大部分飞机进口付汇需求，2016年飞机进口付汇总额约为84亿美元，同比增长71.43%。

随着自贸区服务效率的提高，可直观看出在东疆保税港区、中心商务区、天津港保税区这两年经济规模呈现上扬趋势。在社会消费品零售总额指标中，2016年三地合计408.1亿元，同比增加78.98亿元；实际利用外资金额下滑，缩减到上一年一半的水平——25.16亿元，但在实际利用内资和一般公共预算收入指标上，较上一年分别增加了40亿元、21亿元。从整体上看，自贸区的经济规模发展态势良好，离不开区内机构部门以及政府的高效管理。

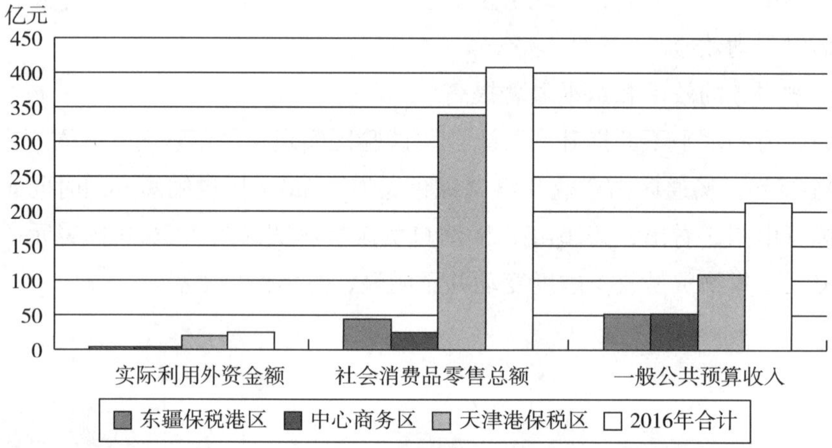

数据来源：天津自贸区官网。

图4　2016年天津自贸区规模数据

第五，金融政策复制性初步实现。

其一，金融政策复制性初步实现。天津自由贸易试验区创新政策可复制可推广取得新进展。截至目前，“金改30条”中关于外债宏观审慎监管、A类企业货物贸易收入不入待核查账户、直接投资外汇登记下放银行办理、外汇资本金实行意愿结汇、外债资金意愿结汇、放宽跨国公司外汇资金集中运营管理准入条件等6项政策已在全国推广实施。

其二，自贸区金融创新不断助推京津冀协同发展。区内20多家金融机构与京冀金融机构建立了长期战略合作关系，在跨区域支付结算、异地存储、信用担保等同城化服务上取得实质进展。2016年8月30日，注资规模100亿元的京津冀产业结构调整引导基金在天津自贸试验区正式设立，旨在利用天津自贸试验区金融创新优势，引领金融资源优化配置，加快产业转型升级，推动产业转移对接，特别是对于天津自贸试验区形成金融集聚效应、辐射带动京津冀乃至环渤海等地区发展，将起到重要支持作用。

三、京津冀区域金融协同发展条件下天津自贸区金融发展的功能定位

从天津自贸区在金融领域的战略发展目标内容来看，重点强调金融的法制化、市场化、便利化和国际化四大领域的发展规划。但这些目标更多的是对自身发展逐步完善和壮大的一个有效路径。天津自贸区金融方面的进一步开发开放离不开京津冀协同发展这一国家战略在背后的隐性支持，而京津冀区域在金融领域的协同发展目标更是需要天津自贸区作为重要突破口才能得到有效实现。因此，如何充分发挥在京津冀协同发展背景下的环境优势是天津自贸区下一步建设过程中所需要解决的问题。

（一）京津冀金融协同发展的现状与问题

京津冀区域尽管坐拥北京和天津两大北方重要城市，无论是在港口、金融、钢铁等重要行业方面有着得天独厚的优势，但由于各城市之间金融生态环境发展相对滞后，且三地之间没有形成全面的金融协同发展机制，这也为京津冀建立一体化金融体系带来了一定程度的阻碍。2014—2016 年，河北省引进京津资金 11 041 亿元，天津引进京冀资金5 226.74亿元。河北和天津在承接北京非首都功能的同时，特别是以河北为主的一些高端要素、高端人才，以及高端产业逆向流动。

第一，金融结构的差异化导致区域互动关系难度加剧。

北京作为我国的首都和中国北方重要的金融资源集结地，拥有着大量优质的传统金融资源，金融聚集效应明显；天津是我国北方重要的港口城市，也是全国最大的融资租赁集结地，融资租赁合同余额占全国总额的三成以上。而河北相较于北京与天津，金融体系发展程度相对落后，其获得多样化金融服务的空间有限，从而无法通过更多的金融支持来带动企业发展。三地之间巨大的金融结构差异，使得不同产业之间协作机制受到制约，不利于同质产业的共同发展，最终制约京津冀协同发展这一战略目标的实现。

第二，内部发展的巨大缺口引致金融资源的单向流动。

从人均收入情况来看，截至 2016 年底，北京与天津的人均收入水平已超过 30 000 元，按照世界银行对于富裕国家收入水平标准来看，北京与天津都已经步入富裕城市行列。然而，河北省人均收入与前两者存在较大差距，人均收入两极分化严重。而从卫生、医疗和教育方面来看，京津冀区域内部的分布情况也出现了严重的不平等。正是这种情况的存在，使得大量的金融资源和人力资源自发地流出河北，大量单向涌入更具发展潜力、收益更高的京津地区，进一步拉开了河北与京津两地之间的差距。

第三，协同治理机制的缺失成为京津冀金融协同发展的掣肘。

三地之间协同机制不具成熟条件。京津冀最终实现区域金融协同发展需要在三地之间建立起一套完善的金融合作协调机制。可参照长三角在处理区域协同发展的机制制定：以会商—决策—协调—执行四级联动的运作机制作为重要基石与制度保障。京津冀三地应当更加注重消除金融服务的区域壁垒、完善金融服务产业链建设、协调传统金融与新金融服务，更高效地为京津冀企业提供多样化、全方位的服务。

（二）京津冀区域金融协同发展条件下天津自贸区金融发展的功能定位

天津自贸区是在京津冀协同发展、自贸区建设、自创区建设、滨海新区开发开放以及参与“一带一路”建设的国家五大战略叠加期创建，根据增长极的相关理论分析和自贸区发展战略目的明确天津自贸区金融发展的功能定位，在环渤海区域乃至北方地区设置一个经济增长极，通过增长极的辐射作用，带动促进周边地区的发展。

1. 承接区域金融资源疏解

尽管从现阶段来看，天津自贸区要想实现承接区域所有金融资源（特别是银行和证券领域）是几乎不可能的，但这并非意味着天津自贸区就无法成功整合京津冀区域的优质金融资源。随着互联网金融的兴起，大量新金融业态开始涌现，与银行、证券等传统金融服务形成有效互补，这些新兴的金融资源也将是未来带动京津冀产业结构调整和经济协同发展的重要驱动力。在京津冀三地过去长期维持的纷繁复杂关系背景下，天津自贸区应当重点考虑如何吸收北京与河北（特别是北京）潜在的优质金融资源，注入到新金融业态的发展当中。因此，天津自贸区在发展金融体系过程中要做好对这些金融资源的承接转移工作，重点应当是做好与北京金融机构总部的对接工作，延伸金融服务的多极产业链，从贸易便捷和金融国际化目标促进金融功能疏散。天津自贸区在承担京津冀协同发展重担的同时，要进一步解放思想、创新理念，为对接世界高端金融服务和金融人才等要素作充分准备，此外还应当进一步提升金融体系的整体服务与基础设施建设，营造更加优质的服务环境。

2. 探索京津冀深层金融协同机制改革

京津冀协同发展的提出就是要借助改革创新，打破地域间的隔离与利益冲突，使地区间的资源配置达到最优，促进地区间的共同发展。对金融体系的发展与改革也更应当遵循这样的目标和原则。天津自贸区的设立是京津冀协同发展中的一大亮点，天津自贸区同时也将成为政策高地，使更多的金融资源涌入，形成更强大的集聚效应。继上海自贸区后设立的几个自贸区，其任务就是要促进区域发展，天津自贸区自然需要在金融协同发展方面承担更多的责任和义务，带动京津冀乃至“三北”（华北、东北、西北）地区金融体系建设的进一步深化。基于天津已有的地理、政策、人才和环境优势，自贸区金融体系的逐步壮大不仅能够服务天津，更能为北京及河北等地的实体经济带来更加便利高效的金融服务。从各国金融中心城市的发展历程来看，要想实现区域金融资源的有效融合，必须具备一套完整的金融协同发展机制，这种机制可以是由政策制定和管理部门通过顶层设立制定，也可以通过微观层面金

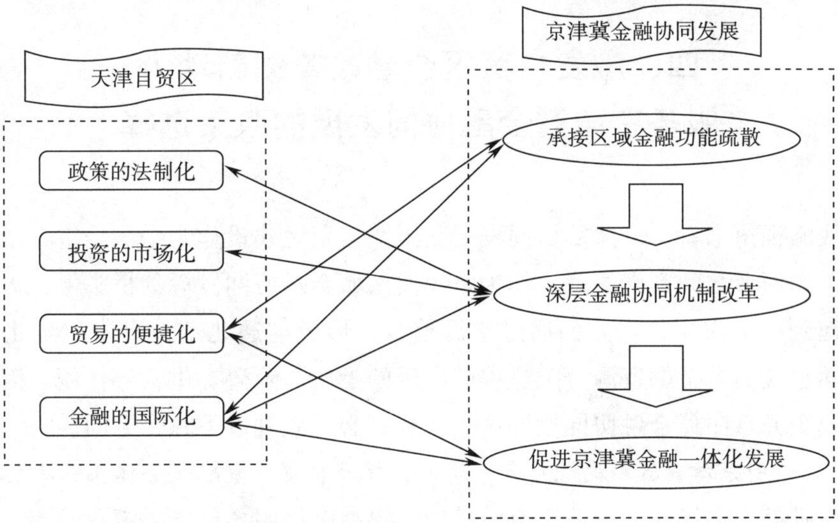

图5　天津自贸区战略目标与定位关联

融活动自发形成，而只有形成了一套完备的金融合作机制，才会从根本上消除金融资源在各地区流动的隔阂，同时也会降低出现机构间恶性竞争的可能性，更能形成有效的金融风险监管协同体系，防止区域系统性风险的集聚与扩大。天津自贸区在整合京津冀金融资源过程中，如何形成这种协同发展机制就成为了一个十分重要的研究课题。

3. 促进京津冀金融一体化发展

京津冀金融一体化建设，并非是要求天津自贸区吸收京津冀区域所有的金融资源。正如同产业结构分工一样，金融体系中也应当有各自相应的分工。天津自贸区在建立一套全新的新金融业态体系过程当中，其目的不仅是通过机构创新、机制创新和产品创新等方面提升金融对实体经济的服务质量，更是要为京津冀区域金融资源的有效整合与协同发展起到带头试验的作用。在原有的行政体制划分明确的背景下，北京、天津与河北之间存在着许多经济金融活动合作不到位的情况，甚至有些领域存在着恶性竞争，即使在现阶段已经提出的京津冀协同发展条件下，三个地区也未找到一个能够有效解决上述问题的办法。天津自贸区的设立，在一定程度上就承担了“排头兵”的责任，需要其在承接区域金融资源、探索协同合作模式中起到带头作用。以京津冀的金融协同发展为契机，天津自贸区应当充分发挥自身的多重优势，通过提高区域金融服务效率，推动区域金融政策共享，最终形成区域金融辐射效应，实现区域经济协同发展这一长期战略目标。

经过三至五年的改革探索，将自贸试验区建设成为贸易自由、投资便利、高端产业集聚、金融服务完善、法制环境规范、监管高效便捷、辐射带动效应明显的国际一流自由贸易园区，在京津冀协同发展和我国经济转型发展中发挥示范引领作用。

四、激发自贸区金融改革创新动力服务京津冀金融协同发展的政策选择

从国家战略视角来看，京津冀协同发展与天津自贸区建设作为中国经济金融体制改革的两项重大举措，两者之间紧密关联。作为京津冀区域金融协同发展的桥头堡，天津自贸区必须在这当中起到关键作用，一方面通过资源整合，形成连通北京、天津和河北的金融服务链；另一方面也应当为金融资源分配过程中出现的矛盾与障碍提供疏导作用。因此，要想实现自贸区建设服务京津冀金融协同发展这一目标，必须做到以下几个方面。

（一）积极吸引京津冀区域的优质金融资源，提升自贸区金融服务体系的集聚与辐射效应

第一，鼓励设立多样化的新业态金融机构，提高金融服务创新的孵化效率。充分发挥天津融资租赁的产业优势，在天津自贸区开展租赁业准入政策创新，自主审批监管落户天津自贸区的各类融资租赁公司，建立融资租赁资产交易平台，鼓励开发覆盖债权与股权、场内与场外、标准与非标准融资租赁产品，大力发展融资租赁资产交易市场，进一步巩固融资租赁在全国的领先地位。同时，积极培育和引进互联网金融公司、私募股权投资基金、保理公司、消费金融公司等新兴金融服务机构，提升自贸区优质金融资源集聚能力。

第二，推动金融改革创新试点，提高金融对实体经济发展的支持效率。支持融资租赁产业拓宽融资渠道。深化租赁公司利用外债指标试点，取消对天津自贸区内融资租赁业的外债指标限制，由企业根据需要自主决定外债规模和期限。支持租赁公司与其境外单机、单船公司实行外汇资金集中管理。积极鼓励天津自贸区内租赁企业利用国家外汇储备，通过发行金融债券、企业债券、短期融资券、中期票据及资产证券化等手段筹措资金，鼓励股权投资基金、创业投资资金和保险资金等各类资金支持融资租赁企业，促进融资租赁为实体经济服务。

第三，做实新业态金融市场建设，构建高效率金融服务平台。在自贸区内推动建立区域性股权交易市场与全国中小企业股份转让系统和沪深交易所的双向转板机制，全面构建满足各阶段、各类型、各种需求的企业上市融资服务体系；支持企业在天津自贸区内设立营销中心、物流配送中心和资金结算中心，努力打造全国现货市场交易平台、我国重要的大宗商品交易基地和国际性流通中转枢纽；积极开展黄金市场交易，加强黄金市场与租赁、基金、保理等新金融业态之间的关联，并在此基础上进一步提高黄金交易在文化金融、物流金融、绿色金融、农村金融、普惠金融等领域的作用地位，为企业在投融资过程中的套期保值提供更多的选择空间。

（二）加强金融开放力度，将天津自贸区打造成中国金融服务又一个重要的对外交流窗口

第一，提升金融市场开放水平，完善跨境资本流动机制。一方面，积极推进跨境人民币

业务创新，加快推动人民币信贷资产跨境转让、跨国公司人民币资金池、第三方支付机构跨境电子商务等业务试点，支持符合条件的区内企业集团开展双向人民币资金池业务试点。充分发挥天津自贸区金融结算作用，完善人民币跨境使用的系统支撑；另一方面，进一步深化外汇管理改革，推进货物贸易外汇管理改革，完善服务贸易外汇管理政策，做好个人外汇非现场监管，加大对银行个人外汇业务的指导力度。探索在天津自贸区建立本外币在岸、离岸账户管理制度，实现分账核算管理，离岸账户与境内在岸账户之间产生的资金流动视同跨境业务管理，离岸账户与境外账户、境内非居民账户和其他离岸账户之间的资金可自由划转。

第二，巩固区域金融发展优势，打造国际金融市场品牌。支持金融租赁公司和融资租赁公司集中集聚，全面优化以飞机为代表的进口租赁和保税租赁、以船舶为代表的出口租赁和离岸租赁发展环境，创立租赁客户资产轻量化和城乡基础设施融资租赁业务模式，建设国家租赁创新示范区；支持金融服务外包公司集中集聚，发展票据分配、档案管理、信息处理、现钞物流管理等第三方金融外包服务和第三方支付融资模式，建成金融服务外包中心；大力发展私募股权基金、风险投资基金、天使基金、并购基金、对冲基金等机构，积极吸引全球主权财富基金、养老基金、捐赠基金等以天津为中心投资布局，推动构建包括投资基金、银行理财产品、信托计划、专项资产管理计划、债权投资计划、第三方财富管理等多元产品的“大资产管理”格局。

（三）强调金融体系在运营服务方面的协同创新功能，优化天津自贸区金融运行环境

第一，尝试构建统一的金融体系运营标准和管理规则，消除金融资源流通障碍。争取放宽境内外机构设立银行、证券、保险、基金等各类金融机构的股东资质、持股比例、业务范围等限制。在天津自贸区实行外商投资准入前国民待遇加负面清单的管理模式。支持国有资本、集体资本、民营资本等各类资本在金融领域的创新合作，发展混合所有制金融组织体系。启动实施国际金融人才战略，推动建立区域联动的金融人才支持体系，加大金融行业人才安居支持力度，培养和引进一批具有全球视野和创新意识的高端金融人才，提升自贸区内金融人才集聚度。

第二，设立区域性金融信息平台，提高金融交易效率。加强创新型金融信息平台建设，借助天津自贸区建设过程中的政策优势，吸引金融机构业务运营中心和后台中心向天津自贸区聚集，努力建设金融服务外包中心和创新运营服务中心。加快在自贸区内设立中国金融租赁登记流转平台和中国融资租赁资产登记流转平台，搭建“专家+管家”式综合服务平台。在京津冀区域内已有的征信系统建设基础上，探索建立京津冀联合信用信息平台。支持联合信用管理公司申报取得个人征信业务资质，建设个人征信数据库，并在自贸区内推广中小企业信用体系试验区试点工作。

第三，健全监管创新协同机制，保障实现天津自贸区的整体金融发展目标。推动自贸区金融管理创新，探索金融监管权限下移，减少审批层级，积极争取上级监管部门将部分机构准入、业务创新、产品审查、高管核准等职能授权天津属地监管部门，实施靠前监管。探索

金融混业监管的可行路径，争取在天津自贸区推动设立专门监管机构并率先实现金融混业监管。建立行业风险评估和风险防范机制，积极探索建立地方金融监管体系，加强对股权投资基金、融资租赁公司、小额贷款公司、融资担保公司、典当公司、投资公司、交易场所、融资平台、金融中介机构等领域的监督管理。

参考文献

[1] 刘传江，吕力．长江三角洲地区产业结构趋同、制造业空间扩散与区域经济发展［J］．管理世界，2005，(04)：35－39。

[2] 吴康．京津冀城市群职能分工演进与产业网络的互补性分析［J］．经济与管理研究，2015，36（03）：63－72。

[3] 安树伟，肖金成．京津冀协同发展：北京的“困境”与河北的“角色”［J］．广东社会科学，2015，(04)：5－11。

[4] 闫程莉，安树伟．中国首都圈中小城市功能的测度与分类研究［J］．改革与战略，2014（04）。

[5] Examining’Core－Periphery’Relationships in a Global City－Region：The Case of London and South East England［J］．Kathy Pain. Regional Studies．2008（8）．

[6] 王辉，张明．京津冀协同视角下河北省承接首都功能疏解和产业转移的研究［J］．统计与管理，2016(04)。

[7] 苏振东，尚瑜．京津冀经济一体化背景下的天津“出海口”效应研究——兼论天津自贸区对京津冀协同发展的推动作用［J］．国际贸易问题，2016，(10)：108－118。

[8] 钱学锋，王胜，陈勇兵．中国的多产品出口企业及其产品范围：事实与解释［J］．管理世界，2013(01)。

[9] 潘英丽．自贸区建设，金融改革先试先行［J］．金融市场研究，2013（10）。

[10] Head，K.，Mayer，T.，and Ries，J.，(2010) “The Erosion of Colonial Trade Linkages after Independence”．Journal of International Economics 81（1），1－14.

[11] 马腾跃，李庶民，寇霭婷．“30条”到“69项”天津自贸区金改红利不断释放［J］．中国金融家，2016（11）。

[12] 陈爱贞，刘志．自贸区：中国开放型经济“第二季”［J］．学术月刊，2014，46（01)：20－28。

[13] Chaney，T.，(2008)“Distorted Gravity：The Intensive and Extensive Margins of International Trade”American Economic Review 98（4），1707－1721.

履约保证保险对京津冀中小企业转型升级的支持研究

◎ 刘　翠[①]

〔内容摘要〕本文首先对京津冀中小企业转型升级引入履约保证保险机制的重要性进行介绍，随后指出京津冀中小企业引入履约保证保险机制过程中可能存在的问题，然后对国内引入履约保证保险机制的其他省市的先进经验进行介绍，最后提出京津冀中小企业转型升级引入履约保证保险机制的具体措施。

〔关键词〕履约保证保险　京津冀　中小企业　转型升级

京津冀协同发展战略上升为重大的国家发展战略，无疑是为北方的经济发展带来了一个新的历史契机，也为京津冀三地的发展注入了一股强劲的活力。作为区域经济发展的主要参与者和市场经济中最具活力与发展潜力的重要创造者，京津冀中小企业转型升级也成为新一轮的经济热点。

具体说来，在京津冀三地发展过程中，同质化现象十分突出。受盲目追求 GDP 和政绩等因素的影响，三地大多引入了重化工业项目，以至于各地区出现了产业重叠现象，彼此间竞争加剧，区域整体产能过剩。三地资源环境不堪重负，人口红利优势逐渐消失，过去那种拼资源、拼环境、拼投资的老路再也走不通了，唯有积极探寻新的发展路径，加快企业转型升级，走集约化、内涵式的发展道路，才能主动适应并引领经济发展的新常态，充分释放发展内生动力，调动各种积极因素来对冲经济下行压力，实现有质量、有效益的增长。总之，京津冀区域环境承载力薄弱，资源环境约束力倒逼形势严峻，区域科技竞争力分布不均，产业创新能力相差悬殊，这些都是当前京津冀协同发展面临的问题和挑战。

对于身处其中的京津冀中小企业来说，要想获得更大发展，抓住国家发展战略的重要机遇，唯有尽快进行转型升级。一方面，国内外经济环境的复杂性与不稳定性给京津冀中小企业的发展带来了许多困难；另一方面，中小企业所固有的应变性和灵活性也给困境中的中小

---

① 作者简介：刘翠（1985 年—　），女，汉族，中国人民大学博士后科研流动站博士后，天津财经大学珠江学院讲师，天津市人。研究方向：资本市场与公司金融。

企业带来了发展的曙光。总之，对于京津冀中小企业来说，如何在困难与机遇并存的关键发展时期内尽快完成转型升级，就成为摆在京津冀中小企业面前的重要选择。

京津冀中小企业在转型升级过程中面临的融资环境问题成为了京津冀中小企业顺利完成转型升级的最大阻碍。京津冀中小企业面临的融资环境问题，不仅是由于外部金融环境的恶化，更重要的还来源于京津冀中小企业自身条件与还款能力相对较弱。具体表现为：京津冀中小企业存在发展程度低、还款能力差等问题，银行为了规避金融风险并得到更多的利益，更倾向于向大企业贷款，愿意向中小企业贷款的比例极低。因此，对于处于转型升级过程中的京津冀中小企业来说，如何尽快解决融资环境问题就成了能否转型升级成功的关键。

一、履约保证保险机制概述

目前保险产品市场中，履约保证保险作为信用保证保险的一个新产品，成为保险市场发展中的一股新生力量。信用保证保险是指一种以经济合同所指定的有形财产或预期应得的经济利益所产生的信用风险作为保险标的的一种保险形式。信用保证保险是具有担保性质的保险，按照担保对象的不同，可以分为信用保险和保证保险。信用保险是权利人要求保险人担保对方（被保证人）信用的一种保险，就是保险人作为信用关系中的权利人，由其投保他人的信用。保证保险是被保证人根据权利人的要求，请求保险人担保自己信用的一种保险。

简单来说，履约保证保险是指企业作为被保险人，根据银行的要求向保险公司投保自己的信用，当企业无法按时归还银行贷款时，由保险公司代替企业归还银行贷款。实际上，履约保证保险就是企业通过购买履约保证保险，增加企业信用，由保险公司作为担保人向商业银行进行贷款，当企业无法按时归还银行贷款时，由保险公司代为偿还的一种保险产品形式。

履约保证保险在国际上已经有了近百年的发展历史，是一个相对成熟的产品，但在国内，保险公司对保证保险的合作对象要求门槛比较高，主要限定在资质较好的商业银行身上。履约保证保险的推出，可以打破保险公司只与商业银行等资质较好的贷款机构合作开展履约保证保险的模式，为中小企业提供更广的融资渠道。对于正处在转型升级过程中的京津冀中小企业来说，履约保证保险的设立，相当于是引入了全新的信用增进机制，使京津冀转型升级中小企业获得发展所需的资金支持。同时，对于贷款机构来说，则是在传统的抵押、质押、担保等方式之外，开辟了另一种有效的担保方式，实现对京津冀转型升级中小企业的更大支持。

二、京津冀中小企业转型升级引入履约保证保险机制的必要性

1. 引入履约保证保险机制有利于提高京津冀转型升级中小企业的信用等级

处在转型升级过程中的京津冀中小企业，普遍存在规模小、财务管理制度不完善、财务信息不透明、发展前景不明朗等问题，银企之间存在着严重的信息不对称现象。对于银行来说，很难通过对中小企业现有的财务信息进行评估来了解判断中小企业所面临的潜在风险。具体来说，在贷款审批前，银行很难对中小企业的生产经营、财务、信用等状况有一个全面深入的了解，容易造成逆向选择；在贷款发放后，银行对中小企业转型升级后的经营行为缺乏有效的监督管理机制与手段，容易诱发道德风险。信息不对称增加了银行甄别中小企业经营风险和道德风险的难度和成本，难以防范中小企业贷前的逆向选择和贷后的道德风险，容易诱发信贷风险。因此，京津冀中小企业普遍存在的信息不对称、信用不足的问题，成为制约京津冀中小企业获得转型升级资金支持的障碍。

在信息不对称、信用评估机制不完善的情况下，履约保证保险就成为衡量京津冀中小企业信用等级的重要标准。在转型升级过程中，投保了履约保证保险的中小企业，可以通过保单来间接反映中小企业的资金状况和信用状况。一般情况下，投保履约保证保险的中小企业信用等级普遍比没有投保的中小企业信用等级要高。同时，当转型升级的中小企业存在信用等级降低的可能性时，通过引入履约保证保险机制，可以在一定程度上维持或增加中小企业信用等级、保障银行的资金安全性，以确保银行和中小企业交易双方的利益，使得京津冀中小企业转型升级能够顺利完成。

2. 引入履约保证保险机制有利于京津冀转型升级中小企业获得专业的风险管理支持

保险业是专门对风险进行管理与控制的行业，具有很强的风险意识、完备的风险管理制度、优秀的风险管理人才、专业的风险管理技术，保险经营过程就是帮助企业管理风险、规避风险、控制风险。在京津冀中小企业转型升级过程中，所面临的最大问题就是风险的不确定性问题，通过引入履约保证保险机制，借助保险行业具备的风险管理优势，可以获得专门的、有针对性的风险管理支持，实现风险的转移与分散。

同时，通过利用保险公司自身强大的偿付能力、完善的风险管理体系，使得转型升级中小企业获得专门的风险管理支持，架起转型升级的中小企业与银行之间的桥梁，为银行信贷资金提供有效的风险保障，降低银行的贷款风险和管理成本，支持更多的转型升级中小企业获得贷款资金，提高和改善京津冀转型升级中小企业的融资环境。

三、京津冀中小企业转型升级引入履约保证保险机制过程中可能存在的问题

1. 保险公司不重视，企业和银行保险意识淡薄

保险行业发展时间还相对较短，在风险管理、风险控制、风险分散等方面还存在着诸多缺陷。具体来说，履约保证保险起步相对较晚，发展也不够完善，保险公司普遍存在对以履约保证保险为代表的保证保险投入精力不足的问题。

对于处在转型升级中的京津冀中小企业来说，保险意识普遍不强，无法真正理解保险所能带来的好处。对于银行来说，银行在选择贷款对象时，可以选择的范围很广，与其选择投保履约保证保险的中小企业，不如选择信誉更好、资产规模更大的企业进行贷款，也导致银行对于履约保证保险的积极性不高。

2. 贷款的门槛过高，导致履约保证保险流于形式

对于银行来说，营业收入稳定，资产规模较大，风险较小的大型企业才是银行眼中优质的贷款对象，才能得到资金支持。然而对于京津冀转型升级的中小企业来说，大多存在技术落后、资金规模小等问题，并不符合银行的贷款审批要求。即便是转型升级过程中有符合银行贷款要求的企业，这些企业也不愿再通过履约保证保险环节进行融资，而更愿意与银行进行直接合作。某些履约保证保险设置的贷款门槛相对较高，比如资产总额至少是千万级的制造类公司，才贷两三百万元，还要求公司正常营业时间在两年以上。对于成立不久的中小企业，由于风险很大，资金用途不明确，一般都不会进行融资；另外，还会对企业的性质作出严格的规范和要求。因此，无论对于中小企业还是对于银行来说，对履约保证保险的积极性不高，导致履约保证保险流于形式。

3. 投保后各方风险防范意识变差

由于信息不对称，投保履约保证保险后也会在一定程度上引发逆向选择和道德风险。由于购买履约保证保险会增加转型升级中小企业的融资成本，对于资产结构良好、信誉高的中小企业就会选择不购买保险。最后购买履约保证保险的往往是那些具有高风险的中小企业。购买履约保证保险之前，中小企业在使用贷款资金时，会严格按照贷款用途的要求使用资金。但购买履约保证保险之后，部分风险意识淡薄的中小企业会认为，购买了保险就已经实现了风险的转嫁，在使用贷款资金时就不再像没有购买履约保证保险那样小心谨慎，甚至可能出现故意违约拖欠还款，延长资本占用时间的情况，诱发道德风险。对于银行来说，可能会由于贷款损失风险已经转嫁到保险公司身上而不再对贷款进行严格的审查，对贷款的使用情况疏于限制和检查，甚至可能出现过度放贷的情况。对于保险公司来说，由于道德风险和逆向选择的存在，使得保险公司承担了履约保证保险中的大部分风险，对营销履约保证保险

缺乏动力和激励机制，导致保险公司对履约保证保险的积极性不高，造成履约保证保险的产品种类过于单一。

4. 面临风险集中且不易分散

尽管对京津冀中小企业转型升级引入履约保证保险机制存在的问题进行了分析，但对于保险公司来说，不愿意涉足履约保证保险的最主要原因还是履约保证保险面临的风险过于集中且不易分散。一是中小企业的风险。一方面，相对于大型企业，中小企业的信用状况和经营水平较低，主要表现在财务信息失真、信息披露不够真实、抵押担保能力弱等方面。另一方面，中小企业技术含量大多不高，与大型企业相比处于明显的劣势地位，而且经营者管理水平有限，在激烈的市场竞争中困难重重，一旦市场发生波动或经营不善，其违约的可能性就会增大，给履约保证保险带来潜在的风险。二是反担保措施的风险。开展履约保证保险业务时，通常会要求企业提供反担保措施来缓解风险，包括保证反担保、抵押反担保、质押反担保等。当债务人无力履约，保险公司发生代偿后，要通过反担保措施来进行追偿。如果抵（质）押物设置不合理，未能按有效法律程序办理登记手续，或抵（质）押物严重贬值，都会对保险公司造成损失。三是保险公司内部的风险。保险公司内部风险控制制度不完善、从业人员业务素质不高和职业道德水平欠缺、不按规定的业务流程操作、资本金不足等，都有可能引发风险。四是银行的风险。银行对贷款对象选择是否准确，贷款操作是否规范，直接影响着履约保证保险资金的安全。如果银行由于转嫁了贷款风险而放松对中小企业的信用调查、贷款审查与审批，使得本来不应该获得贷款支持的中小企业获得资金支持，势必给保险公司带来巨大的风险隐患。

四、引入履约保证保险机制的国内经验借鉴

1. 政府牵头推广科技型企业履约保证保险——上海

上海市科委与北京中金保险经纪公司共同组织了“上海市科技型中小企业履约保证保险贷款”试点方案，方案中上海市科委与中国银行上海分行、上海银行、上海浦东发展银行上海分行合作，每家银行拿出 5 000 万元贷款额度面向科技型中小企业，市科委则为这三家银行分别匹配 100 万元的风险补偿准备金，并引入太平洋保险公司提供部分贷款风险保障。科技型中小企业购买短期贷款履约保证保险，单笔贷款额度一般为 50 万 ~300 万元，最高不超过 500 万元，贷款期限为 1 年以内。目前，贷款中小企业已经全部履约。

上海这种由政府牵头银行、保险发起的科技型企业购买保险公司的贷款履约保证保险，是推动保证保险支持科技型中小企业的一项创新活动，通过“政府 + 保险 + 银行”的风险共担模式，在科技型企业发生贷款损失时，由政府承担 25% 、保险公司承担 45% 、银行承担 30% ，这样可以使无担保、无抵押的科技型中小企业顺利获得银行贷款。在这一过程中，

银行发放贷款，保险公司向申请贷款企业出售贷款履约保证保险，贷款履约保证保险实质上是将银行或企业可能承担的部分贷款坏账损失风险转嫁给了保险公司，政府向银行提供风险补偿准备金，将原先由银行一家承担的无抵押贷款风险拆分给三家，降低了银行的风险和管理成本，提高了银行对科技型企业的融资积极性。

2. 以开发园区为载体推出中小企业信贷履约保证保险——上海

上海浦东发展银行上海分行与安邦财产保险公司共同推出了中小企业信贷履约保证保险产品“银元宝”，“银元宝”是由银行、园区、担保公司、保险公司等多方联手，为解决园区内中小企业融资问题而设立的。该模式是指为批量化扶持细分市场中具备共同风险控制措施的中小企业，以银行、开发园区及担保公司或保险公司等为参与主体的一种多方风险共担模式，具有极强的针对性。这种模式的核心就在于建立了一个多方风险共担机制，通过提高园区平台的资源使用效率，使保险公司、担保公司、开发区园区、政府财政支持、风险投资基金等各种平台各尽所长，形成合力与互补，充分发挥各方的优势和专长，对于缺少抵押物、可供质押应收账款的优质中小企业提供融资支持，多方助力，为园区内中小企业提供履约保证保险服务，解决园区内的中小企业在发展中存在的资金不足问题。

3. 政府安排专项资金支持小额贷款保证保险——宁波

在宁波，为了缓解中小企业融资难，让更多的中小企业获得小额贷款，在中小企业中推广普及小额贷款。宁波市在全国首创旨在化解中小企业融资难的小额贷款保证保险业务，对象是银行不愿意放贷的初创期小企业、农业种植养殖大户、城乡创业者（含个体工商户），通过保险保证、风险分担的方式，已经向小企业和农户发放了15.64亿元的无抵押贷款。

宁波小额贷款保证保险特点之一就是政府推动、银保合作、保险机构共保。试点的第一年，银行与保险机构统一按3:7比例分摊贷款本金的损失风险；第二年开始，银行和保险机构间的风险分摊比例和方式，根据各银行风险管理质量与贷款损失实际情况作差异化调整。通过小额贷款保证保险的介入，使得银行资产的安全性提高了，更愿意向中小企业放贷。大量发展稳健但抵押不足、未能在银行成功获得贷款的中小企业，在引入小额贷款保证保险后，可以从银行得到相应的小额贷款。同时，政府每年安排1 000万元专项资金支持小贷保险。

五、京津冀转型升级中小企业引入履约保证保险机制的具体措施

1. 专门针对京津冀转型升级中小企业开发团体履约保证保险

在引入履约保证保险机制时，可以针对京津冀转型升级中小企业开发团体履约保证保险。针对京津冀转型升级中小企业设立团体履约保证保险，具有以下优点：一是保险计划灵活，根据京津冀转型升级中小企业在转型升级过程中的特点，就保单条款的设计和保险内容

的制定与保险公司进行协商，做到专门针对京津冀转型升级中小企业量身定制履约保证保险保单合同；二是保费相对低廉，京津冀转型升级中小企业团体履约保证保险在单证管理成本、核保成本、佣金手续费等经营成本上比个人保险要低廉，可以减轻京津冀转型升级中小企业的负担；三是服务管理专业化，京津冀转型升级中小企业团体履约保证保险的投保人是众多转型升级中小企业，其保险要求和谈判能力远高于单个中小企业，可以获得法律、财税、金融、管理等多方面的专业服务。引入团体履约保证保险机制后，保险公司可以通过鼓励京津冀众多转型升级中小企业一起购买履约保证保险，实现中小企业、银行和保险公司的三赢局面。

在具体运作机制上：第一，需要对参保团体履约保证保险的京津冀转型升级中小企业的资质进行严格审查，确保团体履约保证保险的投保对象均为京津冀转型升级中小企业，严禁“搭便车”现象的出现；第二，需要利用先进的精算技术，对京津冀转型升级中小企业在转型升级过程中将会遇到的风险种类、风险发生概率以及损失发生程度进行预估，并以此来确定团体履约保证保险的保费、保额水平；第三，充分利用免赔额和限额等风险分担手段，让京津冀转型升级中小企业也承担部分风险，做到转型升级中小企业与保险公司利益共享、风险共担，形成风险利益共同体；第四，设立相应的奖惩机制，以增减保费或保额的形式设立团体履约保证保险的奖惩机制，鼓励京津冀转型升级中小企业进行风险管理、严格履约。

2. 不断进行保证保险产品的创新

由于履约保证保险业务的创新性较强，对商业银行的业务管理、保险公司的风险控制能力都提出了全新的要求，因此要不断开发适合中小企业的信用保证保险产品。同时，由于京津冀转型升级中小企业的数量庞大，处在不同地区，分布在各个行业，且处于不同的发展阶段，因而现有的标准化的履约保证保险产品显然无法满足不同转型升级中小企业在融资方面的个性化要求。根据转型升级中小企业的自身特点，进行积极的探索和试点，对履约保证保险的运作模式、业务流程、风险控制等进行全面的优化与设计，简化中小企业投保理赔服务流程，推出适合京津冀转型升级中小企业的履约保证保险产品。同时，拓宽服务覆盖面，稳步扩大履约保证保险对京津冀中小企业转型升级的支持范围，加强协调沟通，优化政策环境，不断完善中小企业保险服务的保费补贴和税收优惠政策，努力推动京津冀中小企业转型升级的顺利完成。根据不同行业中小企业的信用水平、行业特征和风险特点，为其选择合适的履约保证保险形式，开发有针对性的保险产品，确定相应的投保比例和保险费率，以满足京津冀转型升级中小企业的融资需求。对于信用好、市场风险小、转型升级前景相对明朗的中小企业，采用较高的保险比例和较低的保险费率，反之则实行较低的保险比例和较高的保险费率，对转型升级中小企业投保履约保证保险的行为进行适当的鼓励，形成合理有效的激励约束机制。

3. 成立专门针对京津冀转型升级中小企业的地方性专业保险机构

成立京津冀专业保险机构。京津冀专业保险机构将立足于京津冀的地方经济发展，在为京津冀转型升级中小企业融资提供保险服务的过程中存在天然的地域优势和信息优势，能充分利用当地的信息优势，低成本地了解京津冀转型升级中小企业的经营动态。

在具体运作过程中，针对京津冀转型升级中小企业不同的发展特点，选择不同的承保方式，由不同的保险机构来承保。即对于经营风险较小、转型升级前景相对明朗的中小企业，可以提倡和鼓励由现有的经济实力比较雄厚的财产保险公司直接承保履约保证保险，无须政府过多干预；对于经营状况存在问题、转型升级前景不乐观的中小企业，则由专门针对京津冀转型升级成立的专业保险机构来进行承保。同时，在建立专门针对京津冀转型升级的地方性专业保险机构的过程中，实现保险经营的专业化，聘用专业人才，利用大数定律等精算技术来对京津冀转型升级中小企业未来发生风险的概率进行估算，制定出京津冀转型升级中小企业可保风险范围与鉴定标准，对于可保风险范围内的风险进行承保。

同时，考虑到地方性保险机构的资本金和偿付能力有限，可以尝试建立层层递进的再保险机制，使得京津冀转型升级中小企业融资风险在时间和空间上得到最大限度的分散，形成完整的支持京津冀转型升级中小企业的保险链条。

4. 充分发挥政府的作用，促进履约保证保险的发展

履约保证保险是保险机制中的创新产品，在性质上具有极强的正外部性。在促进履约保证保险发展过程中，就需要充分发挥政府的作用。由政府出面建立专门针对京津冀转型升级中小企业的地方性保险机构，并设计转型升级中小企业团体履约保证保险产品，在转型升级活动所针对的京津冀中小企业进行试点。加强政策协调和指导，制定合理的政策，充分发挥政策的组合效应。引导京津冀转型升级中小企业意识到购买履约保证保险的收益大于成本，鼓励中小企业积极参与。对参保履约保证保险的转型升级中小企业和保险公司给予一定的优惠政策，如给予投保的转型升级中小企业一定的保费折扣、对承保的保险公司在税收方面给予一定的优惠和相关补助。在风险补偿方面，由政府提供一定的财政支持，设立专门的风险损失补偿基金，或是为京津冀转型升级中小企业履约保证保险提供再保险，对中小企业进行履约保证保险补贴。加快中小企业征信体系建设，协调保险、银行和担保机构的关系；创建信息共享平台，提高各方获取信息的速度和效率。通过多种途径，促进履约保证保险在京津冀转型升级中小企业中的推广与运用。

5. 积极探索银行、担保等第三方合作平台的合作

通过积极探索银行、保险、担保等各类第三方合作平台的合作，整合各方的资金优势、资源优势、风险管理优势和信用优势，合力支持京津冀转型升级活动的顺利开展。通过由政府出面牵线搭桥，使商业银行与保险公司建立长期的战略合作关系，共同推动以履约保证保险为代表的保证保险在京津冀转型升级活动的推广与应用，使中小企业对利用履约保证保险机制获得融资支持达成共识，利用履约保证保险来弥补在转型升级过程中出现的资金不足问题。

同时，考虑到京津冀转型升级中小企业开展履约保证保险具有较高的风险，加之我国的

履约保证保险尚处于发展的初级阶段，尚不具备独立从事转型升级中小企业履约保证保险的能力。因此，在积极探索银行、保险、担保等第三方合作平台的基础上，可以考虑采取政策性保险和商业性保险相结合的经营方式，由政府提供财政资金参股经营，采取市场化模式运作。

综上所述，在京津冀转型升级中小企业中引入履约保证保险机制，可以实现转型升级中小企业的有效融资，缓解信贷市场信息不对称，解决信贷资金市场存在的市场缺陷。通过政府、银行、保险三方的通力合作，顺利实现京津冀中小企业的转型升级。

参考文献

[1] 杨明．引入信用保险下的中小企业融资问题分析［J］．黑龙江对外经贸，2011（11）：104－105.
[2] 唐金成．信用保证保险与中小企业融资难问题研究［J］．保险市场，2013（1）：73－76.
[3] 苏艳芝，赵凤云．信用保证保险——解决中小企业融资难的新方式［J］．企业导报，2011（6）：32－33.
[4] 王宇晨．信用保证保险助力中小企业融资的国际经验及启示［J］．时代金融，2014（1）：344－346.
[5] 雷茜茜，宿昕，牛新中．商业银行在解决中小企业融资难中的作用初探［J］．金融理论与实践，2011（5）：49－52.
[6] 王娜．缓解中小企业融资之痛的新思考——保险涉足企业融资领域的回顾与展望［J］．会计之友，2012（5）：51－53.
[7] 曾华．大力发展信用保险缓解中小企业融资难［J］．中国保险，2011（1）：42－44.
[8] 栾红．出口信用保险助力中小出口企业融资对策研究［J］．国际经济合作，2013（3）：90－94.
[9] 候梦娜．保险介入中小企业融资风险转移机制的探讨［J］．时代金融，2013（10）：217－219.
[10] 刘立坤，鄢莉莉，吴庆涛．引入政策性保险机制缓解科技型中小企业融资难［J］．债券，2013（2）：67－69.
[11] 廖新年．保险机制介入中小企业融资问题浅探［J］．上海保险，2009（9）：14－16.
[12] 韩生玉，李鹏飞．保险公司与地方政府投融资合作研究［J］．保险研究，2011（12）：102－107.
[13] 王香兰．科技保险支持企业自主创新问题与对策研究［J］．技术经济与管理研究，2011（8）：58－61.
[14] 葛宇，王宇昕．科技保险化解高新技术企业科技创新风险研究［J］．科学管理研究，2012（1）：105－108.
[15] 薛伟贤，刘倩，刘骏．科技保险对科技企业创新与盈利能力影响研究［J］．科技进步与对策，2013（12）：1－5.
[16] 韩滋琳．京津冀中小企业转型升级动力机制创新浅探［J］．时代金融，2015（5）：255－256.
[17] 余思成，周桂荣．中小企业转型升级的关键问题及解决对策分析——以京津冀地区为例［J］．环渤海经济瞭望，2015（4）：49－53.